教师语言技能

主　编　张　越　杨　洋　周志艳
副主编　陈国兵　朱　红　吴兴伟
参　编　司海迪　潘伟萍　汤梦欣

北京理工大学出版社
BEIJING INSTITUTE OF TECHNOLOGY PRESS

内 容 提 要

本书是中国特色高水平专业群"特殊教育专业群"系列教材，是高职院校学前教育专业、早期教育专业"教师语言技能"课程的通用教材，以"模块—项目—任务"式为编写理念编写。全书分为三大模块七个项目，包含22个任务，模块一"教育教学口语技能"主要进行教师教育教学口语技能训练；模块二"一般沟通口语技能"主要解决教师面对不同工作场景和不同工作对象时应用的语言技能训练；模块三"其他口语技能"主要针对师范生应具备的朗读、讲故事、演讲等语言专项表达技能训练。

本书以教师语言技能训练为主线，理论清晰，内容实用，可操作性强，职业性突出，既可作为职业院校师范专业语言技能训练教材，也可作为小学、幼儿园教师等相关从业人员的辅导用书。

版权专有　侵权必究

图书在版编目（CIP）数据

教师语言技能 / 张越，杨洋，周志艳主编. -- 北京：北京理工大学出版社，2024.1
　　ISBN 978-7-5763-3442-5

Ⅰ.①教… Ⅱ.①张… ②杨… ③周… Ⅲ.①教师－语言艺术－高等学校－教材 Ⅳ.①G42

中国国家版本馆CIP数据核字（2024）第033449号

责任编辑：吴　欣　　　　　　**文案编辑**：吴　欣
责任校对：周瑞红　　　　　　**责任印制**：施胜娟

出版发行 /	北京理工大学出版社有限责任公司
社　　址 /	北京市丰台区四合庄路6号
邮　　编 /	100070
电　　话 /	（010）68914026（教材售后服务热线）
	（010）68944437（课件资源服务热线）
网　　址 /	http://www.bitpress.com.cn
版 印 次 /	2024年1月第1版第1次印刷
印　　刷 /	河北鑫彩博图印刷有限公司
开　　本 /	787 mm×1092 mm　1/16
印　　张 /	13.5
字　　数 /	272千字
定　　价 /	79.00元

图书出现印装质量问题，请拨打售后服务热线，负责调换

前　言

　　本书编写体现了特殊教育专业群融合教育理念，所选案例具有融合教育特色，为培养小学、幼儿园融合教育师资做准备；同时本书始终保持与思政课程同向同行，彰显专业群思政改革成效。形成"德、素、情"为核心的课程思政建设目标，培养学生良好的师德情操，提升学生良好的表达素养，锻造学生积极从教的爱岗之情；本书是高等职业教育新形态一体化教材。根据学习者的需求制作了丰富的音视频、案例和微课，学习者可通过扫描二维码随时观看、学习，另外本书已获评校级在线开放课程，师生使用效果良好。

　　本书由张越、杨洋、周志艳任主编，陈国兵、朱红、吴兴伟任副主编，司海迪、潘伟萍、汤梦欣任参编，集聚了襄阳职业技术学院、三峡旅游职业技术学院、湖北省襄阳四中、襄阳市粮食幼儿园、湖北省襄阳市金贝贝幼儿园、浙江省温州市永嘉中心幼儿园、湖北省襄阳市直机关第一幼儿园等优秀教师资源，校园紧密合作成果明显。模块一由张越、陈国兵、司海迪编写，并负责此模块视频、微课录制的统筹和指导；模块二由周志艳、杨洋、潘伟萍编写，并负责此模块视频、微课录制的统筹和指导；模块三由朱红、汤梦欣、吴兴伟编写，并负责此章视频、微课录制的统筹和指导。全书编写框架与写作模式由张越总体设计，并负责最终统稿。

　　本书是中国特色高水平专业群"特殊教育专业群"教材建设成果。本书编写过程中参考了相关教材、论著，并引用了其中一些资料；北京理工大学出版社对本书的编写和出版给予了较多的指导和帮助，在此一并表示深深的谢意。

　　由于编者水平有限，编写时间仓促，书中的疏漏之处在所难免，恳请广大读者批评指正。

编　者

目 录

模块一　教育教学口语技能

项目一　教学口语技能 ... 3
- 任务一　导入语技能 ... 7
- 任务二　讲授语技能 ... 14
- 任务三　提问语技能 ... 22
- 任务四　应变语技能 ... 30
- 任务五　结束语技能 ... 36

项目二　教育口语技能 ... 47
- 任务一　沟通语技能 ... 51
- 任务二　说服语技能 ... 55
- 任务三　表扬语技能 ... 60
- 任务四　批评语技能 ... 65
- 任务五　激励语技能 ... 69

模块二　一般沟通口语技能

项目三　不同工作场景用语技能 ... 77
- 任务一　幼儿生活活动中教师指导用语技能 ... 81
- 任务二　教研活动用语技能 ... 117
- 任务三　家长会、家访用语技能 ... 122

任务四　面试应聘用语技能·················129

项目四　不同工作对象用语技能·················142
　　任务一　与家长沟通技巧·················144
　　任务二　与同事沟通技能·················152

模块三　其他口语技能

项目五　朗读技能·················161
　　任务一　朗读的内部技能·················163
　　任务二　朗读的外部技巧·················168

项目六　讲故事技能·················180
　　任务一　讲的技能·················183
　　任务二　演的技巧·················189

项目七　演讲技能·················197
　　任务一　命题演讲·················200
　　任务二　即兴演讲·················205

参考文献·················210

模块一

教育教学口语技能

项目一

教学口语技能

▶ 项目概述

教师教学口语是幼儿教师为达到教学活动目标，组织进行教学活动时使用的语言。教学口语是知识信息的载体，是组织、管理、指导幼儿活动的教学手段。幼儿教师教学对幼儿具有潜在价值的示范作用，是幼儿教师在教育教学活动中作用于幼儿的语言的总称。

幼儿教师集体教学活动口语可分为导入语、讲解语、提问语、应变语、结束语等，要求幼儿教师拥有良好的口语技能，为幼儿的语言学习提供榜样示范。

本项目重点学习幼儿教师集体教学活动口语特点、技巧及具体做法等5大项内容，共10学时。

▶ 学习目标

知识目标

1. 掌握教师教学口语的特点。
2. 掌握教师教学口语运用规律。
3. 掌握教师教学口语活动表达技巧。

能力目标

1. 能正确说出教师教学口语的特点。
2. 会运用教师教学指导用语规律进行教学。
3. 能运用相关技能技巧熟练进行教师教学口语指导。

素质目标

1. 以幼儿为本，尊重儿童个性差异；培养创新精神，践行科学育人观。
2. 倡导玩中学、学中玩教育理念，教学语言生动形象，热爱幼儿教师职业。

教师语言技能

▶ 项目导航

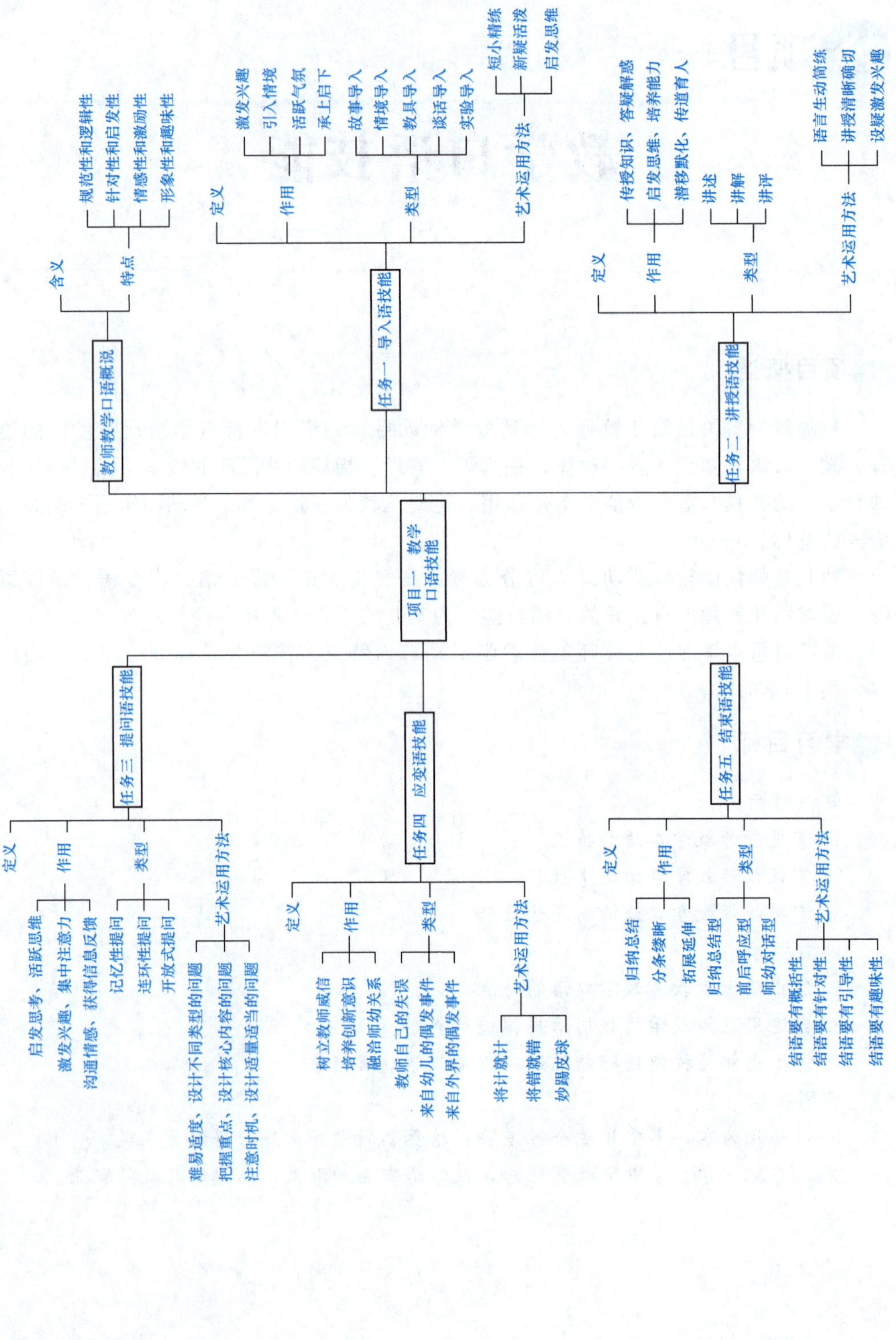

项目一 教学口语技能

- 教师教学口语概说
  - 含义
    - 规范性和逻辑性
    - 针对性和启发性
    - 情感性和激励性
    - 形象性和趣味性
  - 特点
- 任务一 导入语技能
  - 定义
  - 作用
    - 激发兴趣
    - 引入情境
    - 活跃气氛
    - 承上启下
  - 类型
    - 故事导入
    - 情境导入
    - 教具导入
    - 谈话导入
    - 实验导入
  - 艺术运用方法
    - 短小精练
    - 新疑话放
    - 启发思维
- 任务二 讲授语技能
  - 定义
  - 作用
    - 传授知识、答疑解惑
    - 启发思维、培养能力
    - 潜移默化、传道育人
  - 类型
    - 讲述
    - 讲解
    - 讲评
  - 艺术运用方法
    - 语言生动简练
    - 讲授清晰准确
    - 设疑激发兴趣
- 任务三 提问语技能
  - 定义
  - 作用
    - 启发思考、活跃思维
    - 激发兴趣、熏陶情感
    - 沟通情感、获得信息反馈
    - 记忆性提问
    - 连环性提问
    - 开放式提问
  - 类型
    - 设计不同类型的问题
    - 设计核心内容的问题
    - 设计适量适当的问题
  - 艺术运用方法
    - 难易适度
    - 把握重点
    - 注意时机
- 任务四 应变语技能
  - 定义
  - 作用
    - 树立教师威信
    - 培养创新意识
    - 融洽师幼关系
  - 类型
    - 教师自己的失误
    - 来自幼儿的偶发事件
    - 来自外界的偶发事件
  - 艺术运用方法
    - 将计就计
    - 将错就错
    - 幼踢皮球
- 任务五 结束语技能
  - 定义
  - 作用
    - 归纳总结
    - 分条续断
    - 拓展延伸
  - 类型
    - 归纳总结型
    - 前后呼应型
    - 师幼对话型
  - 艺术运用方法
    - 结语要有概括性
    - 结语要有针对性
    - 结语要有引导性
    - 结语要有趣味性

大班的幼儿马上就要毕业了，老师打算从幼儿的生活入手，开展对话，唤醒幼儿关于上小学的情绪情感，特意组织了大班语言活动"蚯蚓的小学"①。其中，老师和幼儿一起讨论什么是"下课"。

师：（播放课件）下课啦，蚯蚓们在干什么？
幼：在玩球。
师：什么是"下课"？
幼：就是上课上完了。
幼：是放学回家了。
幼：我知道，是课间休息。
师：下课是指两节课中间的休息时间。
师：又上课啦，蚯蚓老师在批评蚯蚓弟弟什么事情？
幼：蚯蚓弟弟跑错厕所啦。
幼：上课说话。
幼：没有上厕所，没有准备好书。
师：下课应该先干什么，再干什么呢？

同学们，请大家说一说这位老师是如何启发幼儿理解"下课"这个词语的。

教师教学口语概说

一、教师教学口语的含义

教学口语是教师在教学过程中用以"传道、授业、解惑"的工作用语，是教师向幼儿传授知识、技能的主要手段。它是教师在活动中根据一定的活动任务，针对特定的活动对象，运用制订好的活动方案，按照一定的教学方法，在规定的时间内，为完成某个活动任务而使用的语言。

二、教师集体教学活动指导用语的特点

1. 规范性和逻辑性

规范性是指教师集体教学活动指导用语在语音、词汇和语法等方面应该符合国家语言文字的相关规定和规范。

逻辑性是指教师在使用语言时必须使其内容符合事物的客观规律，准确运用概念，恰当作出判断，严密地进行推理。用精确的词语表达知识的内涵，用言简意赅的语句表达丰富的内容，用层次分明的语序表达明确的目的。

---

① 俞春晓. 蚯蚓的小学（大班）[J]. 幼儿教育，2022（Z4）：64－66.

教师语言技能

读书笔记

2. 针对性和启发性

教师语言针对性是指教师应当根据不同活动内容和不同年龄段运用不同的语言，即因人而异，有的放矢。

教师语言的启发性是指教师的语言能够诱发儿童思考并让他们有所领悟。教师运用具有启发性的语言，可以调动儿童积极思考问题，发展智力。

在进行"你追我跑"游戏时，老师对活泼的儿童说："你跑得真快，不过要小心摔跤。"对内向的儿童说："宝贝儿，迈开小腿，摆起手臂，尽力往前跑！"

3. 情感性和激励性

教师语言的情感性表现在两个方面：一方面，教师通过语言将活动内容、活动过程中的情感因素传达给幼儿，让幼儿充分体验这些情感，进而从活动中获得乐趣和满足；另一方面，教师在与幼儿交流中，言语中常常会流露出对幼儿的尊重、关爱等。教师对幼儿赞赏的语言、鼓励的眼神，将会成为其奋发向上的力量。

学龄前正处在幼儿成长的关键期，可塑性大，教师应当关注幼儿的每个优点和长处，发现他们的每一点变化，多以语言加以肯定和赞扬，激发和鼓励他们不断进步，其自信心就会在不断激励、不断成功的过程中逐渐树立起来。

4. 形象性和趣味性

教师要善于运用语言创造直观形象，来帮助幼儿理解和感知各种抽象事物、词语、概念等。

在一次语言活动中，教师让中班的幼儿进行故事表演"微笑"，孩子们戴上头饰，随着音乐响起，扮演起了各种小动物。一会儿，有些小朋友就忘记了自己的任务，其中一个扮演小蚂蚁的小朋友在一旁玩起了其他的东西。这时教师看到了，就大声地对其他小朋友说："小伙伴们，小蚂蚁迷路了，哪个小动物愿意做好事帮助他找回自己的同伴们，把微笑留给他？"其他小朋友听了，都纷纷过去帮助他找到自己的同伴，并使他重新进入了角色。

任务一　导入语技能

任务情境

欣赏下列案例，并说说这位教师导入语使用的好处。

小班主题活动"冬天真冷"的导入语：

冬天到了，北风呼呼地吹着，吹得行人裹紧了衣服，吹得树上的树叶一片片地飘落下来，就像一只只小蝴蝶在舞蹈。冬天的风吹在我们身上，吹在耳朵上，吹在脸上感到怎么样？

小结：教师的导入语简洁、生动、充满动感，瞬间把幼儿带到了冬天的户外，寒风瑟瑟的场景似乎就在眼前。

任务描述

在掌握教师导入语使用技巧后，结合具体教学内容，恰当运用导入语有效地开展教学活动。

任务实施

著名特级教师于漪曾说过："课的第一锤要敲在幼儿的心灵上，激发起他们思维的火花，或像磁石一样把幼儿牢牢地吸引住。"

一、导入语的定义

导入语又称为导语、开讲语，是教师讲授新内容的导言，是引入新知识的第一个重要的教学活动环节。

二、导入语的作用

1. 激发兴趣

兴趣是学习的动力，是推动幼儿主动去探求知识并带有情绪体验色彩的意向。激发幼儿兴趣是提高教学效率的有力措施。所以，"善导"的教师在活动开始时，总是千方百计地设计自己的活动导语，以激发幼儿的求知欲。

2. 引入情境

注意是心理活动对一定对象的指向与集中。幼儿天性好动，无意注意占主导，因此，教学活动开始时教师要把幼儿的注意力迅速集中并指向特定的活动任务和程序之中，为融入新的活动做好心理上的准备。

3. 活跃气氛

古人云："亲其师，信其道"。有经验的教师总是善于运用独特的开场白来活跃气

教师语言技能

氛以达到师幼心理相容的目的。这种良好的教学氛围，既有利于教师的教，也有利于幼儿的学。

4. 承上启下

巴甫洛夫曾说："任何一个新问题的解决都是利用主体经验中已有的旧工具实现的。"导入语是沟通"旧知"与"新知"的媒介。教师先组织幼儿复习旧知识，进而引出新知识，这样既能体现知识的整体性与连贯性，又能帮助幼儿明确学习的重难点。

三、导入语的类型

导入语要根据不同的教学内容、教学对象、活动氛围进行设计和处理。常见的导入语有以下几种类型。

1. 故事导入

故事导入是指教师利用幼儿爱听故事的心理，通过讲述与活动内容有关的故事，激发幼儿兴趣，启迪幼儿思维，使幼儿愿意进行新知识学习的一种导入方法。

中班科学活动"萤火虫"的导入语：

小朋友们，老师给你们讲一个故事：一天，有一只小白兔提着篮子去采蘑菇，在回来的路上天就黑了。小白兔找不着家了，急得哭了起来。几只萤火虫飞过来了，对小白兔说："别着急，我们来帮你。"说着，它们把身后的小灯点得更亮了，很快地帮助小白兔找到了家。小朋友们想一想，萤火虫身后那个发亮的小东西，真的是灯吗？它为什么会发光呢？好，今天啊，我们一起来认识萤火虫。教师用萤火虫"点灯"为小白兔照路的故事引导幼儿进入萤火虫知识的学习。有了这样一个生动的故事，幼儿自然很渴望知道萤火虫身后的小灯是怎样"点"起来的，为后面的学习做好了求知欲望的铺垫。

2. 情境导入

情境导入是指教师运用声音、画面、色彩、形状等手段创设新奇、生动、有趣的学习情境，使幼儿产生置身其中、身临其境的感受，从而唤起幼儿情感上的共鸣，使幼儿情不自禁地进入学习情境。

小班综合美术活动"香喷喷的荷包蛋"的导入语[1]：

师：（打开音效）滋啦滋啦，锅子热啦，大家一起抹点油（空练绕圈），嗑一下，鸡蛋咔嚓打开了，滋啦滋啦，好香呀！

幼：在耳边听到的是油锅沸腾的声音，眼睛里看到的是黄白相间的荷包蛋，想到的是香喷喷的味道。

这种导入变抽象的叙述为色香味俱全的描述，它带给了幼儿在听觉、视觉等感官上的极大享受。感官上的享受，激发了幼儿创作体验的积极性。

---

[1] 施玉美. 小班综合美术活动：香喷喷的荷包蛋 [J]. 早期教育，2023（11）：20—21.

3. 教具导入

教具导入是指教学伊始，教师运用图片、模型、标本、实物等教具，引导幼儿仔细观察、具体分析，以增加幼儿的直观印象，达到调动幼儿学习积极性的目的。

某教师在组织幼儿园小班社会活动"鱼"的导入语：

师：老师今天钓了很多鱼，你们高兴吗？现在老师把鱼盆搬到你们面前，让你们仔细看看。你们看鱼在干什么？噢，鱼看见小朋友非常高兴，它们在水里游来游去，还要跟小朋友说话哩！你们听！

（打开录音机。）鱼："小朋友，你们好！你们知道我是谁吗？我的名字叫鱼。你们看，我身上有些什么？"

（关录音机。）师："小朋友，鱼请你们看它身上有些什么，大家仔细看，看清楚了就说给鱼听好吗？"。

教师采用实物导入的方法，将活蹦乱跳的鱼摆放在小朋友面前，使用拟人的话语让幼儿跟鱼更亲近，更富于人情味。导入语亲切、自然、生动，有启发性。

4. 谈话导入

谈话导入是指教师采用与幼儿谈话的传统形式，与幼儿进行平等的交流和沟通，从而引入新课。

中班谈话活动"认识我自己"的导入语：

师：我是你们的新老师，不知初次见面你们对我的印象如何？你们能用（　　）的张老师，来说说对我的印象吗？

幼1：漂亮的张老师。

幼2：温柔的张老师。

师：那我也想了解一下你们，你是否也能这样说说自己？

幼3：我是活泼外向的欢欢。

幼4：我是爱唱歌、画画的聪聪。

……

师：从刚才你们的谈话中，我知道你们都很快乐、幸福。可你们知道吗？在一百多年前的英国，有很多孤儿忍饥挨饿，流落街头。今天，就让我们一起来认识一个值得同情、需要关爱的孩子——小珊迪。

教师运用谈话法让幼儿说老师、谈自己，一方面拉近了师幼之间的距离；另一方面以主人翁的身份参与活动，进入学习情境。

5. 实验导入

实验导入是指教师通过生动有趣的实验演示，引导幼儿认真观察、积极思考实验中的各种现象，从而引导幼儿进入学习的情境。

某幼儿教师执教大班科学活动"踩鸡蛋"的导入语：

老师在活动开始时慢慢跨上四个用鸡蛋支撑的木板，鸡蛋并没有像幼儿预料的那样破碎。这时老师神气地说："老师呀并不会轻功，这里有秘——密！你们想知道有

教师语言技能

什么秘密吗？这种方法就是……"

幼（七嘴八舌地说）：快说，快说，是什么啊？

师：老师请你们跟我一起来做实验，一起来找答案好吗？

实验导入要注意让幼儿亲自参与实践，调动幼儿学习的积极性，培养幼儿进行科学探索的欲望。

无论采用哪一种导入语的设计，都要为教学目的和教学重难点服务，与讲课的内容紧密相连，自然衔接。

四、导入语的艺术运用方法

1. 要短小精悍，忌冗长拖沓

导入语是正式讲授的引言，导入的目的是激发幼儿的学习兴趣，集中幼儿的注意力，激发幼儿的求知欲，为活动开展打好基础。使用导入语要注意，导入语不能游离在教育活动之外任意发挥，不能为了导入而导入，必须简练。导入语只是教育活动开始的引子，不能占用太多的时间，一般最好控制在3~5分钟。

中班综合活动"吹泡泡"的导入语：

师：小朋友以前吹的泡泡是什么样子的？

师：今天，请小朋友们想一想用这些形状的泡泡工具会吹出什么样的泡泡呢？

2. 要新颖活泼，忌刻板平淡

导入语一般是在活动开始时，为了激发幼儿的求知欲和调动幼儿的积极性而设置的。教师在导入语设计时，如果语言过于庄重，容易让幼儿产生压抑感，过于平淡，又不能激发幼儿的学习兴趣，只有新颖活泼的导入语才能在第一时间激发幼儿的求知欲。

一位教师设计语言教育活动"有营养的蔬菜"时，采用猜谜的方式导入："红公鸡，绿尾巴，一头扎在地底下。"

不仅调动了幼儿参与活动的兴趣，也加深了其对事物的理解。

3. 要启发思维，忌枯燥乏味

导入语应注意导入方式的多样性和新颖性，以调动孩子们探究知识的欲望。

中班科学活动[1]的导入语：

助教教师身穿宇航服，扮演宇航员与幼儿见面，相互打招呼。

师：小朋友们，你们看这是谁啊？你们有什么想要问宇航员的吗？

（评析：活动前，幼儿在家已调查了关于宇航员的小问号，助教"宇航员"的出现，进一步激发了幼儿对宇航员的兴趣。与助教"宇航员"交流的过程，也是幼儿满足好奇心、启发思维、丰富认知的过程。）

师：小朋友们问了"宇航员"这么多问题，对宇航员充满了兴趣。今天她还要和

---

[1] 侯丽红. 有趣的太空生活——中班科学活动[J]. 山东教育，2023（27）：51—52.

我们一起做小实验呢，你们想试试吗？

教师一边用实验的方法，一边用启发的语言引导幼儿认识摩擦起电，简洁而具体。

想一想，试一试

（1）导入语案例一：

想一想：老师想请中班小朋友们认识"摩擦起电"。请根据导入语的使用技巧，尝试为这节科学活动设计导入语！

试一试：教师打算用实验法来进行导入。

教师出示一把塑料尺、一张彩色纸，说："今天老师要用这把尺子为小朋友们变一个魔术。注意看！"

教师直接用尺子去吸纸屑，纸屑不动。"哎，怎么吸都吸不上来呀？"教师故作为难状，然后惊喜地拿出一块绸布。"有办法了！"

教师把尺子和绸子来回用力摩擦，然后去吸纸屑。"吸起来了，吸起来了，哈哈，看到了吧，我的尺子会变魔术吧！你们想试试吗？"

评一评：这则导入语运用了实验的方法，通过对比，来引导幼儿认识"摩擦起电"，简洁而具体。教师用这种方法时通常要带点神秘感，注意表情、眼神、语气、体态的配合。

（2）导入语案例二：

想一想：请为混龄班主题活动"地底下的世界"设计导入语。

设计思路：

（1）本学前融合班为中小混龄班，有一位语言发展稍迟缓的幼儿。该幼儿口语少，大多需要配合手势。

（2）恰当地导入语设计让特殊幼儿和一般幼儿快速地融入活动情境中，学习如何与他人合作及合作时须注意的事项。

试一试：教师打算用情境导入＋提问导入法。

教师布置了一个蚂蚁搬西瓜的场景，然后用提问导入法引起幼儿的注意。

师：小朋友们，你们看教室里有谁来做客了啊？

幼：小蚂蚁。

幼：大西瓜。

幼：……

师：那你们知道小蚂蚁想干什么吗？

幼：想搬西瓜。

师：对啊，天气太热了，小蚂蚁买了几个西瓜想搬回去给家人们尝尝。如果你们是小蚂蚁，你们打算用什么方法把大西瓜搬回家啊？下面，我们一起听听蚂蚁搬西瓜的故事好不好？

（然后引出《蚂蚁搬西瓜》的故事，让孩子们边听故事边进入团体讨论。）

教师语言技能

评一评：教师首先创设一定的情境氛围，再通过问题导入语，将幼儿的兴趣点一下子集中到教学内容上来，为随后的教学做好思想上的准备。

问题导入法中还有一种比较特殊的方式——谜语导入法。特殊在它的谜底是一个"谜"。运用这种方式要注意选择的内容简单、押韵、朗朗上口；不宜过难，以幼儿经过考虑之后能够比较容易猜出谜底为宜。

导入语考核标准

考核内容		考核点及评分要求	分值	扣分	得分	备注
评估（13分）	教师	1. 精神状态良好，教学设计能力强	2			
		2. 着装得体	2			
	环境	干净、整洁、安全、温湿度适宜	3			
	物品	对教师导入语感兴趣	3			
	其他	活动材料准备齐全	3			
计划（5分）	预期目标	1. 教师恰当设计导入语	3			
		2. 幼儿参与活动意愿强	2			
实施（62分）	活动准备	1. 检查教师的精神状态和着装	2			
		2. 环境和教具准备	3			
	活动过程	1. 教师准确判断幼儿状态	5			
		2. 教师设计导入语	5			
		3. 教师使用恰当的导入语	10			
		4. 教师导入语能激起幼儿兴趣	15			
		5. 养成认真听讲的习惯	10			
		6. 教师进行导入语效果分享	4			
	整理记录	1. 整理导入语案例	3			
		2. 活动反思	5			
评价（20分）		1. 教师导入语设计得当	5			
		2. 教师导入语清晰、生动	5			
		3. 导入丰富有趣	5			
		4. 点燃幼儿兴趣	5			
总分			100			

同步练习

一、选择题

1. 常见的导入语有教具导入、游戏导入和（　　）。
   A. 图片导入　　　　B. 实物导入　　　C. 卡片导入　　　D. 情境导入
2. 导入语的运用要求：切题、求精、求巧和（　　）。
   A. 设疑　　　　　　B. 求新　　　　　C. 求多　　　　　D. 铺叙

二、判断题

1. 导入的语言要生动形象，可以借助教具如图片、实物等直观地呈现教学内容，通过对幼儿多重感官的刺激激发幼儿的兴趣。（　　）
2. 游戏导入是指教师根据教学内容设计与之相关的活动或游戏，说明这一节是游戏课。（　　）

三、简答题

导入语有哪些要求？

四、操作题

请为小班社会活动"认识肥皂"设计几种不同的导入语。

活动目标：

1. 初步感知肥皂的主要特征和用途。
2. 尝试运用各种感官感知和发现问题。
3. 感受吹泡泡的快乐气氛。

任务二 讲授语技能

欣赏下列案例,并说说这位教师讲授语使用的好处。

小班社会活动"中秋节"讲评语:

师:今天是农历八月十五中秋节。中秋节的晚上月亮特别圆、特别亮。我们中国人有个习惯,中秋节这一天,圆圆的月亮挂在天上,一家人一边看月亮,一边吃月饼,也可以玩花灯、放焰火,一家人团团圆圆,真快乐,所以又把中秋节叫作团圆节。又香又甜的月饼也被人们做成圆圆的,像月亮一样,"月饼"古代也被人们叫作"团圆饼",中秋节是我们中国的传统节日。

秋天也是收获的季节,粮食丰收了,水果丰收了,所以中秋节也叫作丰收节。

小结:教师用叙述加描述性的语言,向幼儿介绍了中秋节这一传统节日。

任务描述

在掌握讲授语使用技巧后,结合具体教学内容,恰当运用讲授语有效地开展教学活动。

任务实施

著名教育学家夸美纽斯说:"教师的嘴就是一个源泉,从那里可以发出知识的溪流。"

一、讲授语的定义

"讲授"在《现代汉语词典》中被解释为"讲解传授"。讲授语是指教师以语言为载体,向幼儿传输知识信息、表达思想感情、启迪幼儿心智、指导幼儿学习和调控活动的一种教学行为。讲授语是教师活动语言的"实质部分",是教师传授知识技能、传达情绪情感的主要手段。

二、讲授语的作用

1. 传授知识,答疑解惑

教师运用讲授语的首要目标,是把知识准确、清晰地呈现在幼儿面前,使之记牢、会用。因此,教师的每次讲授应该从新知识传授的要点及针对活动中的疑点、难点来进行设计。通过精心设计的讲授片段,构成活动的整体框架。

大班美术活动"泥娃娃"讲评语：

师：小朋友们，现在我们一起来捏泥娃娃。

第一步，我们先把橡皮泥分成5块，5块橡皮泥一块大、两块中、两块小，像老师的这样（拿给小朋友们看），我们再把5块橡皮泥都揉成小球。

第二步，我们取最大的一块橡皮泥圆球做身体，拿一块比较大的圆球做脑袋，双手分别握住一块，将两块圆球放到一起，稍用力挤压，泥娃娃的身体和脑袋就连在了一起。

第三步，我们把两个最小的圆球贴在泥娃娃身体的两侧，再把比较大的一个圆球压扁做成帽子，戴在娃娃的头上。

小朋友们看，娃娃还缺少什么呀？（眼睛和嘴巴）对，我们第四步就用火柴为泥娃娃画出眼睛和嘴巴。好，一个生动活泼的泥娃娃就做好了。

分析：教师按照步骤边示范边讲解捏泥娃娃的过程，条理清晰。

2. 启发思维，培养能力

教师在设计讲授语时，要深入钻研教材，正确掌握知识，分析幼儿的认知结构及活动心态，灵活运用语言，努力使讲解内容句句叩击幼儿心扉，抓住幼儿的思维，开启幼儿的智慧。

例：大学数学活动"动物下蛋"[①] 讲评语：

师：小朋友的动物都能下蛋，接下来看看5秒钟内你们的动物能下多少颗蛋，要让自己数清楚哦。预备，开始！（幼儿作画，教师计时、观察。）

幼：我下了8颗蛋。

师：5秒钟里，是你下了8颗蛋，还是你的小鸟下了8颗蛋？

幼：是我的小鸟在5秒钟里下了8颗蛋。

师：这样说清楚就不会被人误会了。

幼：我的青蛙，5秒钟下了17颗蛋。

师：5秒钟下蛋比赛，哪个小动物下的蛋最多呢？

幼：他的青蛙，5秒钟下了17颗蛋。

师：青蛙真的是本轮比赛的冠军吗？大家可以相互数一数、比一比，验证一下，然后将这一轮的下蛋总数填写在统计表内。

本环节幼儿在不确定的绘画数学情境中，与同伴数一数、比一比、聊一聊，完成8～17颗蛋的计数，体验数学学习的乐趣。过程中，教师对幼儿的言语表现也给予关注，引导幼儿清晰、连贯、完整地表达自己的想法。同时，通过讲授引导幼儿相互验证、交流，关注实际下蛋数量与总数是否一致，避免漏数、错数现象。

3. 潜移默化，传道育人

教师借助讲授向幼儿传授课文知识及在潜移默化中影响幼儿的人生观、价值观。

---

① 王忠明. 大班数学活动：动物下蛋 [J]. 早期教育，2023（01）：40—42.

教师语言技能

幼儿在教师的讲授中，不仅接受了知识，还可以感受清新的学术见解、深邃的思辨哲理、丰富的情感意念和独特的气度风范。

大班社会活动"任务大挑战"[①] 讲评语：

师：钟表上面粗粗的、短短的针叫作时针，比时针稍微长一点的针叫作分针，这根细细长长、转动速度最快的针叫作秒针。秒针转动一圈需要多长时间？大家一起来小声数一数。（播放时钟动画）秒针转一圈，从 1 到 60，就是一分钟。

师：一分钟很短暂，时间过去了就不能再回来，但用一分钟也能做很多事情，我们平时要养成按时、有序、守时、惜时的好习惯，做时间的小主人。

分析：教师设身处地地引导幼儿认识和珍惜时间，讲授语使用效果好。

三、讲授语的类型

讲授语是教学实践中最基本、最常用的教学语言形式。讲授形式灵活多样，常见的讲授语有如下几种类型。

1. 讲述

讲述是指教师在向幼儿叙述事实材料或描述所讲对象时所采用的一种方式，更是教学活动中传播知识的首要方式。

大班民乐欣赏活动"渔舟唱晚"[②] 讲评语：

师：古筝是中国传统的民族乐器，属于弹拨类乐器。音色优美流畅、委婉动听，弹拨的速度、力度不同，产生的音色效果也不同，能够表达不同的音乐情感。

师：我们一起来欣赏古筝演奏者王中山先生的古筝独奏表演"渔舟唱晚"。请你看一看、听一听、想一想，他是怎么弹奏古筝的？

师：苏州是一座江南水乡城市。太湖和阳澄湖几千年来养育了许许多多的苏州人。我带了一组苏州摄影师拍摄的太湖、阳澄湖的摄影作品，请你一边欣赏音乐，一边观看摄影作品，一边认真思考太湖和阳澄湖的傍晚到底有多美。待会儿，请把你发现、感受到的美告诉大家！

分析：教师动情的语言讲述，激荡着每个幼儿的心弦，使幼儿在整个活动都处在欣赏美、感受美的氛围中。

2. 讲解

讲解是教师向幼儿说明、解释某种道理。讲解在教学中出现的频率较高。

大班打击活动"生日快乐"讲评语：

师：音乐也是一种语言，每个乐句就像一句话，刚才我们往前、往后一共跳了 8 次，就说明这首乐曲有 8 个乐句。

[①] 王丽红. 大班社会活动：任务大挑战 [J]. 早期教育，2023（09）：38.
[②] 杨志群. 大班民乐欣赏活动：渔舟唱晚 [J]. 早期教育，2023（11）：30—31.

教师形象地讲解了什么是乐句。讲解能准确快速地传递知识，是活动讲授中一个有效的形式。

3. 讲评

教师采用口述方式评价判断好坏美丑、成败得失，称为讲评。讲评在讲授的过程中经常使用。讲评最能体现教师的个人意见和观点，具有较强的教师主观色彩。

中班语言活动"会滚的汽车"讲评语：

师：小朋友们听老师读这段故事，小朋友们注意听里面用了哪些表示动作的词？

（读）大木桶气坏了，飞快地滚着追了上去，嘎吱一下，压住了狐狸的尾巴。狐狸痛得"哇哇"叫，张开了大嘴巴。大木桶用力朝狐狸身上一挤，"噗"的一下跳出了小鸡；"唰"的一下蹦出了小鸭，跟着伸出了小鹅的长脖子。小鸡和小鸭抓住小鹅的长脖子，使劲拉啊拉，嗨哟！嗨哟！拉啊拉，把小鹅拉出来了。大木桶又用力一滚，把狐狸全压扁了！

小朋友们来说说故事里有哪些动作呢？（小朋友回答。）

小朋友们，这段话太精彩了，这么短的一段话，里面表示动作的词就有十几个。小鸡"噗"地跳出来，小鸭"唰"地蹦出来，而小鹅呢，胆子太小了，伸出了长长的脖子，还要等小鸡和小鸭把它拉出来，可大木桶只是用力地一滚就把大狐狸压扁了。小鸡、小鸭和小鹅、大木桶就好像在我们眼前一样。小朋友们，这段故事写得好不好？

教师的讲解紧紧抓住童话中的小动物与木桶形象，围绕动词进行讲解，语言生动，对童话的动词点评很详细。

四、讲授语的艺术运用方法

1. 语言生动简练

教师要重视讲授的语言艺术。它要求教师除要达到最基本的清晰、流畅、准确、通俗易懂及速度适中等标准外，还要注重达到精练生动的美感享受。

一位教师在引导幼儿认识"角"时，是这样讲授"角"的知识的。

幼：这是三角板。

师：为什么是三角板呢？

幼：因为它有三个角。

师：（拿出五角星。）为什么是五角星呢？

幼：因为它有五个角。

师：在日常生活中，我们经常看到各种各样的角，谁能说说自己见过的角。

幼：课本面有四个角。

幼：衣服的领子尖尖的有角，剪刀张开也有角。

师：对，再看扇子张开也有角。生活中处处都能见到角。

教师运用生活中的例子，用浅显生动的语言让孩子们明白了生活中的角。

教师语言技能

读书笔记

2. 讲授清晰确切

一堂课中，教师教授哪些知识，怎样安排教学顺序，必须做到心中有数。教师要把自己精心设计的教学过程清晰、确切地讲授出来。只有这样才能使幼儿真切、透彻地把握教师所教知识。

大班社会活动"神奇的指纹"中的教师讲解：

师：人们在观察指纹的时候曾发现3种常见的形状。

第一种叫弓形指纹，它的图案像弓；

第二种叫斗形指纹，它的图案像斗笠；

第三种叫箕形指纹，它的图案像簸箕。

师：刚才我们小组的每位小朋友都采集了自己的食指指纹，那你们说世界上有一模一样的指纹吗？

幼：应该有吧。

（组织幼儿进行大量试验。）

师：小朋友们，通过试验我们知道世界上没有两对特征完全相同的指纹。所以指纹具有唯一性。

教师通过准确清晰的语言讲解指纹的类型和特性。

3. 设疑激发兴趣

讲授的吸引力主要来源于讲授时的设疑激趣，只有设好疑，才能促使幼儿去解疑。设疑与激发兴趣，是问题的两个方面，要相互结合才能使教学活动更具有吸引力。

小班科学活动"种子发芽"：

师：今天给小朋友们讲个故事，故事的名字叫"三个宝宝"。小朋友们认真听，想一想哪个宝宝最听妈妈的话，哪个宝宝能够发芽？（故事讲述部分略。）

师：小朋友们，想一想，哪个宝宝发芽了？

（幼儿抢着回答。）

师：（微笑着）小朋友们，不要急。老师这里有故事里的三个玻璃杯，老师还给杯子编了号，三个菜豆宝宝都在杯子里。小朋友们，来看一看，看哪个杯子里的菜豆宝宝发芽了？（出示三个杯子。）

幼：第三个杯子。

师：小朋友，请把话说完整。

幼：第三个杯子里的菜豆宝宝发芽了。

师：对，第三个杯子里的菜豆宝宝发芽了，长出了小芽就是发芽。

师：请小朋友们想一想，为什么另外两个菜豆宝宝没有发芽？

幼：因为第一个菜豆宝宝没有听清楚妈妈的话，到了一个没有水的杯子里。

幼：第二个菜豆宝宝也没有听妈妈的话，他跳进了一个水很多的杯子，让水淹死了。

师：啊，小朋友们想一想，如果把跳进水里的菜豆宝宝捞出来，他能不能再出芽呀？

幼：能。

师：那，他是淹死了吗？

幼：没有淹死。

师：对，菜豆宝宝没有淹死，只是让水淹没了。小朋友们，你们不喝水行吗？

幼：不行。

师：第一颗菜豆宝宝没有喝到水，就是没有吸收到水，所以他会渴得要命，当然不能发芽。

师：小朋友们，你们不呼吸空气行吗？捂上鼻子试试看。

幼：不行。

师：第二个菜豆宝宝的身体被水淹没了，他就不能呼吸了，那么这个菜豆宝宝会怎么样？

幼：不能发芽。

师：对，没有空气，不能呼吸，也就不能发芽。那么第三颗菜豆宝宝为什么发芽了呢？

幼：他听妈妈的话。

幼：他有空气、有水。

幼：还很暖和。

师：对，第三个菜豆宝宝最听妈妈的话，到了有空气、有水、又很暖和的杯子里，所以他长出了嫩芽。不久他会像妈妈一样长出绿色的叶和长长的藤。

……

教师用设疑激趣的方式引导幼儿自主探究。

想一想，试一试

讲授语案例：

想一想：教师创设"打敌人"的游戏情境，引导幼儿猜想和验证三种"武器"的滚动路线。请根据讲授语的使用技巧，尝试为这次游戏活动设计讲授语。

试一试：教师可用简洁的语言向幼儿讲述游戏规则。

师：现在，我们要拿这几样物体当武器玩"打敌人"的游戏。这边是营地，这条红线是战壕，前方就是敌人，装武器的小盒子就是我们的弹药库。大家想一想：如果我们要滚动这三种武器去打击敌人，它们可能会走什么样的路线？

幼1：圆柱形武器可能会走直线。

幼2：圆台形和圆锥形武器可能会走弯线。

师：大家都说了自己的想法，这三种武器滚动起来到底会走什么样的路线呢？我们可以轻轻地滚动它们来试一试，并把试验结果记录下来。

师：（出示记录表，引导幼儿认识三种形体符号及其在表上的位置，了解记录方

教师语言技能

法。）这是一张记录表，上面有三种武器的符号。你们把姓名先写上，然后轻轻滚动武器，仔细观察每种武器的滚动路线，并把看到的路线画在符号旁边。

评一评： 教师语言言简意赅，再通过提问设疑，鼓励幼儿对几种"武器"的行走路线进行大胆的猜测，为接下来的试验探究打好基础。最后教师告诉幼儿试验记录的方法，语言准确、简洁。

考核评价

讲授语考核标准

考核内容		考核点及评分要求	分值	扣分	得分	备注
评估（13分）	教师	1. 精神状态良好，教学设计能力强	2			
		2. 着装得体	2			
	环境	干净、整洁、安全、温湿度适宜	3			
	幼儿	愿意听从教师讲授	3			
	物品	活动材料准备齐全	3			
计划（5分）	预期目标	1. 教师恰当设计讲授语	3			
		2. 幼儿参与活动意愿强	2			
实施（62分）	活动准备	1. 检查教师的精神状态和着装	2			
		2. 环境和教具准备	3			
	活动过程	1. 教师准确判断状态	5			
		2. 教师设计讲授语	5			
		3. 教师使用讲授语	10			
		4. 幼儿愿意听从教师讲授	15			
		5. 幼儿养成认真听讲的习惯	10			
		6. 教师进行讲授语效果分享	4			
	整理记录	1. 整理讲授语案例	3			
		2. 活动反思	5			
评价（20分）		1. 教师讲授语设计得当	5			
		2. 教师讲授语清晰、生动	5			
		3. 教师讲授抑扬顿挫	5			
		4. 幼儿愿意听从教师讲授	5			
总分			100			

一、选择题

1. 教师讲课语言生动、形象、简洁、准确、富有吸引力,声音抑扬顿挫,并伴有适当的表情,使幼儿产生兴趣,易引起幼儿的( )。
   A. 有意注意 B. 无意注意
   C. 兴趣 D. 共鸣

2. 讲授语的要求要( )。(多选题)
   A. 科学规范 B. 针对活动目标
   C. 生动传神 D. 富于启发

二、判断题

1. 教学语言要做到优美生动,只需要注意知识、素养、语言技能。( )
2. 艺术的讲授语还应该适合使用一些体态语。教师自然的面部表情、适度的走动及舒适的服装搭配都能使活动氛围变得自然轻松。( )

三、简答题

讲授语的艺术运用方法有哪些?

四、操作题

请为中班科学活动"树木是我们的好朋友"设计讲授语。

读书笔记

读书笔记

任务三　提问语技能

欣赏下列案例，并说说这位教师提问语使用的好处。

小班美术活动"蝴蝶蝴蝶真美丽"。本次活动的目标是教幼儿画蝴蝶，很多小朋友虽见过蝴蝶，但不一定能记住蝴蝶的特征。因此，在活动开始时先请幼儿观察、了解蝴蝶简单轮廓。

师：小朋友们见过蝴蝶吗？

幼：见过。

师：蝴蝶长得是什么样子啊？

幼：（七嘴八舌地回答）。

师：蝴蝶有翅膀吗？

幼：有，两只翅膀。

师：还有什么啊？

幼1：嘴巴。

幼2：眼睛。

师：哦，还有嘴巴、眼睛，还有什么呀？

幼：还有触角。

师：嗯，还有触角，那么蝴蝶的触角是什么样子的呀？

幼1：长长的。

幼2：弯弯的。

师：哦，蝴蝶的触角有这么粗的吗（教师用手指比划了一个较粗的样子）？

幼：没有，蝴蝶的触角是细细的。

师：蝴蝶是什么颜色的呀？

……

小结：在认识蝴蝶的过程中，教师不是用讲解的方式直接告诉幼儿蝴蝶的外貌特征，而是运用提问的方式引导幼儿观察蝴蝶，再引导幼儿用自己的语言来表达观察到的蝴蝶特征。

任务描述

在掌握提问语使用技巧后，结合具体教学内容，恰当运用提问语有效地开展教学活动。

知识学习

爱因斯坦说："提出一个问题往往比解决一个问题更重要。"美国心理学家布鲁纳指出："教学过程是一种提出问题和解决问题的持续不断的活动。"

一、提问语的定义

提问语是指在教学活动过程中，教师根据一定的教学目标，针对有关教学内容和幼儿实际，设置一系列问题情境，提出问题引发幼儿思考，以促进幼儿积极思维的教学语言艺术。

二、提问语的作用

1. 启发思考，活跃思维

提问是教学活动的关键环节，也是诱发幼儿思考的重要手段。教师可以根据教学内容的需要，结合幼儿原来掌握的知识，在教学过程中设置一系列需要幼儿思考才能解答的问题。幼儿在解决教师提出的问题时，就要进行思考，幼儿形成的求知欲由潜伏状态转入活跃状态，思想上的波澜被激起，成为问题的探索者。

例：大班韵律活动"小鸟和猎手"[1]中，教师为了让幼儿体验猎人抓小鸟的动作，特设计了如下问题。

师：树林里除了有小鸟，还来了一群人，他们扛着网兜，轻手轻脚地走进了树林，猜猜是什么人来了？

幼：猎人。

师：对了，那扛着网兜的猎人是什么样子？怎样走才不会被发现？

幼：（纷纷模仿起猎人悄悄走路的样子，并相互提醒动作要轻，不能发出声音。）

师：谁来学学？

分析：教师的提问促使幼儿仔细地分析音乐里猎人的特点，并能进行生动的模仿。

2. 激发兴趣，集中注意力

俗话说，良好的开端是成功的一半。为获得良好的教学效果，教师必须激发幼儿的学习兴趣，使幼儿集中注意力并积极参与到活动中。在教学中，教师在活动导入、重难点突破、探究体验、知识拓展等环节的有效提问，可以激发幼儿学习的兴趣，吸引幼儿的注意力，使他们产生学习和探究的动力。

---

[1] 石玲玲. 大班韵律活动：小鸟和猎手 [J]. 当代学前教育，2019（01）：35-37.

教师语言技能

下面请看教师对儿歌《春天在哪里》的提问语：

"这首儿歌，写春天的景物可多啦！像花草、树木、山水、风雨、蜜蜂、蝴蝶……小朋友们要一边听一边想：春天到底在哪里？从儿歌中把春天找到。"

教师的问题引起了幼儿的思考。幼儿的求知热情直接影响了教学效果。

3. 沟通情感，获得信息反馈

教学活动是师幼的双边活动，教师的教是为幼儿的学服务的。教师的教学活动必须根据幼儿的实际情况进行，及时从幼儿处得到信息反馈，及时调整自己的教学设计。教师对问题的设计要做到有针对性。

例：学前区域活动时，孩子们在一只大扇贝外围摆起了一圈小扇贝，正兴致勃勃地数着大扇贝外有几个扇贝宝宝。

幼1：不对，你数错了！是15个贝壳宝宝。

幼2：不对，是16个。

幼3：老师，你看他们数得不对。

师：（通过孩子们的对话，老师意识到昨天学的点数内容，有的幼儿还没有完全掌握，于是老师准备把难点再提示一遍。）孩子们，告诉老师，你们都是从哪里开始数，数到哪里结束的啊？

幼4：老师，是不是数了第一个贝壳，等一下就不能再数一遍了？

幼5：你也可以任意选一个数起，然后用手指点住它，等一会儿数到这里不要重复数了，这样就不会数错了。

师：你说得真好。为什么数到这里就不数下去了？

幼6：从哪里数起，就能决定数到哪里为止，这样就不会重复数，也不会漏数。

师：嗯，表达得很准确，看来老师教的方法都记住了。其他小朋友也都要记住你是从哪里开始数，到哪里为止的噢。

分析：教师没有简单地将知识再讲一遍，而是用提问的方式进行启发、点拨点数要点。最后启发幼儿巩固知识，找到正确方法。

三、提问语的类型

提问语的类型多种多样，综合优秀教师提问艺术运用实践，我们主要介绍提问语的三种类型。

1. 记忆性提问

记忆性提问是一类幼儿凭记忆能够回答的问题，通过是什么或怎么样的形式出现。这种提问主要是引起幼儿回忆再现所学知识，起到防止遗忘的作用。但是这类问题的思维层次不高，只是在了解检查幼儿基础知识掌握的情况方面有积极作用。

中班语言活动"吹泡泡"，教师是这样提问的：

师：小朋友们，诗歌学习完了。老师想问你们几个问题，星星是谁吹出的泡泡？

幼：月亮。

师：雨点是谁吹出的泡泡？
幼：乌云。
师：苹果是谁吹出的泡泡？
幼：苹果树。
师：嗯，看来你们记忆力真好。

分析：教师采用了填空式的提问语，难度较低，用于检查幼儿对诗歌的熟悉程度。

2. 连环式提问

教师把要传授的知识或要解决的问题，分解成一个个小问题，一环扣一环、系统地提出来。教师提问时的语气较急促，问题与问题之间的间隙时间较短。连环式提问能使幼儿持续集中注意力，刺激他们积极思考，有利于幼儿全面掌握知识的内在联系。

中班健康活动"我是洗手小达人"[①]：

（教师出示活动前带领幼儿在科探室借助显微镜观察手上的细菌时拍摄的照片。）

师：我们在这上面看到了什么？
幼：黑黑的，像小虫子一样的东西。
师：这些黑黑的东西是什么呀？
幼：是细菌。
师：原来看起来很干净的手，里面竟然藏着那么多细菌。

分析：教师通过观察图片，用连环提问的方式让幼儿对"细菌"有更进一步的了解。

3. 开放式提问

开放式提问是指思路较为广阔、深刻，答案不唯一的提问语。在教学活动的重点、难点处，教师精心设计一两个开放式提问，对于激发幼儿学习、开发智力、培养能力等很有帮助。

中班健康活动"我是洗手小达人"，教师是这样提问的：

师：手那么脏，不洗手会怎么样呢？
幼：（七嘴八舌）会生病、会拉肚子、会发烧……
师：如果不洗手，细菌能传播给其他人吗？
幼：能。
师：要怎样做才能打败细菌呢？
幼1：勤洗手。
幼2：打肥皂，来回搓。
幼3：用酒精消毒，戴口罩……

[①] 李晶晶. 我是洗手小达人（中班）[J]. 幼儿教育（教育教学），2022（Z4）：67－69.

师：对啊，原来看起来很干净的手，里面竟然藏着那么多细菌。不洗手除了会让自己生病，还会把细菌传播给其他人。看来我们以后要勤洗手，讲卫生，不仅可以保护自己，还可以保护他人，能让我们一起玩得更开心。

分析：教师采用阶梯式的提问在一层层深入，用了两个开放性提问语，启发幼儿进一步思考，使幼儿的观察、思考、想象、理解等诸方面能力都得到锻炼。

四、提问语的艺术运用方法

1. 难易适度，设计不同类型的问题

教师的提问语要难易适度，简繁适可，深浅适当。教师要根据活动的内容和学习要求，根据幼儿的知识水平、思维水平与解决问题的能力提出问题。教师的提问不能超过幼儿的认知范围，这样会欲速则不达，要符合"最近发展区"原理，让幼儿"跳一跳可摘到桃子"。

例：中班谈话活动"多彩的扇子"提问语：

夏天，你感觉很热的时候，最想要做什么？（可以请胆小的或者表达能力稍弱的幼儿回答。）现在，请带扇子来的小朋友给大家看看，介绍你带的是什么扇子，什么样的扇子？（可以请内敛的幼儿说说。）大家看一看、玩一玩自己的扇子，有什么感觉？（可以请表达能力较强的幼儿谈谈。）你最喜欢哪一把扇子？为什么？（可以请表达能力稍弱的幼儿先谈谈，再请表达能力强的幼儿补充。）

2. 把握重点，设计核心内容的问题

重点问题往往能使教学活动达到高潮，使幼儿的学习探究活动得到最大限度地提升，使幼儿的认识过程发生质的飞跃。教师在活动前要善于挖掘活动内容中对幼儿发展最具价值的内容，设计好重点问题，并努力在教学中突出重点问题。在提出问题后，不要急于告知答案，给幼儿充分的思考时间，增强提问效果。

例：大班健康活动"动一动"，活动目标要求幼儿感知和发现身体中会动的部位，懂得一些保护自己身体的正确做法。教师先引导幼儿探索身体中会动的部位，接着通过提问的方式，让幼儿重点感知身体受伤后给自己造成的不便。

师：原来身体上有那么多会动的部位，真有趣！咦，怎么会有哭声呢？让我们来找找。在这里（出示图片），这两个小朋友怎么了？（幼：哭了，受伤了，很伤心。）腿断了会有哪些不方便呢？假如我们的一条腿断了不能动了，走一走，试一试，方便吗？哎呀，一只手也脱臼了，用一只手能把自己的衣服脱下来吗？（幼儿尝试进行操作，感受身体受伤造成的不方便。）如果人的一个部位不能动了，会造成许多不方便，我们可要好好保护身体每个部位。这些小朋友谁做的对？谁做的不对？为什么？

3. 注意时机，设计适量适当的问题

恰当的提问要设在幼儿有疑问之处，这样提问才能引起幼儿探究的兴趣。在活动前提问，可以调动幼儿的学习兴趣；在活动中提问，应选择幼儿注意力最集中、兴趣最旺时实施。幼儿有所思、有所疑时提问，才能更好地激发幼儿的求知欲；在活动结

束时提问，了解幼儿对知识的掌握情况，并可以引导幼儿拓展新的内容。这时，提问语才真正地发挥应有的作用。

例：大班主题活动"做元宵"，活动前一天老师说：小朋友们，今天和爸爸妈妈一起学学元宵是怎么做的？第二天活动中，老师问：有谁能说一说，好吃的元宵怎么做啊？我们一起来做做看吧！做元宵活动结束后，老师说：你们可真是糕点名师啊！做出的元宵不仅有方的、扁的，还有酸的、辣的……这么多元宵堆在桌子上可不好，我们得想办法给它们起个好听的名字，做个有创意的广告，把元宵销售出去啊，请小朋友们都想一想用什么好听的话才能吸引顾客？明天我们比比谁说得好！

在活动中，教师不能一味地提问。密集的提问只会让幼儿产生厌倦心理，对教师提出的问题不认真思考，甚至拒绝回答。难度、深度也应该适宜，不能让幼儿觉得回答得没劲，也不能让幼儿回答不上来。正确的提问语应该呈现一个循序渐进的坡度，这样才能将所有幼儿的学习积极性调动起来。

想一想，试一试

想一想：有位教师在执教大班早期阅读"会飞的抱抱"时，想通过提出关键问题，引导幼儿自主阅读。请根据提问语的使用技巧，尝试为幼儿自主阅读绘本环节设计提问语。

试一试：

师：小猪要寄一个大大的抱抱，这封信上写着地址和收件人，那么它的抱抱是要寄给谁？

幼：是寄给猪奶奶。

师：是的，是寄给它的奶奶——猪奶奶。那么它为什么要写这封信呢？

幼：它想它的奶奶了。

幼：有可能是它的奶奶要过生日了。

师：是的，猪奶奶的生日快到了，所以小猪准备了一个大大的抱抱作为礼物，准备送给猪奶奶。这封信是小猪自己送的吗？

幼：不是，是很多小动物帮忙送的。

幼：它们就像这样拥抱，然后猪奶奶就收到了。

师：对，是动物邮递员一个拥抱接着一个拥抱传递，才让相距很远的小猪把爱的抱抱送到猪奶奶那里。为什么小猪要寄的是一个抱抱，而不是其他的东西呢？

幼：因为抱抱很温暖。

师：是的，因为抱抱很温暖，可以传递爱。

评一评：该环节旨在让幼儿自主、完整地阅读绘本，教师通过提问引导幼儿带着问题仔细阅读，找出封面和故事中的关键信息，引导幼儿理解因为抱抱可以传递爱，所以小猪给猪奶奶寄了一个抱抱来表达对奶奶的爱。

教师语言技能

提问语考核标准

考核内容		考核点及评分要求	分值	扣分	得分	备注
评估（13分）	教师	1. 精神状态良好，教学设计能力强	2			
		2. 着装得体	2			
	环境	干净、整洁、安全、温湿度适宜	3			
	幼儿	愿意思考教师问题	3			
	物品	活动材料准备齐全	3			
计划（5分）	预期目标	1. 教师恰当设计提问语	3			
		2. 幼儿参与活动意愿强	2			
实施（62分）	活动准备	1. 检查教师的精神状态和着装	2			
		2. 环境和教具准备	3			
	活动过程	1. 教师准确判断状态	5			
		2. 教师设计提问语	5			
		3. 教师使用提问语	10			
		4. 幼儿愿意听从教师提问	15			
		5. 幼儿养成认真听讲的习惯	10			
		6. 教师进行提问语效果分享	4			
	整理记录	1. 整理提问语案例	3			
		2. 活动反思	5			
评价（20分）		1. 教师提问语设计得当	5			
		2. 教师提问语清晰、生动	5			
		3. 教师讲授抑扬顿挫	5			
		4. 幼儿愿意回答教师问题	5			
总分			100			

一、选择题

1. 在《优质提问教学法》一书中，沃尔斯和萨特斯将幼儿回答问题比作跳房子游戏。第一步是倾听问题，第二步是理解问题，第三步是自己作答，第四步是大声作答，有时如果涉及高认知水平的问题，还有（　　）即第五步。
 A. 再度思考并修正答案　　　　B. 写在纸上
 C. 和同伴交流　　　　　　　　D. 埋在心底
2. 提问语的功能有启发思考、激发兴趣和（　　）。（多选题）
 A. 活跃思维　　　　　　　　　B. 集中注意力
 C. 获得信息反馈　　　　　　　D. 难倒幼儿

二、判断题

1. 提问设计要富有情趣和吸引力，使幼儿感到有趣而愉悦，在愉悦中接受教学。（　　）

2. 活动提问中，教师提出问题，就是在帮助幼儿发现问题，然后通过点拨、启发等各种手段来引导幼儿自己解决问题。（　　）

三、简答题

提问语的艺术运用方法有哪些？

四、操作题

为下列教学活动设计提问语。

教师想通过提问导入教学活动"影子是怎样形成的"，该如何设计导入语呢？

任务四　应变语技能

任务情境

欣赏下列案例，并说说这位教师应变语使用的好处。

幼儿做游戏时不小心把白板上的贴绒小燕子碰掉了，孩子们马上兴奋起来，有的还大声喊："小燕子飞下来了！"这时，教师灵机一动，对幼儿说："那老师请你们数一数，有几只小燕子飞下来了啊？白板上还剩下几只小燕子啊？"

小结：这位教师不仅保护了孩子们的好奇心，还充分利用孩子们的求知欲，巩固了点数的知识，孩子们觉得其乐无穷。

任务描述

在掌握应变语艺术运用方法后，结合具体教学内容，恰当运用应变语有效地开展教学活动。

任务实施

知识学习

苏霍姆林斯基这样说："活动是反映教师的一般修养和教育素养的一面镜子，从中可以看出他有多少智力财富、他的见识和他的博学程度。"

一、应变语的定义

应变语是教师在活动上及时调节师幼关系、处理活动突发事件时所运用的教学口语。教学活动是一种多元化复杂动态的师幼交流活动。在活动过程中如若出现一些意外情况，例如，幼儿突然提出一些偏离活动中心的疑难问题，出现偶发事件或教师在教学中的一些教学失误等，教师要做到"处变不惊"，充分发挥自己的教学机智，敏锐、巧妙地调控活动行为，以保证教学的正常进行。

在国画课上，班上有一名注意力不集中、总是陶醉在自己世界的孩子。按照步骤，教师先让这名孩子认识国画用具，但无论怎样从肢体上干预，都效果不佳。孩子不和老师有眼神交流，更不要指望他认识用具。于是，教师拿出了漂亮的小粘贴，他似乎对粘贴很感兴趣。在粘贴的干预下，他顺利认识完用具，并能够马上说出用具名称。可是等到下节课再问，他还是没记住。难道一学期就教他认识国画用具、如何在美工室坐好？一个偶然的机会，教师找到了解决的方法。一次，教师发现他喜欢看别人画画。难道他想亲自体验国画吗？于是教师试着让他动笔，开始临摹黑板上的鲸鱼。让老师惊讶的是，画画时的他，比较安静。他画的很像，绘画的姿势有模有样，就是不会调墨，总是蘸着墨就画。但是在那节课中，他画的鲸鱼是班级里效果最好的。

分析：通过这件事情教师发现，要多了解孩子的真正兴趣，及时调整适合孩子的教学方法。

二、应变语的作用

1. 树立教师威信

活动突发事件的出现既是一次难得的机遇，又是一个严峻的挑战。机智的教师遇到突发事件时总是沉着冷静、处变不惊，以巧妙的方式从容应对。教师展现教学应变艺术的过程也是展现其人格魅力、塑造自我形象的过程。

教师在讲"孙悟空三打白骨精"故事时，让幼儿们讨论最佩服谁，有个幼儿突然冒了一句说最佩服白骨精，因为白骨精坚持骗唐僧。

显然这个幼儿的认识出现了偏差，但教师却不动声色地追问道：白骨精为什么骗唐僧？

幼：想吃唐僧肉。

师：那这是干坏事还是干好事？

幼：干坏事。

师：坚持干坏事，坏事不就越干越多了吗？现在你还佩服她吗？

幼：不佩服了。

分析：这位教师在不动声色地追问中，水到渠成地引导幼儿认识到自己理解的偏差，反映了一个教师的教学机智。

2. 培养创新意识

在活动中，教师应为幼儿创设宽容的学习氛围，充分开发幼儿的创新潜能。教师要看到幼儿问题中思维火花的闪现；要看到幼儿新奇回答中积极思维的过程。

午餐后老师领着孩子们在花园散步，边走边问："花为什么会开？"第一个孩子说："她睡醒了，她想看看太阳！"第二个孩子说："她一伸懒腰就把花骨朵顶开了。"第三个孩子说："她想和小朋友比比看谁穿得更漂亮！"突然第四个问老师："老师，您说呢？"老师原来准备的答案是"花开了，是因为春天来了。"但是她听到孩子们的回答，动情地说："花特别懂事，她知道小朋友们都喜欢她，她仰起她的小脸，笑了！"

分析：教师临时改变了自己的答案：一方面是受到孩子们的"感染"；另一方面也体现了这位教师的教学敏感性。

3. 融洽师幼关系

教学突发事件中有相当一部分起源于幼儿，但教师无论遇到哪种类型的突发事件，都应当沉着冷静，从容应对，能使师幼关系得到改善或促进。

例：一名幼儿突然好奇地问未婚女老师："老师，你的宝宝是男宝宝还是女宝宝呢？"老师听到后不仅没生气，反而微笑着说："你们啊都是我的宝宝，那就请你们告诉老师，你们是男孩还是女孩呢？"

分析：正是教师的教学应变艺术才化解了尴尬，融洽了师幼关系。

教师语言技能

读书笔记

三、应变语的类型

提问语的类型多种多样,综合优秀教师提问艺术运用实践,我们主要介绍提问语的三种类型。

1. 教师自己的失误

在教学活动中,教师的言行一闪而过,有时会因为口误或笔误给幼儿带来误解。一旦出现了教学失误,教师应该马上意识到自己的失误,最好能及时进行弥补。

又是快乐英语时间了,只见老师拿着铅笔和钢笔等实物,打算采用直观教学法来启发幼儿思考,以追求更好的教学效果。但是,这位教师无意中把手中的铅笔说成了"pen",等他意识到自己说错时,有些幼儿也发现了。这位教师没有马上纠正自己的错误,而是干脆反问一句:"Is this a pen?"幼儿齐声回答:"No, pencil."

分析:教师这种灵活果断的回答,使幼儿误以为教师在考问他们句型,教师的失误巧妙地得到了补救。

2. 来自幼儿的偶发事件

当突发事件来自幼儿时,教师要给予幼儿足够的宽容,要善于化解幼儿心中的压力,正面引导幼儿认识到自身的错误。

大班早期阅读活动"是谁嗯嗯在我的头上",教师问:"小鼹鼠头上顶的是什么?"一幼儿大声答:"狗屎。"顿时全班幼儿哄堂大笑,教师瞥了幼儿一眼没做声,希望通过冷处理让幼儿安静下来,谁知这位幼儿接着说:"我见过,在奶奶家见过,小鼹鼠头上顶的就是狗屎。"此时班里已乱成一团。接着这位教师迅速做出决策,努力用语言进行化解,对全体幼儿说:"这位小朋友说小鼹鼠头上顶的是狗的嗯嗯,你们认同吗?他说的对不对呢?我们现在就一起去揭晓答案吧!"

分析:遇到突发事件,教师这样的回应不但能稳定幼儿情绪,更能调动幼儿阅读的欲望。

3. 来自外界的偶然事件

活动中的突发情况有时来自外界环境,在遇到这类情况时,教师一定要临危不乱,沉着镇静,做好预判,并对幼儿做出积极疏导,消除幼儿紧张情绪。

夏天的午后天空突然电闪雷鸣,胆小的幼儿害怕得直缩脖子,有的干脆闭起了双眼。见此情景,老师索性走到幼儿中间,张开双臂,笑着说:"现在我是鸡妈妈,你们都在我的翅膀底下呢!"一听此话,幼儿不禁笑了。她接着说:"打雷闪电是一种自然现象,没什么可怕的!更何况我们都已经是大班的宝贝了!"这么一说,幼儿不再害怕,心情渐渐平静下来,觉得老师像妈妈一样温暖。

四、应变语的艺术运用方法

1. 将计就计

将计就计是教师巧用幼儿的错误或问题,把不利因素顺势转化为有利因素,化阻力为动力的语言机智。

32

教师正在教儿歌，一只大蜻蜓飞进了教室，孩子们顿时兴奋地拍手喊起来："大头青！大头青！大头青！抓住！抓住！"教师认为，这是对幼儿进行保护益虫教育的好机会，就悄悄地走到蜻蜓落脚的地方。几十双小眼睛目不转睛地盯着教师。教师一把抓住了大蜻蜓，边走边说："大蜻蜓，绿眼睛，飞来飞去捉苍蝇……"孩子们坐到自己的座位上安静了。教师问："小朋友们，大蜻蜓是害虫还是益虫呢？""是益虫。""为什么？""因为它能捉苍蝇蚊子。""咱们是把大蜻蜓用线拴上，在教室里玩，还是把它放掉呢？"孩子们异口同声地回答："放掉它！""好吧，老师请一位小朋友来放蜻蜓。"孩子们争着举起小手。教师把第一个发现蜻蜓又大声叫喊的明明请了出来。这个"蜻蜓迷"很正经地走到老师面前，用小手轻轻地捏住蜻蜓的翅膀，站在窗口说："大蜻蜓，你飞吧！飞吧！飞吧！"孩子们一起喊起来。蜻蜓飞走了，教室安静了……教师继续教儿歌。

　　分析：面对突发事件——大蜻蜓飞进教室，正在教儿歌的教师对于孩子的好奇没有斥责，没有强行命令孩子们回到儿歌上去，而是灵活变通、从容应对，抓住机会对幼儿进行了保护益虫的教育。

2. 将错就错

　　教师在教学过程中，用灵活的方式弥补自身出现的一些失误，以避免尴尬，化弊为利。

　　一位教师在进行大班科学活动"辨别盐和糖"时，采用了实验法，左手拿盐、右手拿糖，分别放进装了水的杯子里，让孩子们通过品尝来了解盐和糖的味道。水杯外面事先贴了"盐"和"糖"的字样，但是这位教师无意中把右手中的糖倒进了写有"盐"的杯子里。等他意识到自己的失误时，有些幼儿已经品尝过了。这位教师没有马上纠正自己的错误，而是干脆地反问了一句"你们品尝的盐咸吗？"几个孩子齐声回答："不咸，甜的，应该是糖。"老师顺着说："老师故意放错了，让你们细心辨别盐的味道。"

　　分析：失误之后的教师运用自己的机智巧设问答的情境，巧妙地化解了失误带来的不良影响和尴尬。

3. 妙踢皮球

　　教师对幼儿提出的问题一时无法做出满意的回答，索性把问题巧妙地踢给幼儿，以争取思考时间。

　　中班谈话活动"各种各样的鞋子"：

　　师：世界上鞋的种类有成千上万，小朋友们都认识什么鞋？

　　幼：凉鞋、旅游鞋。（教师张贴有"凉鞋""旅游鞋"图案和文字的纸片。）

　　幼：皮鞋、布鞋。（教师张贴有"皮鞋""布鞋"图案和文字的纸片。）

　　幼：雪地鞋、拖鞋。（教师张贴有"雪地鞋""拖鞋"图案和文字的纸片，却发现误把"拖"写成了"拉"。）

　　幼：老师，这个是拉字，我认识，你写错了！

　　师：什么地方错了？

　　幼：你把"拖鞋"写成了"拉鞋"。

师："拖"和"拉"一样不一样？

幼：不一样。

师："拖"是什么意思？

幼："拖"是脚带着鞋子往前走，方便又舒服。

幼："拉"是拉车，得有轮子。

师：啊，老师给拖鞋安了轮子。（小朋友们笑，老师也笑。）这怎么行，你们都不让了，那样穿着在室内走不舒服也不方便。请同学们告诉我有没有安轮子的鞋？

幼：溜冰鞋。

师：很好。老师错在这儿，把溜冰鞋的轮子安到了拖鞋上了。

分析：教师以这种方式把棘手的问题踢给幼儿，于无声无息中扭转了尴尬的局面，同时又培养了幼儿分析问题的能力。

想一想，试一试

应变语案例：

想一想：绘本活动"害羞的小哈利"开展到最后一个环节时，教师问幼儿："小哈利虽然害羞，可他身上有许多优点，所以大家一样很喜欢他。那么你们谁愿意来讲讲自己的优点？"大家你一言我一语，说得十分热闹。这时，平时最调皮的成成举手了，说："老师，我没有优点，我有很多缺点。"一时间，引起了哄堂大笑。请为这位老师设计一段应变语吧！

试一试：只见这位老师说："孩子们，我有一个秘密，你们想知道吗？"孩子们一听是秘密，来劲了，几个反应快的孩子马上问："什么秘密？"老师说："秘密当然要等你们安静下来我轻轻说啊。"

孩子们果然都不作声了，全睁着亮晶晶的眼睛看着老师。老师说："这个秘密就是，我发现了成成的一个优点——诚实。成成是一个诚实的孩子，他愿意把自己的缺点告诉大家，这就是一个很好的优点。"老师又问："那成成还有什么优点呢？你们发现了吗？""爱劳动""运动好"……孩子们七嘴八舌地议论开了。"噢，原来并不像他自己所说的都是缺点，也有很多优点。成成，小朋友们帮你找了几个优点？"成成说："4个。""哇，真多！咦，那么刚才我们看完小哈利的故事时，老师问了大家一个什么问题？"成成愣了一下，连忙说："讲讲自己的优点。""对了。以后在上课的时候，要听清楚老师的问题再回答噢。"

评一评：这位教师坚持"以幼儿发展为本"，从幼儿的回答中寻找积极的教育因素，让幼儿感受到被尊重和肯定的快乐，同时让教学回到积极的状态。

考核评价

应变语考核标准

考核内容		考核点及评分要求	分值	扣分	得分	备注
评估（10分）	教师	1. 精神状态良好，教学设计能力强	2			
		2. 着装得体	2			
	环境	干净、整洁、安全、温湿度适宜	3			
	物品	活动材料准备齐全	3			

续表

考核内容		考核点及评分要求	分值	扣分	得分	备注
计划 (5分)	预期 目标	1. 教师恰当设计应变语	3			
		2. 幼儿能从中受到教育	2			
实施 (65分)	活动 准备	1. 检查教师的精神状态和着装	5			
		2. 环境和教具准备	3			
	活动 过程	1. 教师准确判断状态	5			
		2. 教师设计应变语	5			
		3. 教师使用应变语	10			
		4. 幼儿能在教师的应变语的引导下受到教育	15			
		5. 养成尊重老师的态度	10			
		6. 教师进行应变语效果分享	4			
	整理 记录	1. 整理应变语案例	3			
		2. 活动反思	5			
评价（20分）		1. 教师应变语设计得当	5			
		2. 教师应变语清晰、生动	5			
		3. 应变语表达饱含深情	5			
		4. 能从中受到三观教育	5			
总分			100			

同步练习

一、选择题

1. 应变语的作用有化解尴尬、摆脱困境和（　　）。

　　A. 维持秩序　　　B. 激发兴趣　　　C. 促进学习　　　D. 顺利教学

2. 应变语的要求有（　　）。（多选题）

　　A. 充分准备　　　B. 沉静机敏　　　C. 尊重幼儿　　　D. 自然紧凑

二、判断题

1. 无论幼儿以怎样的方式去表现，教师都要向幼儿展现出良好的师德，不恶语相加、谩骂、斥责幼儿。教师要以灵活机巧的方式采取应变措施，来关爱尊重幼儿。　　　　　　　　　　　　　　　　　　　　　　　　　　（　　）

2. 为了快速集中幼儿的注意力，稳定幼儿的情绪，教师在运用应变语时要使教学内容过渡自然、衔接紧凑、不露痕迹。　　　　　　　　　　（　　）

三、简答题

应变语的艺术运用方法有哪些？

四、操作题

试评论下面这则应变语。

教师教学时不小心把粘贴在黑板上的降落伞碰掉了，孩子们发出了"咦——"的声音，有的还大喊："降落伞飞下来了！"教师对孩子们说："你们数一数，几个降落伞落下来了？还有几个在黑板上贴着？一共有几个降落伞？"

任务五　结束语技能

欣赏下列案例，并说说这位教师结束语使用的好处。

大班科学活动"小壁虎借尾巴"

师：小朋友们，今天我们学习了小壁虎尾巴的特点。实际上大千世界里，各种动物的尾巴都有自己的奇妙之处。动物不同，尾巴不同，用途不同，奇妙的特点也不同。小朋友们，应该多去观察，也可以找来写动物尾巴的书，了解动物的尾巴，再讲给老师和小朋友听，我们比一比谁了解得多，谁了解得全面，好吗？

分析：本结束语承接了所学习的内容，在小壁虎尾巴的基础上拓展了其他动物的尾巴，并告诉幼儿大千世界"动物不同，尾巴不同，用途不同，奇妙之处也不同"。这样不仅开阔幼儿的视野，而且激发了孩子的探索欲望，做到了课内向课外的巧妙延伸。

任务描述

在掌握结束语艺术运用方法后，结合具体教学内容，恰当运用结束语有效地进行教学活动。

任务实施

俗话说："编筐编篓，重在收口；描龙绘凤，重在点睛。""收口"和"点睛"便是教学活动结束语的神圣使命。

一、结束语的定义

结束语又称为断课语、结尾语，是教学活动将要结束时，教师对整个内容提纲挈领地加以归纳或引导幼儿对所学的知识技能进行拓展迁移所运用的语言。

二、结束语的作用

1. 归纳总结

著名教育家尼洛夫·叶希波曾说过，通过总结幼儿在活动中所学的主要内容和基本思想来结束是很有好处的。教师通过"画龙点睛"，提纲挈领地将本次活动甚至系列活动的内容加以简明、扼要的概括，便于幼儿抓住活动内容的重点，将所学的知识系统化，并能在幼儿头脑中构建出一定的知识结构，进而达到举一反三、实现知识迁移的目的。

例：有一位教师在离活动结束还有五分钟时，被通知去园长办公室召开一个紧急会议，因为匆忙去开会，没有进行活动小结。第二天，这位教师按照活动计划继续往下开展，幼儿们都不约而同地说道："老师，昨天的游戏还没玩完呢。"

原来，在幼儿心中没有结束语的活动是不完整的。就如一件艺术品，没有进行最后的上色、抛光，总让人觉得少些什么。

2. 条分缕晰

利用活动结束前几分钟与幼儿的谈话，把本次活动的内容做一番脉络梳理，这对于巩固、强化已学的知识是很有必要的。例如，幼儿年龄小，个体有差异，教师通过条理化的语言小结，能帮助幼儿在头脑中形成系统的认识。

3. 拓展延伸

活动结尾的小结，教师一般能结合具体、有针对性的问题对幼儿的思维进行适时得当的点拨、引导，使幼儿"居高临下"地俯视所学知识。

大班综合美术活动"中国的山"[①]：

师：千里江山图不仅在画里，还可以在舞蹈里。

师：我们一起去舞台上，跟着音乐让我们的身体舞动起来吧！

分析：教师带领幼儿用多种美术表现手法创作"中国的山"后，又引导幼儿用舞蹈动作表现祖国的山川，以此表现祖国山川的自然美。

三、结束语的类型

活动小结不是活动过程的简单重复，而是从活动目标出发，对教学重点和难点及时整理回忆。活动结束的类型大致分为以下形式。

1. 归纳总结型

归纳总结型是最常用的结尾方式，即从讲述的事实出发，经过概括总结，得出一般结论。这种活动小结，容易在幼儿头脑中形成完整的知识结构。

大班早期阅读"我有友情要出租"结束语：

师：原来大猩猩的身边竟然有这么多的小动物，它们都看到了大猩猩和咪咪在一起玩得很快乐，也看到了后来大猩猩在免费出租友情。所以，有时候胆大一点，勇敢地伸出友谊的手，主动和对方打个招呼，说说话，玩玩游戏，就能交上朋友。

分析：教师的结束语简明清楚，把整节课的内容作了提炼和概括，加深了幼儿对知识基本性质的理解和记忆。同时，教师还根据学习的过程总结出了具有普适性的学习方法，渗透了辩证唯物主义思想。

2. 前后呼应型

教学活动是一个有机的整体，开头、中间、结尾常常是环环相扣的、步步相连的。因而，收尾要与开头的导语相呼应，使整个教学活动前后连贯、首尾相通。

[①] 周岑余，唐丽君. 大班综合美术活动：中国的山 [J]. 早期教育，2023（11）：22—23.

例：大班早期阅读"会飞的抱抱"①，导语是："今天，老师带你们玩'传递抱抱'的游戏，玩法是：我要送给最后那位小朋友一个抱抱，我会先抱第一个小朋友，然后第一个小朋友把这个抱抱传给第二个小朋友，就这样依次把我的抱抱传下去，一直传到最后一个小朋友，看看我的抱抱能不能保质保量地传递给最后一个小朋友。"与之相对，教师又是这样收尾的："现在让我们再来玩一次'传递抱抱'的游戏，看看这一次的抱抱和第一次的有什么不一样。对了，老师发现啊，这一次你们的抱抱比上一次更大了，这一次小朋友们之间敢大胆地抱抱了，我还发现小恩（最后一名幼儿）准确、大胆地把这个抱抱传给了我，一点也不害羞了。"

分析：这样的结语，照应了开头、前后贯通，把活动推向高潮时便戛然而止。

3. 师幼对话型

设计结束语的时候也可以采用师幼对话的形式，归纳活动重点或难点。这种方式的好处是将教师要讲的结语内容引导幼儿说出来，加强了师幼之间的互动交流，有利于活跃活动气氛，能够训练幼儿的概括总结能力。

师：请你数一数你的动物今天一共下了多少颗蛋，谁会是总冠军呢？②

幼：我的动物一共下了85颗蛋。

幼：我的下了90颗蛋。

幼：哇，我的才下70颗蛋，你的兔子赢了。

师：看来今天的冠军是小兔子，在30秒钟一共下了90颗蛋。大家计数的时候，老师看到你们积极、认真、专注的学习态度，这是非常重要的品质。日常生活中有很多时候也需要我们通过计数来解决问题，例如：我们班有几张餐桌？多少个小朋友？等。如果大家感兴趣，还可以数一数今天所有动物在30秒钟里，一共下了多少颗蛋。

四、结束语的艺术运用方法

1. 结束语要有概括性

好的结束语应该具有精要的概括性。

大班数学活动"谁是卧底"结束语③：

小朋友们，这个游戏好玩吗？来想想看，小侦探们都是通过什么办法来找出卧底的？对啦，记住噢，我们要根据线索一层层来分析，就可以去掉不符合条件的人，最后所有条件都符合的就是卧底啦。

2. 结束语要有针对性

凡是幼儿难记、难理解、难掌握及容易发生错误的地方，教师在做活动结束语的时候都应该阐明。

---

①谭小玉. 会飞的抱抱（大班）[J]. 幼儿教育（教育教学），2022（07）：30—32.
②王忠明. 大班数学活动：动物下蛋 [J]. 早期教育，2023（01）：40—42.
③潘峰. 大班数学教案：谁是卧底 [J]. 新课程，2020（30）：89.

大班健康活动"怎样保护我们的大脑"结束语：

小朋友们，我们刚刚讲过了如何保护我们的大脑，想要保护我们的大脑，首先要勤于用脑；其次不要用脑过度；再次要保证大脑的合理营养；还有要保持乐观的情绪。

3. 结束语要有引导性

活动结束语不能由教师包办代替，要立足于引导幼儿，让幼儿参与其中，展现出获取知识的思维过程。

混龄班数学活动"买图书"的核心目标是让幼儿学习运用 10 以内的加减解决买图书的问题。

教师是这样总结的：小朋友们，你们用 10 元钱都买了哪两本书啊？现在，和好朋友相互说一说，看一看，你们分别都买的什么书？

分析：这样的结束语，教师引导幼儿总结了买书的情况，肯定了幼儿的探索，同时，还萌发了幼儿热爱书籍、喜欢阅读的情感。

4. 结束语要有趣味性

充满情趣的结束语能有效地激发幼儿学习的动机，使幼儿的身心得到放松，浓厚的学习兴趣得到保持。

一位教师执教大班韵律活动"中国拉面馆"时是这样总结的：

这是我们开业的第一个订单，要做得好吃才行呢。小师傅们，我们赶紧行动起来吧！（播放完整音乐）好香啊，相信顾客一定会非常满意的！时间不早了，我们得抓紧时间打包去送外卖了，拜拜！

分析：教师的结束语非常形象生动、趣味盎然，活动虽然结束，孩子们的兴致依然很高。

想一想，试一试

结束语案例：

想一想：一位教师执教"彩色的非洲"活动，活动快结束了还意犹未尽，还想呼吁孩子们全面地了解非洲。请根据结束语的使用技巧，尝试为这次活动设计结束语。

试一试：非洲是一方热土，古朴、自然、迷人、美丽，它吸引了世界上众多关注的目光。非洲是彩色的，色彩斑斓。同学们，这是一片如此美丽的土地！但是，疾病、战乱、缺乏饮用水……仍然是这片土地上的人们面临的严峻问题。非洲的儿童则是这些问题最严重的受害者，他们渴望喝上纯净的饮用水，他们渴望健康，他们渴望你伸出友爱、援助之手，共同保护和建设这片奇异而又淳朴的土地。爱心将让非洲变得更美丽。

评一评：这段结束语教师紧扣"非洲真是一个色彩斑斓的世界"对全文进行总结，同时提出了现今非洲面临的医疗、战争、健康等严峻问题，呼吁我们要伸出援助之手建设非洲。这段结束语情真意切、立意高远。

教师语言技能

结束语考核标准

考核内容		考核点及评分要求	分值	扣分	得分	备注
评估 (10分)	教师	1. 精神状态良好，教学设计能力强	2			
		2. 着装得体	2			
	环境	干净、整洁、安全、温湿度适宜	3			
	物品	活动材料准备齐全	3			
计划 (5分)	预期 目标	1. 教师恰当设计结束语	3			
		2. 幼儿能回顾重难点	2			
实施 (65分)	活动 准备	1. 检查教师的精神状态和着装	5			
		2. 环境和教具准备	3			
	活动 过程	1. 教师准确判断状态	5			
		2. 教师设计结束语	5			
		3. 教师使用结束语	10			
		4. 幼儿能在教师结束语的引导下总结重难点	15			
		5. 激发继续探究新知的热情	10			
		6. 教师进行结束语效果分享	4			
	整理 记录	1. 整理结束语案例	3			
		2. 活动反思	5			
评价（20分）		1. 教师结束语设计得当	5			
		2. 教师结束语清晰、生动	5			
		3. 结束语表达饱含深情	5			
		4. 能从中受到三观教育	5			
总分			100			

同步练习

一、选择题

1. 结束语的类型包括（　　）。（多选题）

　A. 归纳总结型　　B. 拓展延伸型　　C. 前后呼应型　　D. 师幼对话型

2. 一个好的活动结语，必须在深入钻研教材、了解幼儿和（　　）的基础上进行。

　A. 充分准备　　B. 沉静机敏　　C. 尊重幼儿　　D. 研究教学方法

二、判断题

1. 结束语不太重要，可以不必每课一结语。　　　　　　　　　　　　（　　）

2. 结束语要简洁、忌啰唆冗长、东拉西扯、画蛇添足。　　　　　　　（　　）

三、简答题

结束语的艺术运用方法有哪些？

项目总结

教师的教学语言是一门高深的艺术,需要在实践中不断地去探索研究。本项目从导入、讲授、提问、应变和结束五个任务阐述教师教学语言的艺术运用。每个任务又从定义、作用、类型、运用艺术方法、试一试五个方面展开。本内容用了大量篇幅介绍了很多优秀教师进行有效导入、讲授、提问、应变和结束的例子,操作性强,值得借鉴。

拓展阅读

幼儿教育中教学语言的艺术设计

一、导入语言设计的艺术——以兴趣引发为主

著名特级教师于漪曾经说过:"课的第一锤要敲在学生的心灵上,激发起他们思维的火花,或像磁石一样把学生牢牢地吸引住。"在设计导入语言时,教师应努力把兴趣引发、动机呼唤放在首位,重视激发幼儿参与学习的热情。

(1)开门见山式导语的设计:主要是指教师用简洁、明了的语言围绕活动主题进行导入。这种导入主题鲜明,思路清晰,能很快集中幼儿注意力。如大班社会"快乐的新年"中,教师这样导入:"新年是人们最向往的节日,在这样美好的节日里,人们的心情是怎样的?每个地方的人们都是用怎样的方式来庆祝节日的呢?让我们一起来看录像吧。"这种"开门见山"式的导入语言朴素、自然,更贴近幼儿生活,会让幼儿产生亲切感。

(2)问题悬念式导语的设计:主要是指教师根据活动内容设置悬念,通过问题引发幼儿学习兴趣。这种导入语言能让幼儿产生神秘感、好奇心。如大班科学"旋涡"中,教师这样导入:"这是一支神奇的笔,只要你把笔直直地站在水中不停搅拌,你将会有许多有趣、奇妙的发现"。这种具有悬念式的导语将问题直接抛给幼儿,可让幼儿顿时萌发好奇、探究的欲望并乐于进入学习情境之中。

(3)情感渲染式导语的设计:主要是指教师用饱含深情的语言导入,渲染活动氛围,引发幼儿情感共鸣。这种语言具有煽情作用,在情感上萌发幼儿学习愿望。如中班科学"美丽的雪花"中,教师通过让幼儿欣赏雪景方式导入:"雪花漫天飞舞,有的飘落在高山上,有的飘落在农田里,有的飘落在草地上,雪花都是什么样子的?让我们一起去看一看。"如此优美动情的导入语言怎能不激发幼儿迫切欣赏雪景的愿望呢!

二、提问语言设计的艺术——以启迪智慧为主

课堂提问对启迪幼儿思维、开阔幼儿视野、帮助幼儿掌握学习重点、突破难点有积极作用。因此,教师在提问语言的设计上应慎重考虑、反复推敲。尤其要在"引""启""导"字上下功夫。

(1)提问语言的层次性。教师要善于分析事物本质特征,围绕事物设计多个相关问题,让这些问题环环相扣,层层递进。"向日葵"是一幅值得幼儿欣赏的名画,教师精心设计一连串富有层次的问题:"这里有几枝向日葵?每一枝都一样吗?什么地

教师语言技能

方不一样？向日葵的花瓣是怎样的？像什么？"通过教师层层剥笋、递进引导，幼儿对每一枝向日葵都进行了细致观察，丰富了幼儿对"向日葵"作品的认识与理解，也使欣赏活动更加深入、细腻。

（2）提问语言的开放性。爱因斯坦说过："想象力比知识重要，因为知识是有限的，而想象力概括了世界的一切，推动着进步，并且是知识进化的源泉。"因此，教师在设计提问时也应注重幼儿想象力的发展，引导幼儿探索多种解决问题的方法。如当幼儿欣赏故事"七色花"之后，教师提问："如果你是珍妮，你会用花瓣做什么？"这一开放性的问题让幼儿的思维顿时活跃起来。有的说："我用小花瓣让沙漠长出参天大树，变成绿洲。"有的说："我会用花瓣变出长有翅膀的汽车。"还有的说："我用花瓣让沙漠变成一片树林。"开放性的问题，发散性的表达，激活了幼儿的创新思维，发挥了幼儿的想象表达。

（3）提问语言的智慧性。古人云："智者问得巧，愚者问得笨。"因此，需要教师在设计提问语言时能直抵教材本质，从启发、激励幼儿思维出发，智慧引导。如在演唱完歌曲"迷路的小花鸭"后，教师问："小花鸭迷路时表情怎样？'呷呷呷呷'应该用怎样的声音演唱？当小花鸭找到妈妈时它的表情有什么变化……"通过提问，让幼儿发现两段歌曲中不同的情绪需要用不同的表情和声音来演唱的方法，这种富有启迪、智慧的引导，提升了歌唱活动的效果。

（4）提问语言的深入性。苏霍姆林斯基曾经说过："在儿童的心灵深处，都有一种根深蒂固的需要，那就是希望自己是一个发现者、研究者、探索者。"因此，需要教师关注教材本身，设计具有深度的问题，引发幼儿深入思考。如在欣赏故事"小羊过桥"后，教师引发幼儿思考讨论："这是一座什么样的桥？小白羊和小黑羊怎么会掉到河里去的？小白羊和小黑羊应怎样做才能平安过桥？"在这深层次的探讨中，有效地帮助幼儿理清了故事的脉络，深刻地认识了故事的内涵。

三、归纳语言设计的艺术——以拓展经验为主

幼儿年龄小，他们的认识肤浅，经验零碎，这就需要教师根据幼儿实际，善于分析孩子的已有经验，然后有针对性、恰如其分地进行引导，帮助幼儿把零星、散乱的经验进行梳理和提升。只有这样，才能使幼儿的学习不再停留在原来的基础上，才能获得更系统的知识。

（1）提升式归纳。所谓"提升"，是指教师在幼儿认知、观察、了解等基础上进行适当提炼，帮助幼儿在原有经验基础上更进一步。例如，大班数学活动"有趣的排序"中，教师引导幼儿观察生活中哪些事物是有规律的排序？在幼儿回答的基础上，教师便进行梳理："围巾、手帕、地毯上美丽的花纹经过有规律排序后变得更美丽；马路、滑梯、房屋经过有规律的排序后显得更美观。"通过教师语言的梳理、提升，丰富了幼儿对排序概念的认识和理解，也更激发了幼儿关注生活中的事物和现象，体验有规律的排序给人们的生活带来的丰富、多彩和快乐。

（2）概括式归纳。所谓"概括"，就是帮助幼儿把某些具有一些相同属性的事物特性进行提炼，使之形成一种更科学、完整的认识。大班散文诗"风在哪里"描述的是风吹过树梢、小花、小草和小朋友时的不同景象，教师这样归纳小结："风在哪里？

风就在翩翩起舞的树梢上；风就在频频点头的小花上；风还在轻轻晃动的小草上；当我们放眼看去时，到处都能找到风的影子。原来，风就在我们的身边。"教师的概括语言像小诗一样优美，不仅让幼儿感受到了风的美，风的趣，也更激发了幼儿观察风、探索风的兴趣。

（3）拓展式归纳。所谓"拓展"，是指教师不仅要关注幼儿已经获得的经验，还要在原有经验的基础上进行丰富和扩充。如在小班健康"好吃的西瓜"中，教师问："你喜欢吃西瓜吗？西瓜有什么营养？"大多幼儿回答"西瓜好吃，凉快。"教师便拓展、丰富幼儿对西瓜营养的认识："夏天吃西瓜不仅解渴，还能排出身体中的热量、毒素。西瓜虽然好吃有营养，但多吃会引起腹泻等疾病。"经过教师详细具体的介绍，幼儿对西瓜的营养有了更全面、科学的认识。

四、应答语言设计的艺术——以关注个性为主

所谓"教师应答"，是指教师在课堂上对幼儿回答问题后的反映和处理。教师能否智慧、富有个性化地应答，直接影响师幼互动，影响幼儿学习兴趣与态度。因此，教师要针对幼儿的个体特点，采用灵活变化的应答方式，注重启发点拨、激励鼓舞。

（1）追究式应答。意大利教育家瑞吉欧有这样一句话："接过孩子抛过来的球，并抛还给孩子。"因此，教师在应答时要善于巧妙点拨幼儿思维，学会追问。如在健康"好玩的红绸"中，教师引导幼儿示范用红绸当小船玩"划船"游戏。教师："怎样坐船既安全又舒适？"幼儿："两手要抓牢。"教师："抓牢什么？"幼儿："红绸两边。"教师："身体应该怎样？"幼儿："身体要跪坐在船中间。"教师："对，这样才能保持平衡。"教师的追究式应答，有效地解决了活动难点，提升了课堂效果。

（2）激励式应答。法国教育家第斯多惠认为，教学的艺术不在于传授本领，而在于激励、唤醒、鼓舞。因此，教师在应答幼儿时要注重激励和肯定，让幼儿体验交流表达的成功与快乐。如在绘本"叶子鸟"中，教师引导幼儿观察"叶子鸟跳圆圈舞"的画面。教师问："它们在干什么？"幼儿："在唱歌跳舞。"教师："你讲述得真完整，你是从哪里看出来的？"幼儿："有小音符。"教师："你的眼睛真亮，它们围成了什么队形？"幼儿："像花一样的队形。"教师："你太有想象力了，如同花瓣一样也是圆形的。"教师对幼儿的观察、表达、想象给予了肯定，激励了幼儿的表达，它犹如甘泉、雨露滋润着幼儿稚嫩的心灵，使课堂氛围显得轻松、愉悦。

（3）补充式应答。幼儿年龄小，语言表达能力弱，需要教师进行补充式应答。如在画完"蝴蝶"后，教师组织幼儿讲评。教师问："你喜欢哪幅蝴蝶作品？为什么？"幼儿："我喜欢有花纹的蝴蝶，很好看。"教师："是呀，这些蝴蝶花纹左右对称，色彩鲜艳，真美！"

技能实训

一、根据给定的教学情境设计教学用语

大班手工活动：虎头帽

【活动目标】

（1）感受虎头帽明艳的色彩、夸张的造型及大胆的表现手法。

(2) 初步了解虎头帽装饰的特点和寓意，尝试自主装饰虎头帽。

(3) 用语言、绘画等方式大胆表达对虎头帽美的感受，培养喜爱民间艺术的情感。

【活动准备】

(1) 活动准备：有阅读"神奇的虎头帽"绘本的经验。

(2) 物质准备：课件、音乐、虎头帽实物、自制的虎头帽底板、太空泥、毛根、亮片、棉花等。

【活动过程】

1. 赏——欣赏虎头帽，感受艺术之美

(1) 通过实物观察，对虎头帽有初步的审美感受。

师：班级开了一家虎头帽店，我们一起去看看。

(2) 欣赏虎头帽浓烈的色彩美、夸张的造型美及对称的特点。

师：看完这么多类型的虎头帽，能分享一下，_____？

师：你们都欣赏得很仔细，找出了许多特别之处。老师也带来了一顶虎头帽，你知道它为什么叫"虎头帽"吗？

小结：之所以叫虎头帽，是因为它以老虎头为形象，而且还巧妙地融合了传统手工艺"刺绣"的手法，虎头帽深受大家喜欢。

2. 思——探索虎头帽的色彩、造型及寓意之美

(1) 观察虎头帽可爱的造型及图案。

师：_____？

小结：虎头帽上的老虎眼睛像铜铃，胡须翘翘的，花纹很漂亮，而且老虎的额头上还有一个"王"字，特别威风。

(2) 观察虎头帽鲜艳的色彩。

师：_____？

小结：我们中国人在做虎头帽时最爱用红色、黄色这些鲜艳的颜色，代表着吉祥如意。

(3) 观察虎头型造型的夸张与对称。

师：_____？

小结：虎头帽的色彩鲜艳、造型夸张、左右是对称的。

3. 创——学做小小工艺人，体验虎头帽的创作之美

(1) 互动交流，激发兴趣。

师：_____？

(2) 播放音乐，幼儿自主创作，教师适时指导。

幼儿欣赏课件，一边回味虎头帽的美，一边自主创作，教师根据幼儿需要适时指导。

4. 品——欣赏评价，展现虎头帽的民间艺术之美

(1) 幼儿互评，教师引导幼儿从颜色、图案设计等方面说出自己的创作想法。

师：_____？

(2) 幼儿走秀表演，提升对艺术的感受。

师：请你们戴上自制的虎头帽，跟着音乐一起走秀吧！看看哪一只小老虎的造型最威猛。

二、欣赏下面教学活动中教师的教学口语，并进行模拟练习

活动名称：小班绘本活动——熊叔叔的生日派对

【活动目标】
（1）在故事情境中学习熊叔叔乐于助人的品质。
（2）体会只要帮助了他人，就会有意想不到的惊喜。

【活动准备】
PPT（Flash游戏）、画笔、纸、熊叔叔的头饰

【活动过程】

1. 谈话导入

（1）今天老师带给你们一个故事，这是讲的什么故事，知道吗？这是谁的故事啊？
（对，是熊的故事，这个熊不是小熊，是熊叔叔。）是谁啊？
（2）孩子们你们过过生日吗？过生日的时候谁来跟你们一起过的？除了爸爸、妈妈、爷爷、奶奶，还有其他人吗？家里人好多，过生日好多人都来了，这么多人来了，送给你什么？
小结：有送礼物，好多人来，还有蛋糕，大家聚在一起唱生日歌真高兴啊！这叫什么？（生日派对）
（3）今天的故事名字就叫"熊叔叔的生日派对"。熊叔叔的生日派对是怎样的呢？我们来听听故事。

2. 讲述故事

（熊叔叔在睡懒觉。）
（1）熊叔叔在干什么？熊叔叔为什么要睡懒觉，我们来看看。
（昨天，熊叔叔帮助小动物们在小溪上造了一座小桥，辛苦了一天，很累了。）
熊叔叔为什么睡懒觉啊？怎么会累的？它在河里干了什么？搭了一座小桥，这座小桥是让谁来走的？（小动物。）
小结：对，熊叔叔搭了一座小桥给小动物们用，它自己很大，过河不用这个小桥。所以熊叔叔造这个小桥累了，是为了自己还是为了小动物啊？为了小动物搭小桥累了，所以睡懒觉。
看，睡着发生什么事情了？
（熊叔叔睡得真香啊！叮咚叮咚，是谁啊？熊叔叔从睡梦中惊醒，熊叔叔爬下楼梯。"哎呀，好困，是谁吵醒我啊？"熊叔叔边打哈欠边开门，"咦？没人啊……"熊叔叔把门关上。"再睡一会儿。"熊叔叔爬上楼梯。）
孩子们刚才发生什么事情了？（门铃响了）门铃响了几下？有人吗？再看看还会发生什么事情？
（叮咚叮咚，是谁呢？熊叔叔又爬下楼梯。"谁呀？"熊叔叔打开门走出来，他左看右看，熊叔叔重新走进屋里。）
（2）孩子们门铃响了几次了？（两次）看看还会不会响？
（"睡不着了。"熊叔叔拿着报纸坐在沙发上。是谁啊？熊叔叔腾的一下从沙发上

读书笔记

> 教师语言技能

读书笔记

站起来。然后咚咚地跑到门外。）

（3）门铃一共响了几次了？可是这第三次到底有没有事情呢？

（这一次门外还是什么人都没有。熊叔叔站在那里，气呼呼地说："到底是谁在捣蛋啊？"）

（4）到底是谁干的？你们看熊叔叔怎么了？你们觉得是发生什么事情了？门铃响了没人，你猜猜是怎么回事呢？大概是什么事情啊？"熊叔叔说是谁在捣蛋啊？"是捣蛋鬼在捣蛋吗？捣蛋鬼捣蛋是不高兴的事情？有没有高兴的事情发生啊？会有人来送什么东西吗？会不会有人啊？现在没有，让我们仔细看看有没有？

（突然，熊叔叔看到一个大箱子。"是谁送的？"嗨哟嗨哟，熊叔叔推着箱子。哎哟，哎哟！熊叔叔使劲拉着箱子。）

（5）这里面是什么啊？是什么礼物呢？那么大的箱子，有什么玩具呢？你们喜欢什么玩具啊？到底是玩具还是蛋糕，还是什么呢？我们看看……

（箱子里装的什么呢？打开包装一看……"熊叔叔，生日快乐！"小动物们从里面跳出来喊道。）

（6）是什么？小动物们跟熊叔叔说什么？原来今天是熊叔叔过生日呢！小动物来为熊叔叔过生日了，可是熊叔叔怎么了？（"谢谢大家啊！"熊叔叔高兴地流着泪说："我都不记得今天是我的生日。"）

（7）熊叔叔都不记得今天是自己的生日了，他说他没有生日蛋糕怎么办？

（8）今天让我们给它做一个蛋糕，好不好？

3. 做蛋糕的游戏

（1）点击 Flash 游戏，跟小朋友一起制作蛋糕，进行装饰

（生日蛋糕上要有什么？奶油。）我这白白的奶油是牛奶味道的，你喜欢什么味道的？（苹果味道，苹果味道是红红的。）

（2）画不同颜色的蛋糕图。

我做给熊叔叔的生日蛋糕做好了，我一会要到熊叔叔家参加生日派对了，你们想去吗？你们也做蛋糕师傅，来做一个蛋糕怎么样啊？老师为你们准备了用面粉做的蛋糕，你们要在上面涂满你们喜欢吃的奶油，把它送到熊叔叔家去。熊叔叔待会也会请你们参加派对哦！

（3）小朋友自己动手操作，画出蛋糕，去参加派对（宝贝你喜欢什么味道的奶油呢？奶油要涂满。）

（4）（准备去的小朋友要告诉熊叔叔，你的蛋糕是什么味道的。说完之后要说好吃好吃。）小朋友们描述自己画的蛋糕是什么口味的，好不好吃。

（5）结束。一起吃蛋糕为熊叔叔唱生日快乐歌。

思考练习

（1）你认为教师教学活动讲授语要做到哪几点？

（2）作为一名幼师，你认为在使用应变语时要注意什么？

 项目二

教育口语技能

项目概述

教师教育口语是指教师在对幼儿进行思想品德和行为规范教育时所使用的语言。教师在与幼儿达成良好沟通的基础上,采用沟通、说服、表扬、批评、激励等教育方式,使他们明白做人的道理,养成良好的道德品质。

教师教育口语可分为沟通语、说服语、表扬语、批评语、激励语等,要求教师在言谈中渗透教育的理念,彰显育人的理想。

本项目重点学习教师教育口语特点、技巧及具体做法等 5 大项内容,共 14 学时。

学习目标

知识目标

1. 掌握教师教育口语的特点。
2. 掌握教师教育口语运用规律。
3. 掌握教师教育口语活动表达技巧。

能力目标

1. 能正确说出教师教育口语的特点。
2. 会运用教师教育指导用语规律进行教育。
3. 能运用相关技能技巧熟练进行教师教育口语指导。

素质目标

1. 知幼儿、爱幼儿,尊重儿童个性发展;语言具有亲和力,能对幼儿形成潜移默化的熏陶。
2. 运用较专业的教育教学理念和语言表达,帮助幼儿形成是非观,养成良好品行。

项目导航

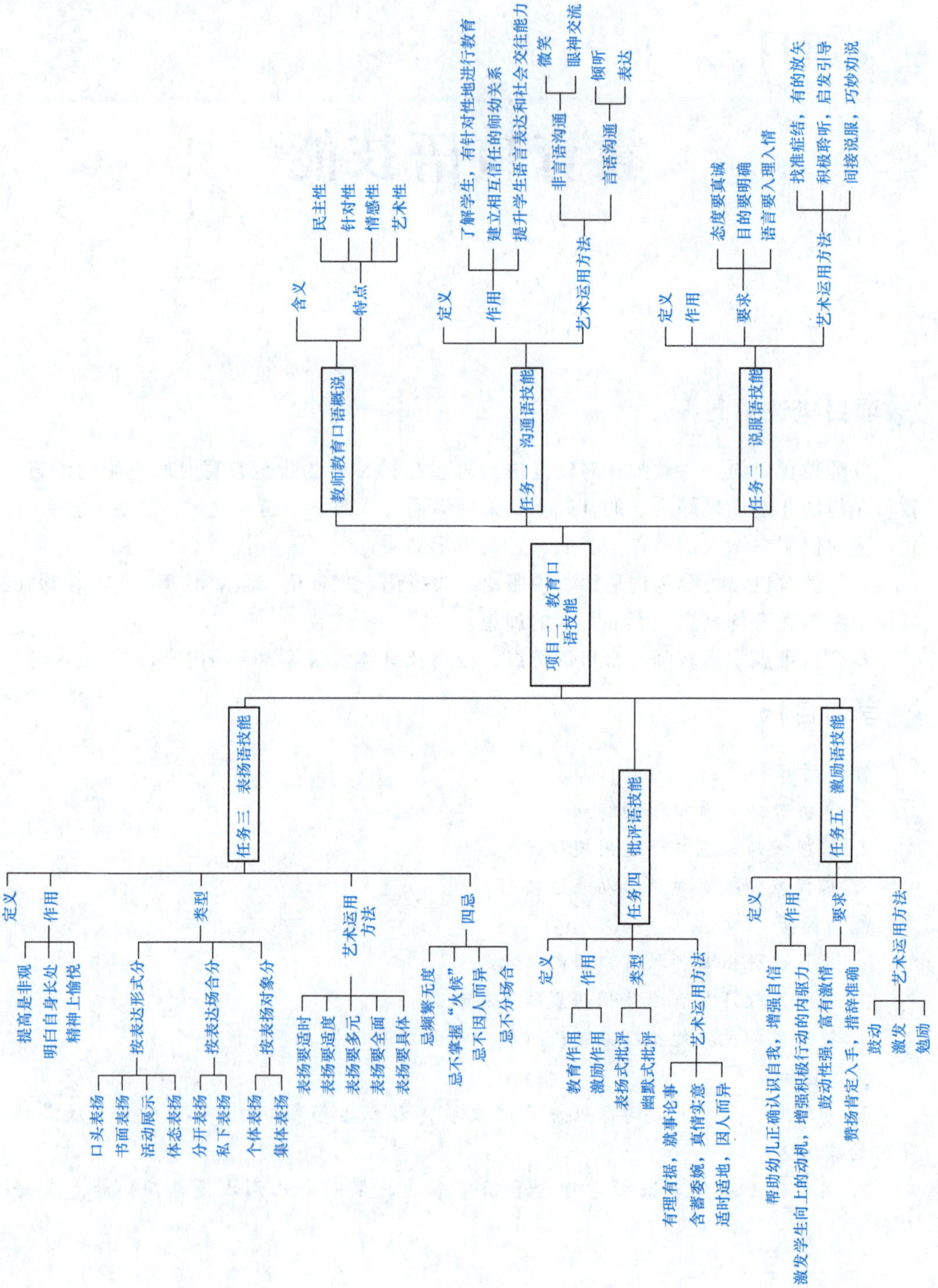
项目二 教育口语技能
教师教育口语概说
含义
特点
民主性
针对性
情感性
艺术性
任务一 沟通话技能
定义
作用
了解学生，有针对性地进行教育
建立相互信任的师幼关系
提升学生语言表达和社会交往能力
艺术运用方法
非言语沟通
微笑
眼神交流
言语沟通
倾听
表达
任务二 说服话技能
定义
作用
要求
态度要真诚
目的要明确
语言要入理入情
艺术运用方法
找准症结，有的放矢
积极聆听，启发引导
间接说服，巧妙劝说
任务三 表扬话技能
定义
作用
提高是非观
明白自身长处
精神上愉悦
类型
按表达形式分
口头表扬
书面表扬
活动展示
体态表扬
按表达场合分
分开表扬
私下表扬
按表扬对象分
个体表扬
集体表扬
艺术运用方法
表扬要适时
表扬要适度
表扬要多元
表扬要全面
表扬要具体
四忌
忌频繁无度
忌不掌握“火候”
忌不因人而异
忌不分场合
任务四 批评话技能
定义
作用
教育作用
激励作用
类型
表扬式批评
幽默式批评
艺术运用方法
有理有据，就事论事
含蓄委婉，真情实意
适时适地，因人而异
任务五 激励话技能
定义
作用
帮助幼儿正确认识自我，增强自信
激发学生向上的动机，增强积极行动的内驱力
要求
鼓动性强，富有激情
赞扬肯定入手，措辞准确
艺术运用方法
鼓动
激发
勉励

一位妈妈领着孩子来幼儿园,孩子哭闹不已,妈妈很生气地训斥他。老师看见了,一边抱着幼儿,一边领他来到游戏区,拿起一个小火车。

师:宝贝,这是什么啊?

幼:火车。

师:对了。今天啊,老师要请小朋友们一起开火车,把你们送到动物园去。老师想邀请你一起坐火车好吗?

幼(好奇地点点头):好。

师:那好,小火车喜欢快乐的小乘客,那么现在让我们一起和妈妈说再见,我们一起去开火车吧。

幼儿停止了哭闹,在老师的带领下和小朋友们一起玩耍去了。

教师教育口语概说

一、教师教育口语的含义

教师职业口语最本质的特点就是教育性。教育口语是指教师在对幼儿进行思想品德和行为规范教育时所使用的语言。教师的言语活动始终围绕着教育这个中心展开。

二、教师教育口语的特点

1. 民主性

在教育活动中,教师与幼儿应处于平等地位。教师要尊重幼儿的看法,尊重幼儿间的个体差异,要悉心听取幼儿意见,做到以情感人,以理服人。

2. 针对性

教师进行思想工作重在有的放矢,教师的教育语言必须有针对性,才能起到教育的实际效果。

在全面了解幼儿的基础上,教师要做到把握个性,因人施教。例如,有的幼儿比较外向,对新事物充满热情,但是情绪不稳定,容易冲动。对这类幼儿的教育,教师要控制好自己的情绪,尽量采用和风细雨般的语言对幼儿进行教育。而有的幼儿比较安静、腼腆。对于这类幼儿,教师要努力在语言中投射情感色彩,尽量用鼓舞性、激励性的语言帮助幼儿分析问题,指明行动的方向。

教育语言的情感性要求教师对教育事业、对教育对象饱含爱的情感。教师要重视情感的表达,对幼儿的每一点成绩和进步,要用热情洋溢、发自肺腑的话语加以肯定和赞赏。

3. 情感性

在教育活动中,教师要用充满情感色彩的语言叩开幼儿的心门,拨动幼儿的心弦,引起与教师情感的共振,感受到老师的一片爱心。

教师语言技能

读书笔记

4. 艺术性

教育口语的艺术性是指教师要抓住教育契机，创造性地使用语言对幼儿进行教育，使语言呈现生动传神、风趣幽默、委婉含蓄等多种风格。

教育工作是一项充满艺术性的工作，做好思想教育工作有时比做好教学工作更重要。所以，教师要重视语言的锤炼，努力使自己的教育口语充满智慧的力量。

任务一　沟通语技能

刚刚上完室外活动课,孩子们虽然人已经回到了室内,可是仍然很兴奋,叽叽喳喳讲个不停,老师要求孩子们安静下来,可是说了好几遍,孩子们也没什么反应,仍然在大声讨论。该怎么办呢?老师想了一会儿,将食指放在嘴前,对孩子们说"嘘……",班级稍微安静了一点点,但声音仍不小。

于是老师轻轻地走到一个孩子面前,抚摸了一下他的小脑袋,然后贴在他耳边,说了一句悄悄话。说完之后,那个孩子笑眯眯地坐好,不再讲话。孩子们立刻被老师吸引住了,轻声问老师:"你们说了什么呀?"老师神秘地说:"我刚刚说了个小秘密,谁不讲话,我才告诉谁。"孩子们马上就安静了下来,于是老师对每个孩子说了一句相同的悄悄话:"你是个好孩子,老师真喜欢你。请你快快坐好吧!"

小结:"沟通是教育效能产生的前提",无论是教学活动,还是教育活动,教师都必须先与幼儿达成良好的沟通。通过沟通,师幼之间才能建立信任、平等、和谐、合作和友爱的关系。

任务描述

在掌握教育沟通语使用技能后,结合具体教育内容,恰当运用沟通语有效地开展教育活动。

知识学习

一、沟通语的定义

沟通是指在体察对方特定处境的前提下,迅速选择恰当的表达内容和方式以争取对方认同或配合的言语策略和技巧。通俗来讲,就是通过对话、交谈、眉目传情、肢体的接触等方式达到彼此心领神会,互相更加信任、理解,相处更加默契的效果。

二、沟通语的作用

(1) 良好的沟通,能让教师更好地了解幼儿的兴趣、爱好,从而进行更有针对性的教育。

(2) 良好的沟通,能够建立相互信任的师幼关系。

(3) 沟通既能起到随时监控的作用,也能锻炼和提高幼儿的语言表达能力与社会交往能力。

三、沟通语言艺术运用方法

沟通语可分为非言语沟通和言语沟通两种形式。

教师语言技能

1. 非言语沟通

非言语沟通又称"体态语言""辅助语言"。幼儿思维主要以直觉行动和直观形象为主，更能接受教师的肢体动作。幼儿不仅需要与教师的身体接触，同时，也能从教师的表情（微笑、慈爱的目光、和蔼的眼神……）、动作（点头、拍肩、搂抱、蹲下、专注倾听、说悄悄话……）等非语言方面看出教师对自身的尊重、关心、爱护、欣赏和肯定。例如，面对一个知道做错了事、正诚惶诚恐的孩子，教师浅浅地微笑，亲切地抱抱他，摸摸他的头，比简单地说一句"知错能改就是好孩子"更让孩子消除紧张，感到安全。对新入学的孩子，教师亲切地拉拉他的手，抱抱他，甚至亲亲他，他就会感到亲切，能较快地适应幼儿园的生活。如果对他冷淡，对他的哭闹置之不理，孩子就会有种被遗忘的感觉。

在一次体育活动中，铭铭小朋友表现特别突出，老师高兴之余，情不自禁就在他胖乎乎的小脸上亲了一下。就是这微不足道的一亲，竟让这个小家伙十分感动，只见他跑到小朋友面前说："刚才，老师亲了我。"后来，放学时他妈妈来接他，没想到他的第一句话就是"刚才，老师亲我了。"从他笑靥如花的小脸上，读出了他的幸福与满足。

由此可见，非言语沟通在特殊教育中非常重要。

运用非言语沟通应掌握以下技巧：

（1）真诚的微笑。通过微笑，表达对孩子的欢迎、接纳、支持、关心等情感，让教师的爱变成具体动作。在关注孩子活动的过程中，真诚的微笑会为孩子营造一种温馨、友好、宽松的心理氛围，让孩子感到愉快和舒适，无形中会增强孩子对教师的好感，是师幼之间得以进一步交流与沟通的基础。在幼儿看来，教师的笑是对自己的肯定，表示教师"喜欢我"，它会使孩子情绪愉快，信心十足。例如，教师微笑地去询问每个幼儿的名字时，往往回赠你的也是甜甜的微笑。这时，师幼之间的距离就会缩短，取而代之的是更多的亲切感。晨间接待时，教师老远看到孩子来学校，就报以微笑，就像张开双臂在欢迎、拥抱孩子，尤其对胆小、自卑的孩子来说，教师的微笑会让他们感到被接纳的愉悦。

（2）用眼神交流。轻轻地目光相碰，就能心领神会，就可起到"只可意会，不可言传"的妙用了。特别是孩子，他的心理活动，通过纯真的眼睛就能一览无余。所以，在教育教学或生活中，教师应该多注视孩子的眼睛，透视他们的心灵，用眼睛与他们交流，这样能起到十分良好的效果。例如，一位教师在要求小朋友便后洗手时，观察到一个叫鸣鸣的小朋友，每次都是一个人慢慢地离开位子，然后站在盥洗室门口看其他的小朋友，再进到厕所门边，怯生生地看着老师。这时老师就看着她，并朝她点点头，她便像得到了什么讯息似的，先去小便，小便完成后出来，她走到水池边，又回过头看看老师，老师还是看着她点点头，她就转过头打开水龙头洗手。这样过了一段时间，鸣鸣每天只要听到老师请小朋友小便洗手时，她都会积极地去做，并且不再需要老师的暗示。这说明，孩子早已从老师的眼神中读出对自己的鼓励和感染。

另外，孩子们安静吃饭时，教师要用慈爱的目光看着他们。在这种赞赏、信任、关爱的注视中，孩子们能够积极向上，活泼健康地成长。当孩子改正了缺点，教师就应给他一个赞赏的眼神：眉眼嘴角上翘，这是一种平易近人的鼓励和赞许。当孩子们在活动中出现创意时，教师回应幼儿的是惊喜加赞扬的眼神：睁大眼睛的笑。它可以让孩子们感受成功和喜悦。

2. 言语沟通

言语沟通是指教师借助语言进行的信息传递与交流。幼儿年龄虽小，却渴望成人了解他们的世界。因此，教师与孩子的有效沟通就显得很重要。教师要更进一步地了解幼儿、尊重幼儿，使他们达到德、智、体、美诸方面的教育，就必须掌握言语沟通的技巧。

运用言语沟通应掌握以下技巧：

（1）倾听。教师要放下权威，不要总是高高在上，有时也要假装不懂，让幼儿产生平等的感觉。具体表现为以下几个方面：

1）和幼儿说话要蹲下来。

2）认真倾听时要注视着幼儿，同时要有简单的回应，例如，点头，说"哦！""啊！""真的吗？"，虽然只是简单的几个字，但孩子会认为你在认真听他说话。

3）倾听孩子说话时要引导他继续说下去，让他愿意跟你交流。例如，说"我想知道你是怎么想的？""接下来是怎样的……"。

4）接纳对方的感受，要用自己的话说出他的感受。例如，说"噢，我明白了刚才是因为雪雪抢了你的玩具你才打她。那么，她要向你道歉，可是你打人也是不对的，也要向她说对不起啊！"

（2）表达。

1）控制好情绪，以平和的心态对待孩子。

2）以询问的方式确定与幼儿下一步沟通的方向。幼儿思维较浅，而且带有跳跃性，口头语言常常表达不清楚、不准确，致使沟通卡壳。通过教师的询问，可以引导他们一步步完成与教师的有效沟通。询问时最好以聊天的语气切入，亲切自然，语带关心。

圆圆是个内向的孩子，很少主动与其他人说话，所以伙伴不多，显得有些孤立。李老师发现了这个情况，并且注意到当老师和其他的小朋友说话的时候，圆圆也常常会睁大眼睛仔细听。李老师觉得如果能和圆圆多交流，对她的成长一定有好处。她是这样和圆圆沟通的：圆圆，家里都有哪些人和你一起生活啊？爸爸妈妈出去工作挣钱了，你爱跟爷爷奶奶玩吗？你喜欢看什么动画片？（老师也喜欢看，你能说说喜欢动画片里的什么人啊……）你以后愿意跟老师说话吗？

3）教师与幼儿沟通时，如果能在一定程度上表现出对幼儿的理解与认同，会激发孩子进一步表述的欲望，易于达成师幼心理相容，实现良好的沟通。相反，如果对幼儿全盘否定，会产生更多的沟通障碍。当然，认同并不意味着孩子都是对的。教师对幼儿表现出一定程度的认同，目的是进一步的沟通，达成教育目的。所以，认同之后，还要继续引导。

梅梅性格外向，活泼可爱，平时特别爱说爱笑，小伙伴们都喜欢她。可是，最近几天却总是无精打采，闷闷不乐，在幼儿园里表现也不如以前了。经过老师了解原因后，原来是妈妈经常批评梅梅话太多。老师听后说："因为这个啊，老师明白了，其实啊，老师小时候也特别爱说话，家长也批评过我。"梅梅："是吗？家长也批评过老师啊？"老师："嗯，当然，跟你一样。"梅梅："那后来呢？"老师："后来啊，我就想应该说什么大家才喜欢听呢？想来想去，我有了一个办法，就是把在幼儿园的故事讲给他们听，还有，他们工作的时候不去打扰他们，自己可以看故事书，大家就都喜欢我了！"梅梅："那我也要像老师那样做！"

教师语言技能

读书笔记

想一想，试一试

想一想： 5岁半的小葫芦妈妈今天特意来向老师反映孩子这段时间怕黑，晚上睡觉不让关灯，但是开着灯又影响睡眠，所以希望老师能与小葫芦沟通，以此消除他的紧张害怕情绪。

试一试：

师：小葫芦，听说你最近睡觉不敢关灯是吗？

幼：嗯，我害怕。晚上有怪兽、有外星人，屋子黑黑的，他们就来了。

师（拿出孩子们喜欢的小玩偶，抚摸着小葫芦的背）：不怕的，你看，我们有护卫队！他们有超能力，能够帮助我们打败怪兽，并且可以保护我们平安。这样我们就安全了。

幼：噢，好的，那我晚上也让家里的小玩偶保护我。

总结： 在沟通中，教师善于让幼儿敞开心扉，帮助幼儿排解负面情绪，同时增进了彼此的理解。

考核评价

教师沟通用语学习评价

考核内容	评价标准	自评	组评	师评	综合
沟通语技能	1. 能够非言语沟通进行表达（微笑、眼神）				
	2. 能够运用言语沟通进行表达（倾听、表达）				

同步练习

一、填空题

1. 沟通是指在体察对方特定处境的前提下，迅速选择_____的表达内容和方式以争取对方认同或配合的_____。
2. 沟通语可分为_____和_____两种形式。

二、简答题

1. 沟通语的作用有哪些？
2. 简述师幼有效的沟通原则。
3. 请根据下面的教育情景，设计相应的沟通语。

幼儿今天穿了一件新衣服，满心欢喜地跑到教师面前。幼：老师，你看我的衣服漂亮吗？

任务二 说服语技能

午餐时,球球把爱吃的肉片和米饭都吃光了,蘑菇和番茄几乎未动。这时田老师蹲下身,拿起勺子,舀了一勺番茄炒蛋往球球嘴里送,说:"球球,你光吃白米饭,它在肚子里会孤单的。"球球不解地看着老师。田老师又俯下身,把耳朵贴在他的肚子上,说:"我听到肚子里的白米饭说,你们怎么不下来陪我啊?我的小主人为什么还没把我的小伙伴送下来,马上送下来吧。""球球,我们赶紧把白米饭的小伙伴送下去吧。"只见球球不好意思地看着老师,用力地点点头,并很配合地张开了嘴,边嚼边说:"白米饭,我把你的小伙伴送下来了。""嗯,球球真是个好孩子!你自己来吧。"说着田老师把勺子递给了球球。

没过多久,球球餐盘里的番茄炒蛋和蘑菇所剩无几了。这时,球球拉着老师说:"田老师,你再听一下,我的肚子说什么了?"田老师很认真地把耳朵贴在球球肚子上,说:"你的小肚子说,今天很感谢我的小主人,帮我送了小伙伴。我还想建一个'开心农场',希望小主人能帮助我。""好,田老师,我最喜欢开心农场了,明天我还要吃更多的菜。"①

评析:案例中的教师清楚地知道自己的说服目的(让球球不挑食),所以在说服时找到了学龄前孩子有泛灵性特点这一突破口,满足了球球的兴趣和情感需求。球球不再是被动的受教育,而是建设"开心农场"的小主人,完成了以"说"促"服"的教育目的。

任务描述

在掌握教育说服语使用技能后,结合具体教育内容,恰当运用说服语有效地开展教育活动。

任务实施

一、说服语的定义

所谓说服语,就是教师在教育活动中通过讲述生动的事例,阐明正确的道理,影响或改变幼儿的观念和态度,从而达到引导幼儿行为趋向预期目标所使用的语言。说服语对改变幼儿的错误观念,修改幼儿的不良行为有着其他教育方式不可替代的作

---

① 田楠. 肚子里的『开心农场』[J]. 幼儿教育(教育教学),2022(07):52—53.

教师语言技能

用。大量的教育事实证明，教师正确使用说服语，掌握说服幼儿的艺术，有助于提高教育工作的质量。

二、说服语的作用

良好的说服语可以使幼儿在一种轻松愉悦的心理状态下接受正确观点，养成良好的态度和行为方式。

一天早上，孩子们都开开心心来幼儿园，只有嘉琪小朋友哭着鼻子，拉着奶奶的衣角，小眼睛哭得红红的。进了教室，李老师问她怎么回事，她说因为奶奶不让她早上看电视。这时李老师就蹲下来问嘉琪，"那你觉得每天早上看电视，对眼睛好吗？"孩子摇了摇头，李老师又跟她说："那你知道我为什么会戴眼镜吗？"孩子看了看我说："因为你近视了。""是啊，老师就是因为小时候没有保护好眼睛。老师希望你少看电视，好好爱护眼睛，以后才不会戴眼镜。"孩子听了老师的话，轻轻地点点头，乖巧地说："那好吧老师，以后早上我不看电视了。"

三、说服语的要求

教育工作是一种影响人的工作，是影响成长中的幼儿未来发展的工作。说服是德育的重要方法，是通过教师"说"的影响而使幼儿行为或心理倾向最终"服"的重要途径。因此，说服幼儿以促使幼儿产生积极的心理行为是教师运用说服语的目的。为了实现这一目的，教师运用说服语时需做到如下几点要求。

1. 说服的态度要真诚

众所周知，"听话"是教师常挂嘴边的话语，但幼儿真的明白为什么要"听话"吗？教师在说服幼儿时要注意态度，切不能仅用"要听老师的话"之类的语言去压服幼儿，因为说服不是输入真理，说服是心与心的交流，应该让幼儿自己主动去体验和感悟。因此，态度真诚是教师运用说服语的基本要求，说服教育幼儿时教师既要满腔热情地肯定幼儿的进步，又要善意耐心地批评幼儿的不足，要在说服教育中使幼儿感受到教师对他的关心和爱护。

2. 说服的目的要明确

"说服"，顾名思义，教师通过"说"而使幼儿"服"，因此教师绝不能乱说一通，要有明确的说服目的。教师应在"说"之前做好充分的准备工作以了解幼儿身上存在的问题，从而通过摆事实、讲道理使幼儿接受正确的观点、明晰正确的方向，实现说服语以教师"说"促幼儿"服"的教育效果。

例：一天下午，户外体育活动，教师提供了多种活动材料，孩子们自己选择材料进行活动，不少男孩子玩呼啦圈，都把呼啦圈当成方向盘，自己当司机玩起了"开车"的游戏，不一会车速变快，像是在"赛车"，老师的心一下子紧了起来，怎么说服孩子们减慢车速，避免发生碰撞和意外呢？老师是这样说的："今天的司机真遵守交通规则。司机朋友，你们都工作半天了，该下班了吧？""司机"一听，就放慢了速度。老师马上又说："能告诉老师，你们都开的是什么车吗？"孩子们七嘴八舌地报自己"车"的车名。接下来老师提出了问题：呼啦圈除了可以当方向盘开，还可以怎么玩？并让孩子们尝试自己说的玩法……

显然，案例中在幼儿活动出现不安全因素时，这位教师并没有采取紧急制止的办法，而是巧妙地根据幼儿的认知水平做了委婉、积极的暗示，话未挑明，却表示了教育的意图，成功地说服了幼儿改变活动方式。

3. 说服的语言要入理入情

同样的教育要求，出自不同的教师之口，效果会大相径庭：或是心悦诚服地接受并改变，或是不以为然地漠然并抗拒。之所以如此，一个很重要的原因就是教师说服语运用的情与理的比例不同。在教育工作中，教师的说服语言应努力做到"六分含情，四分叙理"，既要用"理"使幼儿臣服，更要用"情"使幼儿心服，唯有这样才能入理入情地引导幼儿从内心建构适宜的道德认知，从而实现积极的转变。

这天中班的午后点心是奶油蛋糕，一般孩子最多吃一两块就饱了，可俊俊最爱吃奶油蛋糕了，他一连吃了四块还没够，又要领第五块。老师拉着俊俊问："蛋糕好吃吗？"俊俊高兴地点点头。老师接着说："可是你已经吃了四块了，还没吃饱吗？"俊俊央求道："老师，老师，我最爱吃奶油蛋糕了，再给我吃两块吧。"老师摇摇头："再吃下去，晚上你的肚子会不舒服的哦。"俊俊却说："没关系老师，我就是想吃嘛，求求你了。"老师笑着说："蛋糕虽然好吃，可我们的胃就像一个小袋子，要是一下子往里面塞太多东西，袋子会撑破的。"俊俊听了之后，吐吐舌头，回到了座位上。

面对孩子的不合理要求时，教师应从促进孩子身心健康的角度出发拒绝孩子，态度须坚定明朗。案例中的教师，将孩子的胃比作小袋子，形象生动地说明了道理，成功说服了幼儿。

四、说服语的艺术运用方法

教育活动中常能见到这样的场景：教师苦口婆心，幼儿东张西望；教师喋喋不休，幼儿爱搭不理；教师横眉冷对，幼儿扭脖子瞪眼睛；教师由爱生怒，幼儿因烦而恼。一方面是幼儿的"说而不服"；另一方面是教师的"一言难尽"，如此的教育效果令人担忧。细想之，造成这种现象的重要原因就是教师误把"说服"当成了"说教"，错把"教育"当成了"打压"，未能真正掌握运用说服语的技巧。基于教学的需要，教师运用说服语应掌握三点实用技巧。

1. 找准症结，有的放矢

"说者苦口婆心，听者毫不动心"的现象在教育工作中屡见不鲜，造成这种现象的原因并不是教师苦口婆心开的"道理"处方有问题，很多时候是因为教师开"道理"处方前的把脉工作未做到位。俗话说：差之毫厘，失之千里。为了有效地对幼儿进行施教，教师在运用说服语时需先摸清楚幼儿的思想脉搏，找准幼儿的心理问题症结，从而对症地去构设自己的言语思路，使说服教育做到有的放矢。

妞妞特别喜欢玩具柜里的一个洋娃娃，游戏时间她一直在玩这个娃娃。游戏时间结束了，在老师的要求下，其他孩子都已经将玩具送回了玩具柜，可妞妞却将娃娃悄

教师语言技能

悄塞进了自己的小书包。

老师发现了妞妞的小动作，于是说道："老师知道许多女孩子都喜欢洋娃娃，你们为什么喜欢洋娃娃呢？"孩子们七嘴八舌地说道："因为洋娃娃像公主""公主很善良""公主很聪明""公主很美丽"。

老师又问："那你们每天都是怎么陪洋娃娃玩的呢？"孩子们答道："给它穿衣服""给它梳辫子""给它做饭"。

老师接着问："那么美丽的公主娃娃要不要睡觉休息呢？"

孩子们说："当然要啊，不然它多累呀。"

老师顺势问道："那么公主休息的小床在哪里呢？"

孩子们答道："在玩具柜里。"

妞妞低下了头，将洋娃娃送回了玩具柜里。老师会心地笑了。

教师发现妞妞的不当行为后，没有当众指责她，而是从女孩子喜欢洋娃娃说起，谈到了洋娃娃的日常生活，一步步询问启发孩子，既使妞妞认识了错误，也保护了她的自尊。

2. 积极聆听，启发引导

由于身份、年龄、教育背景等方面的差异，教师和幼儿的思想存在着很大的差别，致使教师对待问题的一些看法和观点幼儿不接受。面对这种状况，一些教师便拿出"我是老师""要听我的"的姿态强制或灌输幼儿接受自己的一番苦心。殊不知，"说服"是师幼双向的交流，不是教师对幼儿单向的训导。教育家赞可夫说过："当教师把一个孩子看作是一个具有个人特点的，具有自己志向、自己智慧和性格的人的时候，才有助于教师去热爱儿童和尊重儿童。"独特的工作性质需要教师做一个耐心的倾听者，聆听幼儿的倾诉，了解幼儿的心声，在启发和引导中触及幼儿的灵魂，会使说服教育深入人心。

3. 间接说服，巧妙劝说

为了增强说服吸引力、感染力和有效性，教师完全可以采用比喻、类比、引用、故事、幽默等间接说服的方式为幼儿提出要求、指出危害、说明道理、晓以大义，从而收到"点石成金"的神奇教育效果。

晨间活动时间，孩子们都是排好队一起去操场，做完操再排好队一起回教室。可是明明总是不愿意站队，每次不是掉队，就是跑到一边去玩。

这天，早操时间明明又在花坛边磨蹭了，老师走了过来，拍了拍明明说："你看，地上什么动物在搬家？"明明说："小蚂蚁呀。"老师接着说："你看它们排的队伍多整齐呀，虽然没有人给他们整队，可是它们一个都没落下，你知道为什么吗？"明明摇了摇头说："不知道。"老师笑着说："因为脱离集体掉队的话，就很容易迷路，遇到危险哦。"明明若有所思地点点头，说："老师，我懂了。"然后便快步追上了班级的队伍。

案例中的教师，通过类比方法，巧妙运用小蚂蚁搬家的现象来启发幼儿，让幼儿认识到自己掉队的行为不正确。

想一想，试一试

想一想：有一次班里两个小伙伴争吵到打起来，老师问怎么回事，一个说，他趴过了线，趴到了我的这边了；另一个说，我正在画画，胳膊被他搞了一拳。教师该以怎样幽默的说服方式解决这个问题呢？

试一试：教师对其中一个幼儿说："哎呀，你怎么搞侵略了呢？"对另一个小孩说："你光画一道线能挡住什么啊，我看还是筑堵墙吧，像秦始皇那样筑一道长城坚固不可侵犯，你们看如何？"全班幼儿哄堂大笑，而他俩红着脖子不好意思地看着对方，两人又相视一笑。

总结：教师用幽默方式进行说服教育，表现出对幼儿总体肯定，充满希望，师幼之间的关系融洽和谐，受教育者自己也在脸发烧变化的同时，内心蓄积其悔过自新的动机。

考核评价

教师说服用语学习评价表

考核内容	评价标准	自评	组评	师评	综合
说服语技能	1. 说服时能够找准症结，有的放矢				
	2. 说服前要积极聆听，启发引导				
	3. 间接说服，巧妙劝地				

同步练习

一、填空题

1. 所谓说服语，就是教师在教育活动中通过讲述_____，阐明_____，影响或改变幼儿的观念和态度，从而达到引导幼儿行为趋向预期目标使用的语言。

2. 教师运用说服语的三点要求是_____、_____、_____。

二、简答题

1. 教师运用说服语的技巧是什么？
2. 简述教师怎样运用"积极聆听，启发引导"的说服语说服幼儿。

任务三　表扬语技能

任务情境

思思是个胆小害羞的孩子，活动时间总是一个人躲在角落玩。有一次班级体育节活动日，孩子们有的参加趣味跑，有的跳绳，有的拍球，只有思思，虽然老师邀请了她，但她仍然没有参加任何项目。可是，其他的孩子比赛的时候，她却在旁边帮助他们递水杯、拿衣服。老师看见了，当天活动结束时，对大家说："今天有个小朋友虽然没有亲自上场比赛，可是却一直在默默照顾大家，为大家拿衣服、递水杯，你们知道她是谁吗？"孩子们听了之后，纷纷问："谁呀，谁呀？"老师说："是思思！"孩子们听了之后都鼓起掌来，思思低着头没说话，但是红扑扑的小脸上却扬起了笑容。这次之后，思思开始有了一些变化，活动时间不再一个人躲在角落，而是渐渐走进了集体。

小结：正所谓"世界上不缺少美，而是缺少发现美的眼睛"，教师就要用自己的眼睛去挖掘孩子身上每一点美好、每一点进步，并给予表扬与肯定，促使每个个体在自己的教育之下都能闪闪发光。

任务描述

在掌握教育表扬语使用技能后，结合具体教育内容，恰当运用表扬语有效地开展教育活动。

任务实施

知识学习

美国著名作家马克·吐温曾说过，只凭一句赞美的话，我就可以快乐两个月。

一、表扬语的定义

表扬语是教师对幼儿施加的肯定性评价用语，主要是为了赞美幼儿正确的思想和行为，并通过表扬巩固其优点，强化教育的效果。

二、表扬语的作用

（1）恰当地运用表扬语，对孩子认识什么是好坏，什么是善恶，提高是非观念起到直接作用。
（2）表扬语能使幼儿明白自己的优点与长处，并使之得到巩固和发展。
（3）表扬语能使幼儿得到精神上的满足和愉悦，从而更加努力上进。

三、表扬语的类型

按照不同的维度可以将教师的表扬语划分为不同的类型。

1. 按表达形式划分

按表达形式划分，表扬可分为口头表扬、书面表扬、活动展示表扬和体态语表扬（后两者不再介绍）。

（1）口头表扬是通过教师的口头上直接发出的认同、赞赏性的话语来对幼儿进行表扬。教师直接流露出对幼儿的赞许、热情与真诚，幼儿也能直接地感受到教师对他的表扬与鼓舞。幼儿受到教师的口头表扬后，增强了自身的表现欲和自信心，进而更加"亲其师，信其道"了。

（2）书面表扬是借助书面语言对幼儿进行表扬，这是一种无声的沟通。如老师们可以用特定符号给幼儿写表扬信等。书面表扬有利于表达说话者的情感，更能引发幼儿的共鸣，同时，也使幼儿感受到来自教师的重视与认可。

2. 按表扬的场合划分

按表扬的场合划分，表扬可分为公开表扬和私下表扬。

（1）公开表扬是教师在公众场合对幼儿所进行的表扬，在教室里当着全体幼儿进行表扬。值得一提的是，对于腼腆、内向的幼儿更需要表扬，表扬所起的作用也会更加显著。

（2）私下表扬是在极少数人参与的环境中对幼儿所进行的表扬。对于一些敏感的同学来说，这是一种较为恰当的表扬方式。有时教师在身旁低声称赞可能比在全体面前表扬效果更好。

3. 按表扬的对象划分

按表扬的对象划分，表扬可分为个体表扬和集体表扬。

（1）个体表扬是教师针对某一个或几个有突出表现的幼儿所进行的表扬。个体表扬常常会激发个体的积极性和创造性，使个人置于榜样地位从而产生成就感；不仅对幼儿个体起到积极促进作用，也是对集体的一种促进。

（2）集体表扬是表扬幼儿所在的一个整体。集体表扬能增强团体成员的归属感和合作意识。即使在表扬某个幼儿时，也要强调他是为集体争了荣誉，达到表扬一人鼓励多人的效果。

四、表扬语言的艺术运用方法

在实际教育教学中，教师必须掌握恰当的、事半功倍的表扬语言艺术运用方法。

1. 表扬语要适时

适时就是在恰当的时候不失时机地做出行动。当一件先进事例发生时，教师应做出积极的反应，及时给予肯定和表扬。表扬过早，幼儿容易产生骄傲自满的情绪，有时甚至会使事情半途而废；表扬迟了，时过境迁，幼儿良好的思想行为会因得不到强化而消退。教育教学中我们发现最有实效的表扬不是锦上添花，而应是雪中送炭。

著名教育家苏霍姆林斯基说："要让每一个孩子都抬起头来走路。"譬如某幼儿连续几次迟到，今天早到了要及时表扬；某幼儿上课从未主动发言，今天主动举手了，教师也应及时表扬鼓励。将表扬变为积极向上的动力，一次适时的表扬也许会给幼儿带来一次心灵的震颤。

2. 表扬语要适度

适度就是表扬应该准确、讲究分寸。一味地滥用表扬，受表扬的同学要么骄傲自满、自以为是；要么惶恐不安，担心自己没有教师表扬得那么好；要么认为教师是在故意夸他们，有一种上当受骗的感觉。

禾苗干涸，需要浇水，水太多就会被淹死；生命短暂，需要关爱，爱太多就会造成伤害。因此，表扬要适度，应恰如其分、实事求是。

3. 表扬语要多元

表扬是一个复杂的语言沟通过程，不同的幼儿对同一种表扬方式的反应不同，所以表扬语运用要多元，即因人、因时、因地采用不同的表扬方式。

表扬形式应丰富多彩、不拘一格。如公开表扬与私下表扬相结合，多种鼓励方式灵活使用等。如对待性格外向的幼儿，表扬的同时应指出不足之处，以便取得更大进步，"如果你……，你会更优秀！"对待性格内向的幼儿，多采用鼓励表扬语，"虽然你只……，但是你在某一方面很优秀。"

4. 表扬语要全面

教师的表扬语虽然不是包治百病的灵丹妙药，但至少应该是一贴良药。教师在表扬语言的使用过程中，要兼顾幼儿整体中存在的不同因素，做到公平公正、因材施教；同时要兼顾幼儿个体的各个方面的进步。我们的教育培养的是全面发展的人，作为一种重要的教育手段，教师表扬的范畴应涉及幼儿学习、生活、心理的方方面面。如幼儿学习上的进步、思想品德的提高、良好生活习惯的养成、偶然的闪光行为等，都在教师表扬的范围内。

5. 表扬语要具体

表扬要指出具体表扬的行为，解释表扬的原因，要讲出受表扬幼儿取得成绩的过程和细节，切忌空洞无物。

萌萌是个挑食的孩子，每天的午餐她都会把不爱吃的食物挑到一边，最后往往是在老师的强迫下才把盘里的饭菜吃光。有一天，老师发现萌萌把饭菜都吃光了，立即在班级里表扬道："萌萌今天可真棒，她把盘子里的饭菜都吃光了，老师相信不挑食的小朋友身体一定会越来越棒。"老师要把大拇指送给萌萌。小朋友们听了之后都为萌萌鼓掌。从那之后，老师发现萌萌越来越不挑食，一个学期后，她每次吃饭都会将饭菜吃光。

教师在发现萌萌取得进步时，立刻予以表扬，使她在同伴面前得到了肯定，提升了战胜挑食毛病的自信心。这样的表扬效果远远比枯燥的说教和无奈的强迫要好得多。

爱因斯坦说过，"别人赞美我思维能力强，有创新精神，我一点都不激动。但如果谁赞扬我小提琴拉得棒，我一定会兴高采烈。"教师的表扬要去挖掘幼儿身上一些鲜为人知的优点，可以让幼儿得到一些新的肯定，效果不同凡响。

五、表扬语"四忌"

古人云："数子十过，不如赞子一功。"可见表扬鼓励对一个人的成长是多么重要。在适当的场合，对幼儿进行恰如其分的表扬，能使幼儿产生积极的情绪体验和愉悦的成就感，从而让幼儿在真诚的肯定中享受快乐，同时，也获得足够的自信，表扬之后幼儿能在原有良好表现的基础上获得发展。但是，在教学活动中，确实存在一些表扬误区，即所谓的无效表扬，不仅不能对幼儿的发展产生促进作用，有时甚至会导致教师的威信和影响力下降，教育的效果也就不言而喻了。因此，在教学实践中，教师的表扬应该做到以下"四忌"。

1. 忌频繁无度

有的教师总认为幼儿的每个优点都值得表扬，同一优点重复表扬多次。殊不知，对于幼儿的某个优点表扬次数多了，其同伴会厌烦，他自己也未必高兴。

2. 忌不掌握"火候"

要做出色、香、味俱全的佳肴，除有相应的调料外，掌握好火候也是十分必要的。表扬虽不像批评那样要谨慎小心、瞻前顾后，但要取得表扬的最佳效果，也必须掌握"火候"，即选择表扬的最佳时机和最佳方式。

3. 忌不因人而异

表扬的方式和方法应因年龄、性格而不同。对于小班幼儿，表扬几句他们就会美滋滋的，但中、大班幼儿就不同了。他们的思维相对丰富，他们更希望能在某一点得到表扬。这就要求教师区分对象，具有高超的表扬艺术。

4. 忌不分场合

当众点名表扬是表扬方式中最郑重的，不宜多用。必用时，应是较突出的人和事。对于不适宜当众点名表扬的人和事，教师可以在其他场合用捎带式（表扬其他人时顺便提一下）、转达式（通过被表扬者的好友或其他途径转达）、无声式（教师用眼神、微笑等）、动作式（向被表扬者点点头、拍拍他的肩膀或做手势）等方式进行表扬。

表扬是施与生命的一缕阳光，教师有义务让幼儿感受阳光的温暖。但是只有表扬真正发挥了激励和促进作用，才真正把握了表扬艺术的真谛。

想一想，试一试

想一想： 入园区的一天早上，睿睿妈妈送她来幼儿园，走到活动室门口，妈妈跟睿睿说："快点去和小朋友玩吧，妈妈要上班去了，跟妈妈说再见。"只见睿睿紧紧拉着妈妈的手，喊道："不，我不想上幼儿园，妈妈你不要走，陪着我！"如果你是老师，你打算如何使用表扬的方式帮助睿睿消除分离焦虑？

试一试： 只见老师马上迎上前去，抱着睿睿说："睿睿，早上好！老师看出来了，今天睿睿很懂事，会主动跟妈妈说再见，不要妈妈陪了。"睿睿听老师这么说，强忍着没有哭出来，最后不太情愿地跟妈妈说："妈妈，再见！"接着，老师一边抱着睿睿往活动室里走，一边用赞许的眼神表扬道："睿睿真是个讲道理的好孩子，会主动跟妈妈说'再见'，老师最喜欢了。"一整天，睿睿都没有哭闹，还按照老师设定的"讲道理的好孩子"积极表现。

评价： 该案例教师采用的是心理学上的罗森塔尔效应，即一个人经常被看成什么

教师语言技能

读书笔记

样，经常被怎样对待，在不久的将来就会变成现实。这其实是一种积极暗示的力量。教师对孩子充满期望，多表扬、少批评，以欣赏、信任的态度对待孩子，孩子就能感到教师对他的期待，就会朝着积极的方向发展。

考核评价

教师表扬用语学习评价表

考核内容	评价标准	自评	组评	师评	综合
表扬语技能	1. 能够采用多种方式对幼儿进行表扬				
	2. 表扬语要切合实际，表达情真意切				
	3. 能够恰当运用体态语来表情达意				

同步练习

一、选择题

1. 恰当地运用表扬语，对孩子认识什么是好坏、什么是善恶、提高（ ）观念起到直接作用。
   A. 时间　　　　　B. 是非　　　　　C. 生命

2. 表扬其实是一种（ ）和欣赏。
   A. 肯定　　　　　B. 赞美　　　　　C. 鼓励

3. 在适当的场合，对幼儿进行恰如其分的表扬，能使幼儿产生积极的（ ）和愉悦的成就感
   A. 情绪体验　　　B. 情绪唤醒　　　C. 情绪履行

二、判断题

1. 表扬语能使幼儿得到精神上的满足和愉悦，从而更加天真活泼。（ ）
2. 作为教师，在教育幼儿时，千万不要吝啬你的微笑。（ ）

三、简答题

1. 对于不适宜当众点名表扬的人和事，教师应该怎么做？
2. 作为教师，我们不但要在学习上运用夸奖和鼓励，还要从哪些方面对幼儿进行表扬？

四、操作题

班上有一名叫小洋的新生，平时"行为问题"较多，总爱用手惹别人。可有一次，他排队做操时，没像前几天那样去推别人。

作为老师，你会怎样表扬小洋？

要求：设计一份表扬语在小组内交流，小组讨论修订后展示。

项目二 | 教育口语技能

任务四　批评语技能

欣赏下列案例,并对以下两位教师的批评语做简要分析。

班级的生态角有一个小鱼缸,里面养了几条小金鱼,每天都有值日的孩子为金鱼换水。这天,轮到强强了,可是他却和几个男孩子用漏勺赶鱼玩,小金鱼们在鱼缸里乱转,还有一只小鱼跳出了鱼缸,在台子上乱跳,强强乐得哈哈直笑。

师1:又在捣乱,小金鱼都快被你们玩死了,以后不允许你们照顾它们的。

师2:老师看到之后,走了进来,轻轻捧起小鱼送回鱼缸中。几个男孩子低着头,等着老师训话。可老师却没理他们,而是将耳朵贴在了鱼缸上。强强忍不住问道:"老师,你在听什么呢?"老师说:"我在听小鱼的哭声呢,它们说被你们戏弄的时候,真害怕呀。"男孩子们听了之后,脸红了,泪汪汪地说:"老师,我们知道错了。小金鱼,对不起,我们以后一定好好照顾你们。"

小结:在面对孩子们不敬畏生命时,没有直接严厉批评,也没有枯燥地说教,而是用无声的动作和拟人化的语言表达对孩子们不当行为的指责,使孩子们真正认识到自己的错误,达到了"润物细无声"的效果。

任务描述

在掌握教育批评语使用技能后,结合具体教育内容,恰当运用批评语有效地开展教育活动。

任务实施

一、批评语的定义

批评是对幼儿某种不良行为做否定的评价,这是一种教育手段,为的是让幼儿引起警觉,自觉纠正缺点或错误,规范行为,有时还能从反面激发幼儿积极向上的动力。

二、批评语的作用

1. 教育作用

对于幼儿思想、态度和行为等方面存在的缺点与错误,教师要根据主要的事实和其演变过程,与幼儿一起分析错误产生的根源和造成的影响,提出处理意见。对幼

65

的个体来说，教师的批评能使他深刻地认识到自己存在的问题，并使他下决心去自觉改正；对幼儿群体来说，批评是为了帮助大家分清是非，提高道德评价能力，建立良好的舆论氛围。

2. 激励作用

批评在于激发幼儿的上进心，促进幼儿在道德上自勉。例如，经常迟到的幼儿经过教师的批评教育，从行动上改变了自己，从此积极入园；活泼好动、容易走神的幼儿经过教师的批评教育，从此认真专注。教师的批评既要有中肯的分析，又要有热情的勉励和殷切的期望。

三、批评的类型

批评的类型大致可分为表扬式批评和幽默式批评两种。

1. 表扬式批评

教师在批评时先表扬幼儿的闪光点，然后委婉地指出幼儿的错误所在，这种先扬后抑的批评方式叫作表扬式批评。批评是一件让人不愿意接受的事情，从表扬入手，有助于将谈话建立在友好的气氛中。如人民教育家陶行知先生"四块糖果"的故事，以微小的四块糖果，以表扬的方式委婉地对幼儿王友提出了批评的意见，使批评有了甜味。这种独具匠心的批评艺术触动了王友，收到了非常好的教育效果。

2. 幽默式批评

德国著名演讲家海因·雷曼说过，用幽默的方式说出严肃的真理，比直截了当地提出更能为人接受。幽默可以使批评语言软着陆，它以笑声代替批评，以诙谐化解尴尬。

在美术活动"五彩的大公鸡"中，一名幼儿给大公鸡画了三条小腿。在点评时教师突然拿出一把剪刀，问："孩子们，你们知道我拿剪刀做什么吗？"幼儿愣住了，不知老师葫芦里卖的什么药。接着，老师笑着说："我想剪掉这只大公鸡的一条'小腿'。"幼儿这时才恍然大悟，纷纷笑道："原来大公鸡多了一条腿噢。"

这种诙谐语言指出了出现的错误，使幼儿在笑声中理解了教师的用意。

四、批评语运用的语言艺术

陶行知先生有一句话：你这糊涂的先生！你的教鞭下有瓦特，你的冷眼里有牛顿，你的讥笑中有爱迪生。你别忙着把他们赶跑。批评的目的是终止一种错误倾向，改正一种错误行为，帮助幼儿确立正确的发展方向。

1. 有理有据，就事论事

"没有调查研究就没有发言权。"教师在使用批评语言之前必须充分掌握事实，有理有据。否则，幼儿可能蒙冤被批评，一切都可能与教师美好的期望背道而驰。

另外，教师批评幼儿时，不要老账新算，要针对幼儿实际，力求切中要点。批评教育幼儿，千万不能将"事"与"人"或"此事"与"彼事"搅缠在一起。

2. 含蓄委婉，真情实意

印度著名诗人、哲学家泰戈尔曾经说过，不是铁器的敲打，而是水的载歌载舞，使粗糙的石块变成美丽的鹅卵石。艺术性的批评语在于其中多了点人情味，少了点火药味，以含蓄委婉的方式，给"苦口的良药"穿了一身"糖衣"。

婷婷是一个有些任性的孩子。一次，婷婷和小朋友抢玩具，还动手打人，老师说："婷婷，你喜欢白雪公主吗？知道为什么大家都喜欢白雪公主吗？因为白雪公主不仅长得漂亮，而且非常善良，对待别人都很友善。婷婷也很漂亮，如果对待小朋友友好一些，老师相信，小朋友们会更喜欢和你玩的。"

看来，好的教师就是循循善诱，用亲切和蔼的语气使幼儿认识到了自己的错误。

3. 适时适地，因人而异

批评幼儿，一定要注意场合，最好不要在大庭广众之下批评，要有所回避。教师批评幼儿应当尽量选择在人少的地方，以利于师幼之间倾心交谈，坦诚相对，减轻幼儿的心理压力，避免伤害其自尊心。

批评教育幼儿也要因人而异，依照幼儿的个性特点，采取不同的批评方式。如对于性格内向腼腆的幼儿，教师应用温和含蓄的语言，逐步深入，让他们逐步适应接受；对于胆小敏感的幼儿，教师的批评可采用间接的提醒或暗示的手法，使之一点即通，点到为止；对于性格外向、易冲动的幼儿，诚恳地指出问题，全面、辩证地分析问题，批评过程中要耐心听取幼儿的发言，在综合考虑的基础上对他们提出希望和要求。

想一想，试一试

案例：一位新老师满怀热情地走进了学前班。简短的自我介绍后，老师用歌声拉进和幼儿们的距离。正当唱得起劲时，东东将旁边的小美推倒在地，小美哭了起来。这时，老师忍无可忍，当着全班幼儿的面，狠狠地批评了东东。此后，东东仍然会时不时地犯些小错误。

一天，班上的小劲踢足球时跌倒了，只见东东立即跑去将小劲扶起来。

想一想：老师应该如何抓住这一教育契机，乘机转变东东呢？

试一试：路上，老师轻声与东东交谈。

师：东东，平时老师批评你，你开心吗？

东东（一脸怨气）：不开心，老师不喜欢我。

师（沉默了一会，亲切地说）：在老师的眼里，犯错了能改正，仍旧是个好孩子！

师：东东，我听咱们班好多小朋友说你力气大，喜欢帮助人是吗？

东东（有点兴奋）：对啊，小朋友们都搬不动桌子，但是我能帮助王老师搬桌子。

师（竖起大拇指）：真厉害！看来你平时喜欢锻炼身体，身体很强壮啊！你帮助老师、帮助小朋友，大家都很谢谢你，但是如果因为力气大，而欺负小朋友就不好了，那样大家都会害怕你，不敢跟你玩，那你该多孤单啊？

东东（不好意思地搓着手）：老师，我不是故意欺负小美的，以后我不打小朋友了。

师（拍拍东东的肩膀，笑了）：能认识到自己的错误，并能改正错误，才是真正

教师语言技能

的小男子汉，老师也相信你想成为一个大家都喜欢的好孩子。东东，以后你教小朋友们好好锻炼身体行吗？

评析：案例中的教师有两次批评语言的运用，而第二次的批评才起到积极作用。那是因为推心置腹的交流沟通、含蓄委婉的批评语言打开了东东的心门。

考核评价

教师批评语学习评价表

考核内容	评价标准	自评	组评	师评	综合
批评语技能	1. 能够采用多种方式对幼儿进行批评				
	2. 批评语要切合实际，表达情真意切				
	3. 能够恰当运用体态语来表情达意				

同步练习

一、选择题

1. 批评他人时千万不可有羞辱对方人格的（　　　）和表情。
   A. 动作　　　　B. 神态　　　　C. 语言　　　　D. 行为

2. 暗示型批评语是指教师在发现幼儿的错误行为时，不是直截了当地批评，而是通过故事或事件情境给予（　　　），引发幼儿的思考，主动改正错误，从而达到教育的目的。
   A. 鼓励　　　　B. 暗示　　　　C. 表扬　　　　D. 夸奖

二、填空题

批评是对幼儿某种不良行为做否定的评价，这是一种_____，为的是让幼儿引起警觉，_____缺点或错误，规范行为，有时还能从_____激发幼儿积极向上的动力。

三、简答题

批评语的运用技巧有哪些？

四、操作题

一位幼儿在早读时和同学在大声讨论问题，作为教师，我们该如何批评这位同学才好呢？

任务五　激励语技能

欣赏下列案例，并对李老师激励语做简要分析。

家长观摩日当天的体育活动课上，天天不小心摔倒了，趴在地上哭了起来。周围的家长纷纷上前想要扶起天天，老师制止了家长，蹲在了天天的面前，摸摸他的腿，拉拉他的手，望着天天的眼睛，微笑着说："天天，不要害怕，你没有受伤。跌倒了，我们再站起来，老师相信你是个坚强的男子汉，只要你小手一撑、小腿一蹬，就一定可以站起来哟！"受到老师的鼓励，天天擦了擦眼泪，果然站了起来。老师笑着抱了抱天天，为他竖起了大拇指。

小结：教师在确定幼儿没有受伤之后，没有主动伸手拉起孩子，而是温柔坚定地鼓励他自己站起来，并在幼儿克服困难之后予以安抚和赞扬，使孩子充满信心。

在掌握教育激励语使用技能后，结合具体教育内容，恰当运用激励语有效地开展教育活动。

知识学习

一、激励语的定义

激励语是教师用来激发幼儿积极向上的情绪和意志，鼓励他们积极进取的话语。

二、激励语的作用

1. 帮助幼儿正确认识自我，增强自信心

在学习和生活中，教师和家长的肯定、鼓励能消除幼儿的怯懦和自卑，帮助幼儿正确认识自我，增强自信心。当孩子畏缩不前时，教师的激励能鼓舞起他们行动的勇气；当孩子取得进步时，教师的及时肯定和强化，能使孩子信心百倍，勇敢地接受更为严峻的挑战。

2. 激发幼儿向上的动机，增强积极行动的内驱力

美国钢铁大王达尔·卡尔说："我的最大资本就是我具有鼓励、激发职工热情的能力，而充分发挥一个人才能的方法就是赞赏和激励。"如果教师找准了幼儿的动情点，运用肯定性、鼓动性的语言去激励他们，就能增强幼儿的荣誉感和责任心，促使他们产生积极行动的内驱力。

教师语言技能

读书笔记

三、激励语的要求

1. 鼓动性强，富有激情

在运用激励语时，教师要找准能引发幼儿情感的点，多肯定幼儿，鼓励他们朝更高的目标迈进。

2. 赞扬肯定入手，措辞准确

教师的赞扬和肯定要实事求是，不能言过其实，夸大幼儿的优点。赞扬要使被表扬的幼儿受到激励，并对其他幼儿有示范作用。言过其实的肯定容易助长幼儿骄傲自满的情绪，也容易使其他幼儿产生不满情绪，最终导致教育的失效。

四、激励的艺术运用方法

1. 鼓动

鼓动就是运用口语激发幼儿的热情，使他们行动起来。这类教育口语多用于面对幼儿群体的讲话，常用于动员幼儿投入某些活动，如各类比赛等。

在"乒乓大搬运"游戏中，乐乐端着球拍没走几步，乒乓球就掉了下来。他的队友都埋怨他，他自己也感到特别自责。这时，只见老师走过来，握着乐乐的手说："真可惜，刚才就是手没有抬平。没关系，再努力一下，把手抬平，我们就成功了，再来一次！来，不要害怕，老师会在你身边和你一起保护乒乓球，你一定会做好的！"

教师的语言极富鼓动性，乐乐拼搏的劲头也被激发了出来。

2. 激发

激发就是用语言刺激幼儿，激起幼儿奋发争先的情绪和意志。激发可分为正面、反面两种。正面激发时话语与激发目的一致；反面激发也叫作激将法。激发性的话语要用热烈的言辞、激昂慷慨的语调感染幼儿，调动幼儿的积极情绪。

佳兴小朋友是个性格外向的男孩，活泼、聪明、能干，最大的优点是发音清晰、语言表达能力强。可是春节后开学不久，发现他与老师、同伴说话的时候，有口吃现象，每句中某一个字音总是拉得很长，才能说下一个字，让人听起来不舒服。为此，经常引起其他小朋友的笑声，导致这孩子现在有点不愿意开口讲话了。在与家长了解了情况后，老师分析他属于"拖音性口吃"，幸亏干预地及时，老师决定用以下三步帮他矫正。首先，以表扬鼓励为主，帮助孩子树立信心，如多给他发言的机会，并对他的回答加以肯定。如让佳兴展示并讲解自己的作品等，同时叮嘱、鼓励他说话不要太用力，放低音量，慢慢说。其次，引导其他的孩子发现他的优点，时间一长，其他孩子就流露出佩服他的感觉。在日常生活中，教师常常教育其他孩子，多帮助佳兴，多和他交谈，不能嘲笑或模仿。最后，家园配合，告诉家长一定要给孩子创造愉快安定的环境，消除他的思想负担，多给孩子安慰和鼓励，引导孩子树立表达自信。最终，在多方共同努力下，佳兴口吃现象在慢慢消失，又回到了当初流畅、连贯表达的状态了。

教师先肯定了幼儿取得的进步，接着教给幼儿正确表达的方法，还向幼儿提出了进一步的要求。在教师的肯定和鼓励下，幼儿的自信心大增。

3. 勉励

勉励就是劝勉、鼓励幼儿奋发努力。与鼓动、激发相比，勉励的话语显得平和、恳切。勉励的主旨在于提高幼儿的认识，让他们产生积极向上的内趋力，把幼儿引入一个更为高远的目标境界。例如，当幼儿在活动中遇到了困难，教师勉励他们"别放弃，再试试，坚持下去一定能行"等。

想一想，试一试

想一想：阳阳拿出了自己在家带来的小汽车玩具，打算和小朋友一起玩，他叫了几个好朋友在一旁玩自己的玩具。这时夏夏看见了很好奇，就走过去也想玩，但是阳阳却说："这是我的，你不能玩。"如果你是老师，该如何使用激励语让阳阳认识到自己的错误？

试一试：老师见状，走过去问："你们在讨论什么问题啊？"

阳阳：老师，这是我带的玩具，夏夏非要玩。

师（蹲下来，拿起玩具）：这么漂亮的小汽车啊。噢，它还可以自动跑啊，真好玩。

阳阳：对啊，这是我爸爸给我买的。我们刚才在赛车呢。

师：阳阳，老师知道你今天把小汽车带到幼儿园，就是想和小朋友们一起分享快乐对吧！你看小朋友们今天可开心了。老师还要谢谢你愿意和大家分享呢！

阳阳：（听到老师的表扬，心里可开心了。）是的，我家里还有好多玩具呢。

师：老师听说夏夏家里也有好多好玩的玩具，周末夏夏想邀请大家到公园散步、玩玩具，你想去吗？

阳阳：想啊，我也要去！

师：那好啊。可是你现在没有邀请夏夏玩你的小汽车啊。

阳阳：夏夏，你也来玩吧，我们一起玩。

教师激励语学习评价表

考核内容	评价标准	自评	组评	师评	综合
激励语技能	1. 能够采用多种方式对幼儿进行激励				
	2. 激励语要切合实际，表达情真意切				
	3. 能够恰当运用体态语来表情达意				

教师语言技能

同步练习

一、选择题

1. 激励是指激发和（　　）。它是管理过程中不可或缺的环节和活动。有效的激励可以成为组织发展的动力保证，实现组织目标。

   A. 鼓励　　　　　　B. 赞美　　　　　　C. 表扬　　　　　　D. 夸奖

2. 德国教育家第斯多惠曾说："教学的艺术不在于传授的本领，而在于（　　）、唤醒、鼓舞。"

   A. 赞扬　　　　　　B. 激励　　　　　　C. 学习　　　　　　D. 鼓励

二、填空题

在运用情感激励法时，教师只有对幼儿在_____、_____、_____，才能切实培养他们的学习生活能力和合作精神，增强他们对班集体的归属感。

三、简答题

幼儿思考提问时，你可以给予哪些语言激励他？

四、操作题

晨间户外活动时，小朋友们正在垫子上玩着团身滚。轮到佳佳了，她却静静地溜到后面，接连二次，她都这样，最后干脆排列到后面不前移了。显然，她胆子小，害怕自己完成不了这个动作，面对这样的孩子，我们该如何激励她？

项目总结

著名教育家苏霍姆林斯基在他的《给教师的一百条建议》中说：在拟定教育性谈话的内容的时候，你时刻也不能忘记，你施加影响的主要手段是语言，你是通过语言去打动幼儿的理智和心灵的。语言是争取人们灵魂的坚强战士，教师要努力铸造自己的语言，使自己面对幼儿的语言如永恒的星辰那样光辉灿烂、永不熄灭，努力使自己的语言成为指路的明灯，为幼儿指引着道路！

拓展阅读

幼儿教师教育随笔：沟通的技巧

沟通是一门艺术，是人与人之间永恒的话题。沟通在我们生活和工作中无处不在，也是幼儿教师必须掌握的一项基本功。怎样才能做好各项沟通工作呢？下面就来说说我在实践中总结的几点经验。

一、幼儿教师之间的沟通

现在大多数幼儿园都实行了"两教一保"的编班配置，也就是说一个班级由两位教师和一位保育员组成，三个教师管理着一个班级。三个人的思维、三个人的想法、三个人的做法，在管理的过程中肯定会出现分歧。在繁忙琐碎的工作中怎样做到有效的沟通？一是沟通要做到及时。对班级孩子的情况、生活、教学设备等情况及时交流，发现问题，争取在最短的时间内快速、有效地解决，避免遗忘。把问题的影响降到最低点。二是沟通要有民主性。班组成员都是班级的管理者，沟通过程中班组成员都要认真倾听，乐于主动提出有建设性的意见和建议，促进班级和谐发展。三是沟通要有实效性。班组成员之间的沟通是为了使班级发展得更快、更好，沟通要注重实效性，不要为了沟通而沟通，敷衍了事，要开诚布公，敞开心扉，满腔热情。

二、幼儿教师与幼儿之间的沟通

幼儿教师与幼儿的沟通在幼儿的成长中起着十分重要的作用，教师的一句话、一个眼神都可以促进幼儿良好行为习惯的养成，使其受益一生。幼儿教师与幼儿沟通是双向的，无论哪一种方式，都需要幼儿教师积极主动、平等的态度，提供一个安全、温和、信赖、无拘无束的交流环境，尽可能地从幼儿的角度平等交流、共同分享。对于新入园的幼儿，他们语言表达与交流的能力差，教师的微笑、点头、抚摸、搂抱、蹲下倾听幼儿细声的说话，是与孩子最好的交流。通过教师与幼儿的身体接触，帮助他们大胆接近教师，达到师幼双向沟通的目的。在沟通中，教师要善于抓住时机，创造气氛，将幼儿自然地引入交流之中。例如：每一次小长假返园时我都会设计一节"开心小汇报"，提前向家长了解幼儿假日里的活动情况，提出问题："孩子们，假日里，爸爸妈妈带你们到哪里去玩了？"幼儿会争先恐后地抢着回答，我要求他们一个一个地说，我细心地听每一个同学的回答，并竖起大拇指赞扬宝贝们玩得开心，说得很好。这一话题引发了幼儿交谈的技能，又提升了谈话的技能，让幼儿表现了满足感。同时，教师也进一步了解了幼儿。

三、幼儿教师与家长的沟通

教师与家长的沟通是一种特殊的交流，交流的内容是双方都共同爱着、关心着的孩子，是为了孩子而交流。由于职业、性格、文化水平等因素的不同，家长的教育观念和教育方法也不尽相同。这就需要教师深入地了解家长，以便有针对性地与家长沟通。在沟通的过程中，遇到矛盾冲突时，无论家长对教师产生任何的意见和看法，都应当从为了孩子的角度去理解家长，并真诚地表达自己的看法，应尽量避免从"不能""不要""不行"等消极的角度去评论或建议，要从家长爱孩子的角度，耐心、虚心、诚心地听取家长的一些合理有益的建议，努力营造和谐、轻松、愉快的交流环境，这样家园才能保持协调一致。许多家长由于对孩子年龄特点不了解，不知道如何教育孩子，一味溺爱，甚至放纵。教师应多与家长交流科学育儿知识，引导家长了解孩子的身心特点，更新教育观念，掌握正确的育儿方法。幼儿教师与家长沟通时还要做到对家长一视同仁。家长之间的差异是客观存在的，学历、职位、性格均有所不同。无论家长间存在什么样的差异，从他将自己的孩子送到幼儿园的那一天起，家长与教师就开始了共同的历程——教育好孩子。因此，教师应该学会与每一位家长交流，因为帮助家长转变教育理念，改进教育方法，是教师义不容辞的责任。

四、幼儿之间的沟通

幼儿之间的口语沟通是一种特殊的相互作用形式，通过交流与沟通提升语言表达和人际交往的能力。如今的独生子女绝大多数以自我为中心，任性、独霸，不愿意也不会与他人沟通。这就需要教师有意识地创设环境、设计活动，利用小群体活动或游

教师语言技能

戏，为幼儿提供交谈的机会，促进幼儿之间的沟通，帮助幼儿发展表达和理解他人的能力。如两个小组玩传纸球的游戏，每个小组的幼儿都想先传完争第一，于是他们之间加强人与人之间的沟通，各组的幼儿都喊加油。通过这一活动，促进了幼儿之间的交谈和沟通，也让幼儿体会到口语沟通的喜悦。

沟通是幼儿教师与教师之间、教师与家长之间、教师与幼儿之间、幼儿与幼儿之间联系的桥梁。沟通产生了解，产生了友谊，无论是何种方式、何种层面的沟通，最关键的是要以诚待人，以心换心，同时努力提高自己的道德修养和理论水平，这样才可以架起心与心的桥梁。

（资料来源：https：//www.diyifanwen.com/zuowen/suibizuowen/2261115.html）

技能实训

分析下列教例，请为这位教师设计教育口语，既能安抚小佳，又能让全体幼儿明白换位思考的道理。

情景再现：在一次餐后活动中，孩子们用橡皮泥做了好多甜点：有的孩子做了蛋糕，有的孩子做了饼干，有的孩子做了曲奇饼，真是五花八门。小朋友以蛋糕师傅的身份推销自己的甜品。经过几轮推销，小佳上场了，只见她小心翼翼地用手托着一片小小的饼干，小步地走着。终于她走上台，还没开口，孩子们就哄笑起来："哎呀，你看她做得饼干这么小，怎么吃呀！""她做得真难看，也肯定不好吃，你们看我做了好几层，她只做了一层……"听着孩子们七嘴八舌议论着自己的饼干，小佳的脸红红的，低着头，嘴角使劲地抿在一起，眼睛紧紧地盯着自己手中的饼干。

师（走上前，温柔地说）：小佳，你做的小饼干看上去不错呢，小朋友们一定没有见过这样的小饼干，所以他们才这么说，你不要难过，他们这样说不礼貌，原谅他们吧。

师：……

思考练习

（1）作为未来的教师，你认为应该使用哪些激励语激发幼儿的学习热情呢？

（2）请结合实际说说教师为什么要注重教育语言？

模块二

一般沟通口语技能

项目三

不同工作场景用语技能

▶ 项目概述

著名教育家陶行知先生指出"生活即教育",美国教育家杜威曾提出"教育即生活"。《幼儿园教育指导纲要》中提出了"一日生活皆课程"的教育理念,教师可以抓住一日生活中的很多契机实施语言教育。

幼儿园的一日活动通常可分为入园环节、盥洗环节、进餐环节、喝水环节、如厕环节、午睡环节、自主游戏环节、离园环节等,这些环节都充满了浓厚的生活气息,统称为生活环节。生活环节占幼儿在园生活的 50%～60%,对幼儿的成长发展具有非常重要的意义。

本项目重点学习幼儿生活活动中教师指导用语特点、技巧及具体做法 3 大项内容,共 4 学时。

▶ 学习目标

知识目标

1. 掌握幼儿生活活动教师指导用语的特点。
2. 掌握幼儿生活活动教师指导用语的运用规律。
3. 掌握幼儿生活活动教师指导用语的表达技巧。

能力目标

1. 能正确说出幼儿生活活动教师指导用语的特点。
2. 能运用相关技能技巧熟练地进行幼儿生活活动指导。

素质目标

1. 遵循幼儿成长规律,主动关注、关心幼儿,科学合理地指导幼儿一日生活。
2. 言传身教中培养幼儿良好品行和习惯,为幼儿健康成长奠定基础。

教师语言技能

项目导航

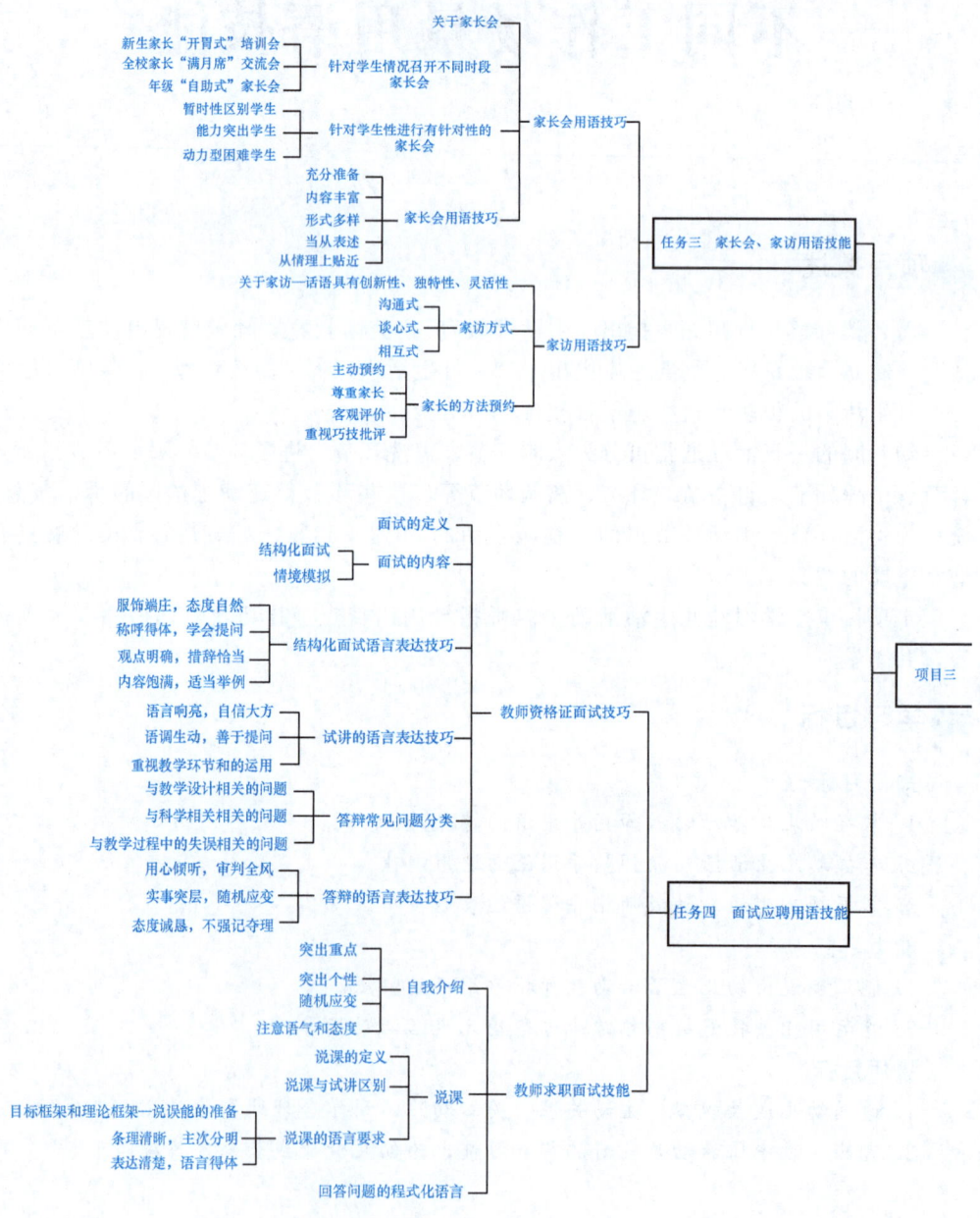

项目三 不同工作场景用语技能

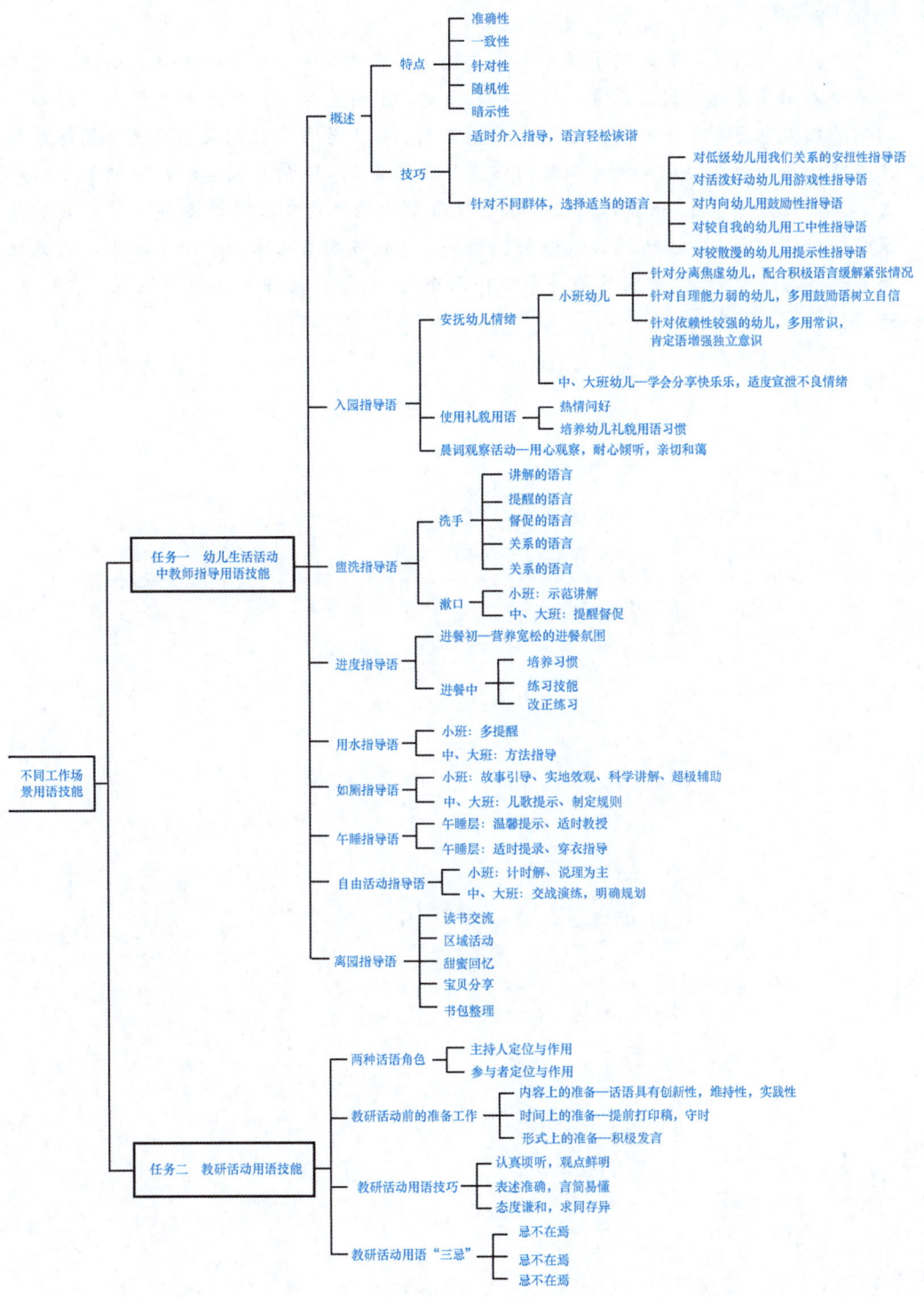

教师语言技能

典型案例

午睡时间到了，有的孩子还是不想入睡，还有的孩子一次次起床假装小便，这样来来回回影响其他小朋友正常午休。就此问题，教师在家长群里展开了调查，得知有的孩子在假期没有午休习惯。于是，教师首先在群里号召家长在假期里也要坚持让幼儿午睡，尽量和在幼儿园保持一致的作息习惯。其次，在幼儿园给幼儿营造午休的仪式感。如每天中午12点准时放轻音乐，提醒孩子们进行午睡前的准备工作，音乐结束后，孩子们躺在床上听老师或爸爸、妈妈、小朋友们自己录制的绘本故事，听完故事后老师与孩子们说："宝贝们，午安！做个好梦！"宝贝们异口同声地说："老师，午安！"

项目三 | 不同工作场景用语技能

任务一 幼儿生活活动中教师指导用语技能

任务情境

（幼儿园午餐时间到）教师 A 频繁地对幼儿催促着："快点吃，快点吃，小明，你为什么咬着勺子不吃呀？""不要挑食呀！看谁吃得快！"整个进餐环节，教师没有闲着，不停地对幼儿进行着催促和提醒。

请问这位教师对幼儿进餐时使用的指导语对吗？如果不对，该如何纠正呢？

任务描述

在掌握幼儿生活活动教师指导用语表达技巧后，结合具体情况，能对幼儿生活进行有效的语言指导，促进幼儿良好生活习惯早日形成。

任务实施

知识学习

读书笔记

一、幼儿生活活动教师指导用语的特点

教师在幼儿生活活动中的指导用语应该是幼儿能够接受、对幼儿生活习惯的培养起到积极作用、能对幼儿口头语言的发展起到潜移默化示范作用的语言，它应该具有以下特点。

1. 准确性

在幼儿生活活动中，教师指导用语的准确性包含语言表述的准确和指导内容的准确，这样的语言能让幼儿清楚自己在各个环节应该做什么。

（1）教师指导用语应该准确规范，给幼儿正确的示范。如"吃饭""穿鞋"不能说成"吃饭饭""穿鞋鞋"之类随意性的话语。

（2）教师指导语应该规范亲切，以鼓励为主。

如教师为了鼓励幼儿细嚼慢咽，不挑食，可以说："白白的米饭真香啊，它们很想跳到小朋友的嘴巴里，你赶快接住吧。"也可以说："大口大口吃，把自己碗里的饭菜吃完，老师相信你能做到的！"之类的话语，而不能说："快点吃，比赛看谁吃得快。吃慢了的不要妈妈来接他。"等催促、恐吓的话语。

2. 一致性

生活活动中教师指导用语的一致性，是指教师在指导同一生活环节时班级中几位教师的要求应该是一致的，对不同的幼儿在同一个环节的要求也是一致的。

在同一个生活环节，一个班的教师指导用语要一样，否则会使幼儿无所适从，感到焦虑。

81

教师语言技能

如小一班的喝水环节,上午当班的刘老师怕孩子们不会接水喝,就提醒幼儿:"不要到处乱走,等着老师来倒水喝!"而下午的王老师想锻炼幼儿的能力,她站在保温桶跟前,对幼儿说:"喝水时,一个跟着一个走,接好水后到旁边去喝。"这样,幼儿喝水的时候不知是该站着等还是走到保温桶前自己接水喝,使盥洗间变得乱糟糟的。

3. 针对性

生活活动中教师指导用语的针对性,是指教师根据不同的生活活动环节、不同年龄阶段、不同发展水平的幼儿运用不同的语言加以指导,即因材施教,使幼儿明确应该怎么做。

在生活活动中,教师的指导用语是整合多方面的因素,有针对性地选择适宜的语言对幼儿进行指导、帮助,促进每个幼儿在不同水平上有所发展,体验好的生活习惯带来的益处。

4. 随机性

与集体教育活动相比,幼儿生活活动氛围更宽松、自由,自主选择的空间更大,教师的指导语言随机性更强,更能体现遇物则诲的特点。

如午睡时间到了,孩子们都脱好衣服钻到被子里了,教师温柔地对孩子们说:"要把被子盖好,身体向右边侧着睡。"中途,教师走到还在翻来覆去玩的孩子床边,轻声但严肃地说:"快快闭上眼睛,睡好了不要动喔。"有孩子蒙头睡觉,小声提醒他:"蒙头睡觉对身体不好,我很喜欢看到你睡着的样子。"

5. 暗示性

相对于口头语言,态势语言更形象,更易被幼儿所接受。幼儿生活活动中最好的学习方法莫过于耳濡目染和言传身教,教师经常利用自己的态势语言对幼儿进行示范和指导,如生活活动中正确的洗手方法、穿衣脱裤、扣纽扣和系鞋带的方法等,都能发挥态势语言的暗示作用。

二、幼儿生活活动教师指导用语技巧

1. 适时介入指导,语言轻松诙谐

幼儿生活活动中处处都需要教师的指导,但教师的指导用语要讲究艺术,要给幼儿自主练习与思考的机会,在幼儿需要时适时指导。在指导语言的选择上应该与幼儿宽松、温馨、舒适的一日生活环境相适应,语言要充满生活化,尽量做到诙谐童趣、简洁明了、形式多样,让幼儿感到轻松、被感染、受带动。

如午睡时间到了,小二班的小朋友们来到寝室自己的小床边,在老师的指导下脱掉衣裤,准备进被子睡觉,老师问小朋友知不知道怎样盖好被子睡午觉,提议大家一起玩个"钻被窝"的游戏,请小朋友在老师的提示下做动作:"打开一扇门,坐下把脚伸,慢慢躺下来,被窝暖又亲。"孩子们跟着老师一起边念儿歌边做动作,一会儿全班幼儿都钻到被子里睡好了。

2. 针对不同群体，选择适宜的语言

（1）对低龄幼儿多使用饱含关爱的安抚性指导语。小班幼儿好奇心强、依赖性强、自理能力相对较差。他们对做事很感兴趣，但由于有意注意时间较短，很多活动都需要在成人的帮助下才能完成，在对小班幼儿进行生活指导时，教师的语速要慢、语音要轻柔，尽量用比较简短的生活化的语言指导幼儿，让他们听得懂、能接受、会操作。

（2）对活泼好动的幼儿多使用游戏性指导语。活泼好动的幼儿通常同时也具有攻击挑衅性，他们容易被新奇的事物吸引，如果教师能用轻松有趣的游戏语言对他们施加指导帮助，则会调动他们的主动思考、认真操作的潜在能动性，从而自觉地遵守生活活动的常规要求或自觉应对生活活动中的问题。

（3）对比较内向的幼儿多使用鼓励性指导语。内向的幼儿一般比较乖巧、胆小、做事拘谨、爱钻牛角尖，面对这样的群体，教师应投入更多的感情，学会理解他们，保护他们的自尊心。

（4）对比较自我的幼儿多使用协商性指导语。在对这个群体实施指导帮助时，教师一定要保持冷静，观察孩子的情绪变化，以协商性的语言对他们进行指导帮助。常用指导语中的关键词有"能不能""可不可以""是否愿意"等。

（5）对慢热型幼儿多使用提示性指导语。慢热型幼儿在理解他人和融入活动时会比较困难。引导这种类型的孩子需要教师具有较强的责任感和较好的耐心。在生活活动中，教师需要帮助他们集中注意力，提高他们的敏感性，增强对自己、对周围人与环境的关注。

想一想，试一试

收纳指导语："整理玩具"。

大三班区域活动后，多数孩子都在收拾整理物品。豆豆放下自己的操作材料，东摸摸、西看看，走到科学区旁看那里的小朋友收拾材料。

1. 活动目标
帮助孩子养成良好的收纳习惯。

2. 表达提示
多用提示性的指导语，帮助养成良好的收纳习惯。

3. 设计与表达
教师提醒他："豆豆，刚才你玩过的材料整理好了吗？"

豆豆看看老师，慢吞吞地走到他自己的操作材料旁，将材料拢在一起，又开始东张西望。

教师走近他说道："豆豆，你能说说这些操作材料怎样收拾整理才会显得更整齐吗？"

看到豆豆漫不经心的样子，教师又蹲下来对他说："我们一起来把材料摆放整齐好吗？"

在教师的一再提示和主动帮助下，豆豆开始动手和教师一起整理玩具了。

教师语言技能

4. 经验总结

面对慢热型幼儿，教师需要热情、耐心地引导幼儿逐步养成好习惯。

5. 保教知识

向幼儿讲解一些收纳玩具时的注意事项。

6. 教师指导用语评价

（1）教师设计的生活活动指导语是否科学、有效。

（2）幼儿是否愿意听从教师的指导。

幼儿生活活动指导用语考核标准

考核内容		考核点及评分要求	分值	扣分	得分	备注
评估 （13分）	教师	1. 精神状态良好	2			
		2. 着装宽松	2			
	环境	干净、整洁、安全、温湿度适宜	3			
	幼儿	愿意听从教师指导	3			
	物品	活动材料准备齐全	3			
计划 （5分）	预期 目标	1. 教师设计生活活动指导用语	3			
		2. 教师有效指导生活活动	2			
实施 （62分）	活动 准备	1. 检查教师的精神状态和着装	2			
		2. 环境和教具准备	3			
	活动 过程	1. 分析讨论生活活动情境案例	5			
		2. 教师设计生活活动指导语	5			
		3. 教师有效指导生活活动	10			
		4. 愿意听从教师指导	15			
		5. 养成生活好习惯	4			
		6. 教师进行教育分享	10			
	整理 记录	1. 整理记录生活指导语	3			
		2. 活动反思	5			
评价（20分）		1. 案例分析准确	5			
		2. 生活指导语设计科学有效	5			
		3. 生活指导语指导有效	5			
		4. 幼儿听从指导	5			
总分			100			

同步练习

一、选择题

1. 幼儿生活活动指导用语特点有准确性、一致性、针对性和（　　）。
   A. 随意性　　　B. 随机性　　　C. 随便性　　　D. 随时性
2. 对活泼好动的幼儿应多使用（　　）指导语。
   A. 游戏性　　　B. 鼓励性　　　C. 协调性　　　D. 抚慰性

二、判断题

1. 对比较散漫的幼儿多使用提示性指导语。（　　）
2. 对幼儿进行礼貌教育不仅是交往的需要，更是一种未来人格发展的需要。（　　）

三、简答题

针对不同群体幼儿，应选择哪些适宜的语言？

子任务一　入园指导语

微课：入园指导语

任务情境

每天早上都能看到一些新入园的小班幼儿拽着家长的手不肯放手，一边哭一边喊："我不上幼儿园。""我要回家！""我要妈妈！"面对新入园幼儿的入园焦虑，教师该怎么说和怎么做呢？

任务描述

掌握幼儿入园指导用语基本礼仪知识后，结合具体情况，能正确指导幼儿愉快入园。

任务实施

在入园活动中，教师要关注幼儿几个方面的情况：一是情绪是否良好；二是对熟悉的人（教师、同伴等）是否能打招呼；三是组织幼儿晨间活动，活动结束后是否能将玩过的物品放在指定的地方。从这几个方面可以渗透培养幼儿愉快生活、文明礼貌行为和物归原处的好习惯等。

一、安抚幼儿情绪

在入园环节中，幼儿情绪会随年龄的不同而变化，因为不同年龄段的幼儿，其年龄特点不同，心理发展水平不同，教师的指导用语的重点也应该不同。

1. 小班幼儿

特点：小班幼儿对上幼儿园还没有完全形成习惯，情绪不是很稳定。通常会因为

教师语言技能

分离焦虑、自理能力差或依赖任性不愿意上幼儿园。针对不同的情况，教师安抚幼儿的指导用语也会不同。

教师指导用语：

（1）针对分离焦虑的幼儿，老师用"早上好！（抱一抱、亲一亲宝贝）""宝宝别哭了，哭了可就不漂亮了！"等话语可以缓解幼儿的紧张情绪。

（2）针对自理能力弱的幼儿，老师用"不会穿衣服没关系，老师是你的好朋友，会帮助你的。""你今天的衣服穿得很整洁，老师特别喜欢！"等语言鼓励幼儿树立信心。

（3）针对依赖性较强的幼儿，老师用"宝宝能坚持上幼儿园，好棒啊！"还可以跟幼儿一起念儿歌："爸爸妈妈去上班，我上幼儿园，我不哭，也不闹，叫声老师好。"等及时赏识、肯定的话语增强幼儿的独立意识。

2. 中、大班幼儿

特点：中、大班幼儿常常会因为某些小事情影响入园情绪，如挑衣服、忘记完成任务、与同伴有摩擦等，表现为发脾气或哭闹。这时，教师要想办法安抚幼儿，让幼儿适度宣泄不良情绪，学会分享快乐。

教师指导用语：

（1）"宝贝怎么了？有什么不高兴的事跟老师说说，老师会帮助你的。"

（2）"早上好！我们一起来帮助花儿浇浇水，给鱼儿喂喂食吧！来晚了就少了和朋友一块玩、跟老师一起做游戏的时间啰。"

二、使用礼貌用语

对幼儿进行礼貌教育不仅是交往的需要，更是一种未来人格发展的需要。

作用：在入园环节中教师要主动使用礼貌用语，热情向孩子问好；要有意识地培养幼儿正确使用礼貌用语，激发幼儿主动和人打招呼的愿望。

教师指导用语：

（1）"早上好，宝贝！（给宝宝一个热情的拥抱。）你的嘴巴像吃了蜜一样甜，真是个有礼貌的好宝宝。"

（2）"你听到了吗？红红是怎样有礼貌地和老师、同伴打招呼的？你也试一试好吗？"

三、晨间观察活动

方法：除晨间体育活动外，晨间观察活动可以安排幼儿三三两两地给动物喂食、做观察记录，还可以组织孩子做值日生工作等。在不同的场景中教师的指导用语也不同。

教师指导用语：

（1）"小金鱼游得很开心吧，你们可以用哪些词语说出小金鱼开心的样子呢？"

（2）"对你们今天的观察记录满意吗？能说说你今天的记录与上次的记录相比好在哪里吗？"

想一想，试一试

（1）情境：晨间接待是迎接孩子们开始幼儿园生活的第一个环节。"老师好！"未见其人，先闻其声，孩子们清脆的问候声荡漾在香甜的空气中。

（2）教师可以这样说：

"文慧你好！今天自己走进幼儿园，没让妈妈抱，你真棒！"老师的回应更让孩子雀跃不已："妈妈再见！我自己去玩了！"

"瑞瑞去理发了？真精神！以后就要这样，经常去理发哟！"

"小明，今天在家吃早饭了吗？让老师摸摸小肚子，猜猜里面装了些什么。"老师弯下腰，假装摸着小明的肚子，轻轻地在小明耳边说："以后每天都要吃得饱饱的哦。"

（3）总结：一声声热情的问候与赞美，透出的却是教师对孩子深切的关怀。文慧每次都让妈妈抱着来园，教师的表扬是对文慧的一种肯定和鼓励，让她知道要学会独自进园；瑞瑞怕理发，每次都要在父母的强制下才肯理发，老师的话是对瑞瑞的正面要求；小明经常不吃早饭，摸摸小肚子，这是教师和小明的约定，也是鼓励小明每天在家吃早饭的妙招……

（4）反思：教师在晨间接待中看似随意的一句话，却凝聚着无限的教育智慧，饱含着教师对孩子细致入微的关爱。教师只有做个"有心人"，在平时多观察幼儿的表现，多与家长交流，了解幼儿的特点，做到心中有数，才能利用晨间接待有的放矢地给每个幼儿以不同肯定与赞美，促进幼儿持续地发展与进步。同时，也能借机与家长沟通交流，了解幼儿情况，增进感情，形成朋友式的融洽关系，有利于工作的顺利开展。

知识拓展

新生入园攻略——语言表达准备篇

一、需求表达常演练

为了能让孩子尽快适应幼儿园的集体生活，能够表达自己的想法和需求，家长朋友们可以多和孩子在生活中进行"演练"。

1. 老师，我要尿尿（拉粑粑）

刚入园，尿裤子是常见的现象，多数是因为不习惯这个陌生的集体环境，有了尿意，却不敢跟老师说，憋不住就尿了裤子。所以，在入园前，我们要告诉孩子：想尿尿的时候，不要憋着，要勇敢地跟老师说。初入幼儿园，老师都会帮助小朋友如厕的。

教师语言技能

读书笔记

2. 老师，我裤子湿了，请帮我换条裤子

孩子尿裤子，还可能是因为玩得入神，或者午睡时睡得太沉，也就是说，孩子在尿尿之前，并没有办法提前告诉老师。遇到类似的情况其实是很正常的，孩子在家也会常有发生。有些家长，可能会因此而指责孩子，会说"又尿裤子了""这么大了还尿裤子"之类的话。这样的话，会让孩子觉得尿裤子是一件很丢脸的事情，到了幼儿园后，如果不经意尿裤子了，他也很可能不敢告诉老师，最后孩子穿着湿漉漉的裤子，有些甚至着凉生病。所以，家长们平时在孩子尿裤子之后，不要批评孩子，而是要及时提供帮助，并想办法减少孩子尿裤子的次数。例如，午睡前先尿尿再上床，玩的时候不要憋尿。在孩子入园前，要告诉孩子：尿湿裤子，一定要及时告诉老师，请老师帮忙换掉湿的裤子。

3. 老师，我不舒服

一般情况下，孩子如果不舒服，家长在送孩子去幼儿园的时候，都会跟老师说。这样，老师可以对孩子多加照顾。但如果孩子在幼儿园才出现身体不舒服的症状呢？如一些突发情况，如果老师没有及时发现，就可能会让病情延误。所以，我们还要告诉孩子，如果身体不舒服了，如头疼、头晕、肚子疼、吃不下饭等，一定要及时跟老师说，这样老师才能更好地照顾他，及时带孩子去保健室检查或联系家长。

4. 老师，我少吃一点/还想再要一点

为了培养孩子不浪费粮食的习惯，幼儿园的老师一般会鼓励孩子将盘子里的饭菜都吃完。这个时候，如果孩子已经积食，吃不了多少饭菜，那么一定要跟老师说："老师，我现在不饿，请给我少盛点饭菜。"相应地，如果孩子饭量大，一小碗饭菜吃不饱，那么要勇敢地跟老师说"我还想再要一点。"

5. 老师，我受伤了/我这儿疼/我流血了

在幼儿园，孩子摔倒、磕伤也常有发生。如果孩子磕破了膝盖，蹭破了皮，老师没有发现呢？为了让孩子的伤口能够得到及时处理，我们还要给孩子说，第一时间跟老师报告伤情："老师，我受伤了。"

二、需求表达训练方法

1. 借助绘本角色扮演

借助绘本形象生动的特点，让孩子更加切实地理解表达自我需求的重要性，知道怎么去表达自己的想法和需求。家长可以在家带着孩子一起阅读，可以根据绘本的情节进行角色扮演小游戏。

2. 日常生活中自然而然的提醒

在平时的生活中，家长一定要懂得倾听孩子，鼓励孩子用语言表达自己的需求，即使自己知道孩子要什么，也要鼓励他们自己说出来。

同时，根据孩子的能力因势利导，引导孩子从单词句阶段逐渐到能说一句话，引导孩子使用一些常见的礼貌用语，另外，还要培养孩子胆量，在安全可控的情况下，尝试与身边认识的人、信赖的人交流。

考核评价

入园指导用语考核标准

考核内容		考核点及评分要求	分值	扣分	得分	备注
评估 (13分)	教师	1. 精神状态良好，主动沟通能力强	2			
		2. 着装宽松	2			
	环境	干净、整洁、安全、温湿度适宜	3			
	幼儿	愿意听从教师指导	3			
	物品	活动材料准备齐全	3			
计划 (5分)	预期 目标	1. 教师对幼儿进行入园指导	3			
		2. 幼儿愿意听从教师指导	2			
实施 (62分)	活动 准备	1. 检查教师的精神状态和着装	2			
		2. 环境和教具准备	3			
	活动 过程	1. 教师准确判断幼儿入园状态	5			
		2. 教师设计指导用语	5			
		3. 教师对幼儿进行入园指导	10			
		4. 幼儿愿意听从教师指导	15			
		5. 幼儿养成良好的入园习惯	10			
		6. 教师进行入园指导效果分享	4			
	整理 记录	1. 整理记录入园指导案例	3			
		2. 活动反思	5			
评价 (20分)		1. 教师观察评判幼儿准确	5			
		2. 教师指导语亲切、自然	5			
		3. 与幼儿沟通顺畅	5			
		4. 幼儿愿意听从教师指导	5			
总分			100			

同步练习

一、选择题

1. 入园活动中，教师要关注幼儿三个方面的情况：一是情绪是否良好；二是熟悉的人是否能打招呼；三是（　　）。

　　A. 安排早饭　　　　　　　　B. 进行晨检

　　C. 与他聊天　　　　　　　　D. 组织幼儿晨间活动

2. 早晨接待幼儿时，应该使用（　　）。

　　A. 正式话语　　B. 礼貌用语　　C. 严肃语言　　D. 规范话语

二、判断题

1. 在入园环节中教师不用主动使用礼貌用语，热情向孩子问好，而要有意识地培养幼儿正确使用礼貌用语。　　　　　　　　　　　　　　　（　　）

2. 当幼儿因为某些小事影响入园情绪时，教师要想办法安抚幼儿，让幼儿适度宣泄不良情绪，学会分享快乐。　　　　　　　　　　　　　　（　　）

三、简答题

应该从哪几个方面渗透培养幼儿良好的入园习惯？

子任务二 盥洗指导语

任务情境

讲卫生、戴口罩、勤洗手是阻隔病毒的重要途径，那么教师该如何使用指导语教会幼儿洗手，让其养成讲卫生的好习惯呢？

任务描述

掌握幼儿入园盥洗正确指导语，促使幼儿养成良好盥洗习惯。

任务实施

知识学习

幼儿在园的盥洗活动主要包括洗手、漱口、洗脸、梳头四个环节。在这里主要介绍洗手和漱口。

一、洗手

（一）洗手的定义

洗手是幼儿一日生活中进行得最频繁的一项活动。

（二）教会幼儿洗手的指导语

1. 讲解的语言

对于年龄较小的幼儿适用。孩子年龄小，还不太会使用"七步洗手法"，不会有序洗手，这就需要教师边示范边讲解，让幼儿学习、了解，并内化为自觉的行为。

建议教师指导用语：

（边示范七步洗手法，边讲解）"跟老师一起来洗手，先洗手心、手背指缝，两手手指交叉洗，再洗手背、手指头和大拇指，最后洗手腕，小手洗干净了！"

2. 提醒的语言

对于年龄稍大些的孩子，他们基本了解洗手的步骤，但还没有形成良好的习惯，这就需要教师的及时提醒。

建议教师指导用语：

"谁能说说什么时候应该洗手啊？"

"洗手前要做一件什么事儿？"

"正确的洗手方法是怎样的？"

3. 督促的语言

对于年龄更大些的孩子，他们已经掌握了洗手的过程和方法，但由于不够认真，需要教师不时进行督促，使幼儿能按正确的方法和步骤把手洗干净。

建议教师指导用语：

"请小朋友节约用水，洗完手后关好水龙头。"
"肥皂能帮助我们把手洗得更干净，要节约和爱惜。"
"请用自己的毛巾，把手擦干净。"
"当心地上湿，不要让地板流泪哦。"

4. 关爱的语言

无论什么样的孩子，关爱的语言往往能引起他们的共鸣，使他们更愿意按要求用正确的方法洗手，洗干净手。

建议教师指导用语：

"宝贝，袖子打湿了会感冒的，生病了老师好心疼哦。"
"让我看看你的小手洗干净了吗？真干净！"（摸摸孩子的手）

5. 赞扬的语言

赞扬会让幼儿建立自信，体会成功的喜悦，也会让他们越做越好。赞扬让不会洗手的孩子变得会洗手，让会洗手的孩子洗得更干净。

建议教师指导用语：

"这么讲卫生，真是个好孩子。"
"你的小手洗得真干净，让我闻闻，好香啊！"
"请你当小老师，教教不会洗手的小朋友，好吗？"

二、漱口

漱口活动在幼儿每餐餐点后进行，一般每天要进行三次左右。

1. 小班

建议教师指导用语：

"把口漱干净，我们的牙齿宝宝就会特别舒服的。"
"漱口水在嘴巴里多咕噜几下再吐出来，要有四次哟。"
"口杯放到自己的地方，别放错了。"

2. 中、大班

建议教师指导用语：

"人多时要耐心等待，相互谦让、不拥挤。"
"漱口水含在嘴里要漱四下后吐出来，不能吞到肚子里。"
"你的牙齿好白呀，它在笑呢。"

想一想，试一试

盥洗指导语：我会洗手啦！

户外活动后，孩子们像往常一样，分组到盥洗室洗手。教师发现嘟嘟洗着洗着玩起了水，只见他把水龙头开到最大，并用两只手捂住出水口，不一会他的身上、地上还有墙上都打湿了一大片。

1. 活动目标

帮助孩子养成良好的盥洗习惯。

2. 表达提示

多用包容的心态，将盥洗知识融入集体教育中，增加幼儿个人荣誉感，帮助养成良好的盥洗习惯。

3. 设计与表达

（1）教师用包容的心态提醒他："嘟嘟，你很喜欢玩水啊。但是我们是因为手脏了需要洗干净才来的盥洗室，你可别忘了啊！"

（2）教师注意对嘟嘟的教育要融入集体教育，引导嘟嘟形成主人翁意识。"嘟嘟都是大班的孩子了，应该能够自己把手洗干净并且不打湿衣袖，同时，还要注意不弄湿同伴的衣服，对吧？另外，地上和墙上也要保持干燥才对啊！"

（3）教师要及时表达嘟嘟的进步。"嘟嘟这次手洗得真干净，袖子也没有打湿，老师奖励你一个漂亮的小星星，下次也要这样哟！要是你能一直保持，老师就请你当小值日生，评比出洗手最认真的小朋友！"

4. 总结

幼儿良好盥洗习惯的培养需要教师在一日常规中做有心人，既要面向全体幼儿，又要关注个别幼儿。教师尝试运用"容融荣"三步指导策略，因材施教，帮助孩子改变、进步，促进幼儿身心健康发展。

让幼儿爱上晚间盥洗

幼儿晚间盥洗内容包括刷牙和洗脸、洗脚、洗屁股或洗澡。从小让孩子坚持每晚盥洗后再睡觉不仅能保持孩子身体洁净，促进血液循环，提升睡眠质量，还能增强孩子的自我服务能力，从而养成晚间自觉盥洗的良好的卫生习惯，有利于孩子的身心健康并使其终身受益。

盥洗指导用语考核标准

考核内容		考核点及评分要求	分值	扣分	得分	备注
评估 (13分)	教师	1. 精神状态良好，主动沟通能力强	2			
		2. 着装宽松	2			
	环境	干净、整洁、安全、温湿度适宜	3			
	幼儿	愿意听从教师指导	3			
	物品	活动材料准备齐全	3			

续表

考核内容		考核点及评分要求	分值	扣分	得分	备注
计划 (5分)	预期 目标	1. 教师对幼儿进行盥洗指导	3			
		2. 幼儿愿意听从教师指导	2			
实施 (62分)	活动 准备	1. 检查教师的精神状态和着装	2			
		2. 环境和教具准备	3			
	活动 过程	1. 教师准确判断幼儿状态	5			
		2. 教师设计盥洗指导用语	5			
		3. 教师对幼儿进行盥洗指导	10			
		4. 幼儿愿意听从教师指导	15			
		5. 幼儿养成良好的盥洗习惯	10			
		6. 教师进行盥洗指导效果分享	4			
	整理 记录	1. 整理记录盥洗指导案例	3			
		2. 活动反思	5			
评价(20分)		1. 教师观察评判幼儿准确	5			
		2. 教师指导语亲切、自然	5			
		3. 与幼儿沟通顺畅	5			
		4. 幼儿愿意听从教师指导	5			
总分			100			

同步练习

一、选择题

1. 根据幼儿发展的不同水平，洗手的指导语主要分为讲解语、（ ）、督促语、关爱语。

    A. 批评语　　　　B. 提醒语　　　　C. 指责语　　　　D. 催促语

2. 盥洗活动主要包括洗手、洗脸、（ ）和梳头四个环节。

    A. 洗澡　　　　B. 洗碗　　　　C. 漱口　　　　D. 洗衣

二、判断题

1. 养成用肥皂洗手的良好习惯是帮助孩子远离细菌、预防腹泻和肺炎的最为经济高效的方法之一。（ ）

2. 所有的幼儿都会主动洗手。（ ）

三、简答题

根据幼儿发展的不同水平，洗手的指导语主要可分为哪几种语言？

子任务三　进餐指导语

任务情境

午餐时间，东东和源源两位小朋友快速地吃饭，因为他们想玩"飞行棋"。东东连最喜欢的红烧肉都顾不上吃了，源源吃得差点被噎住。教师该如何指导孩子们健康饮食呢？

任务描述

掌握幼儿入园进餐正确指导语，促使幼儿养成良好的进餐习惯。

任务实施

知识学习

幼儿园的进餐活动包括进餐前心理准备、餐前盥洗，进餐中幼儿技能的掌握、习惯的养成，进餐后的整理、盥洗等。

一、进餐前

1. 方法

教师要安抚幼儿情绪，营造宽松温馨的进餐氛围，为愉快进餐做好心理准备。帮助幼儿有序做好餐前如厕、洗手活动，指导幼儿参与摆放餐具。饭菜来后，用形象有趣的语言向幼儿介绍饭菜营养，激发幼儿进餐欲望。

微课：进餐指导语

2. 教师指导用语

"小手洗干净了，我们可以吃饭啰。"

"桌上的餐具摆放得太整齐了，真不错！"

"今天的饭菜可好吃了，真香啊！"

二、进餐中

1. 方法

（1）培养进餐习惯。良好进餐习惯的培养不是一朝一夕能完成的，需要每天的督促和提醒。而幼儿一旦养成了良好的进餐习惯，他们会一辈子受益。

教师指导用语：

"吃饭时要安静才有助于消化喔。"

"吃饭讲话、说笑，容易呛到气管里，很危险的。"

"一口饭一口菜,吃得就是香。"

(2) 练习进餐技能。幼儿已具有初步的手眼协调能力,教师要运用短小有趣的儿歌和形象化的语言引导幼儿不断地习得进餐技能。

教师指导用语:

"要一手扶碗,一手拿勺,一口一口舀着吃。"

"吃饭时嘴巴靠近饭碗,慢慢把饭菜送到嘴里,这样才不会撒饭。(边念儿歌边练习)右手拿勺,左手扶碗,身体坐直,两腿并拢,一口饭,一口菜,宝宝吃得好,干净又安静。"

(3) 改正进餐陋习。幼儿进餐时存在一些问题,如偏食、挑食,吃饭太快或太慢等,这需要教师有针对性地指导,使幼儿克服问题,养成良好的进餐习惯。

教师指导用语:

"什么都吃,身体才能健康!我看到了,你今天吃了好多青菜呢。"

"你能自己主动吃青菜,真棒!"

"吃饭的时候不要太快,要多嚼一嚼,吞下去,小肚子才会舒服呢!"

2. 注意事项

(1) 关注肥胖儿、瘦弱儿及个别吞咽有困难的幼儿,并及时给予指导和帮助;以亲切的口吻帮助吃饭慢、胃口不好、身体不适等幼儿吃饱吃好;纠正个别幼儿吃饭的不良习惯。

(2) 教师要帮助幼儿取饭,提醒幼儿端平、慢走,轻拿轻放。鼓励幼儿干稀搭配吃完属于自己的那份饭菜,不挑食、不剩饭、不暴饮暴食,养成细嚼慢咽、吃饭安静等良好习惯。引导幼儿将垃圾入盘,不乱扔。

三、进餐后

1. 方法

(1) 培养独立收餐具的习惯。餐后自己清理桌面,把骨头、菜渣倒入垃圾桶,用抹布抹自己的桌面。将盘子、碗、勺子等主动送到指定的地方。

教师指导用语:

饭菜汤,吃光光,骨头残渣盘里放。先选碗,再放勺,小椅子放放好。

(2) 做好个人卫生清洁。餐后主动洗手、擦嘴,喝温水或漱口水清洁口腔。早餐后,幼如厕、洗手,进入区域活动。午餐后教师带幼儿饭后散步,不做剧烈活动。

教师指导用语:

擦嘴漱口别忘掉,自主游戏我最棒。

2. 注意事项

个别没吃完饭的幼儿，保育教师继续照顾进餐，不可催促幼儿。

想一想，试一试

进餐指导语：我会好好吃饭。

进餐时，每个班总有几个孩子边吃边玩、东张西望、挑挑拣拣，不能保持地面整洁。

1. 活动目标

帮助孩子养成良好的进餐习惯。

2. 表达提示

《3—6岁儿童学习与发展指南》中提出："要用积极欣赏的眼光去看待孩子"，多用榜样示范法指导幼儿积极进餐。

3. 设计与表达

幼儿在进餐时有了进步，教师就要积极地进行鼓励，如希希今天吃饭可认真了，米饭和青菜都吃得干干净净，教师都发现你又长高了一点点呢！

如果有的幼儿吃饭时在桌面、地面、身体上掉一些食物残渣，本着给幼儿创设宽松的进餐环境的原则，教师尽量不去打扰幼儿，而是轻轻地把它们捡起来，让幼儿看到，知道要向教师这样做，起到榜样示范的作用。

4. 总结

即使是幼儿取得的一点点进步，教师也要及时发现、及时给予肯定，这样幼儿才会有自信心，才会相信自己下次能做得更好。

幼儿进餐小儿歌

（1）小勺小碗——小勺小碗，一对伙伴，拿紧小勺，扶好小碗。
（2）不掉饭——低下头，接住碗，饭菜送到嘴里边。
（3）嚼嚼咽咽——小牙齿，真能干，细细嚼，慢慢咽。

进餐指导用语考核标准

考核内容		考核点及评分要求	分值	扣分	得分	备注
评估 （13分）	教师	1. 精神状态良好，主动沟通能力强	2			
		2. 着装宽松	2			
	环境	干净、整洁、安全、温湿度适宜	3			
	幼儿	愿意听从教师指导	3			
	物品	活动材料准备齐全	3			
计划 （5分）	预期 目标	1. 教师对幼儿进行进餐指导	3			
		2. 幼儿愿意听从教师指导	2			

项目三 不同工作场景用语技能

续表

考核内容		考核点及评分要求	分值	扣分	得分	备注
实施 （62分）	活动 准备	1. 检查教师的精神状态和着装	2			
		2. 环境和教具准备	3			
	活动 过程	1. 教师准确判断幼儿状态	5			
		2. 教师设计进餐指导用语	5			
		3. 教师对幼儿进行进餐指导	10			
		4. 幼儿愿意听从教师指导	15			
		5. 幼儿养成良好的进餐习惯	10			
		6. 教师进行进餐指导效果分享	4			
	整理 记录	1. 整理记录进餐指导案例	3			
		2. 活动反思	5			
评价（20分）		1. 教师观察评判幼儿准确	5			
		2. 教师指导语亲切、自然	5			
		3. 与幼儿沟通顺畅	5			
		4. 幼儿愿意听从教师指导	5			
总分			100			

同步练习

一、选择题

1. 幼儿园的进餐活动包括进餐前、进餐中和（　　）。
   A. 漱口　　　　B. 洗手　　　　C. 进餐后　　　　D. 吃水果

2. 进餐后，教师要有计划地组织幼儿餐后散步、（　　）、自主游戏等安静活动。
   A. 运动　　　　B. 户外观察　　　C. 做操　　　　D. 跳舞

二、判断题

1. 饭菜来后，教师要用形象有趣的语言向幼儿介绍饭菜营养，激发幼儿进餐欲望。（　　）

2. 幼儿进餐时存在一些问题，如偏食、挑食、吃饭太快或太慢等，教师没必要对他们进行专门纠正，长大自然就好了。（　　）

三、简答题

幼儿进餐的基本要求包括哪些？

子任务四　喝水指导语

任务情境

早晨，苗苗奶奶站在教室门口眉头紧皱地说："老师，最近苗苗小便特别黄，她说在幼儿园没喝水。孩子不喝水怎么行呢？"面对家长的质疑，教师该如何做好解释工作，并且指导孩子们养成喝水的好习惯呢？

97

教师语言技能

任务描述

掌握幼儿入园喝水正确指导语，促使幼儿养成良好的喝水习惯。

任务实施

知识学习

幼儿在园是否能主动喝水、每天的喝水量是否适宜，都会直接影响到他们身体的正常发育和健康成长。如何用语言正确引导幼儿积极主动地饮水及饮用适量的水？

教师进行指导时，要根据不同年龄段幼儿不同层次的发展水平和个体差异，或细致周到地帮助、吸引幼儿，或充分发挥幼儿自主性、主动性，指导幼儿实现喝水环节中的自主管理，逐步提升幼儿主动喝水的意识与能力。

一、小班幼儿

1. 方法

教师要为幼儿准备温度适宜（30 ℃左右）的白开水，组织幼儿轮流喝水，提醒幼儿有序、独立接水喝。指导幼儿握好杯把，端稳口杯，一口一口慢慢喝，不把水洒到衣服或地面上。随时提醒幼儿安静喝水，纠正不良饮水习惯。

鼓励幼儿喝完杯中的水，将口杯放到固定位置。特殊情况时要给予个别照料，提醒幼儿适当增加喝水量。

2. 教师指导用语

"要喝水啦，宝宝们跟老师一起来吧。"

"宝宝在接水的时候口杯要放在水龙头下面，眼睛看着口杯，接半杯水。"

"喝水时要慢慢地，不要洒到身上和地上哦。"

"你今天喝了好多水呢，身体棒棒的！"

微课：喝水指导语

二、中、大班幼儿

1. 方法

教师要提醒幼儿用正确的方法端取口杯，接适量的水。帮助幼儿了解喝水与身体健康之间的关系，学习根据身体需要及时调整自己的喝水量。饭前半小时之内不要喝水；运动后休息一会儿再喝水等。

提醒幼儿喝完杯中的水后，将口杯轻轻地放到固定位置。引导幼儿讨论、制定喝水规则，使幼儿愿意遵守喝水规则。

2. 教师指导用语

"小朋友喝水的时候很安静，把杯里的水都喝完了。"

"注意饭前不要喝水哟。"

"今天带药来了的孩子要多喝水，喝完半杯后再接一点儿，病会好得更快一些！"

项目 三 | 不同工作场景用语技能

想一想，试一试

喝水指导语：咕咚咕咚喝水啦。

幼儿喝水的过程中，有很多隐形的安全问题需要注意，教师该如何对幼儿进行喝水礼仪教育呢？

1. **活动目标**

帮助孩子养成良好的科学喝水的习惯。

2. **表达提示**

督促幼儿科学喝水是幼儿园一日生活中的重要环节。

3. **设计与表达**

喝水前：请小朋友念诵儿歌《小水杯》："小水杯，手中拿，咕咚咕咚喝水啦，每天多喝白开水，不爱生病笑哈哈。"并沿礼仪之路排队取水杯。

喝水时：请小朋友安静喝水。

喝水后：请喝完水的小朋友沿礼仪之路排队送回小水杯，并说：谢谢小水杯。

4. **总结**

《3—6岁儿童学习与发展指南》中明确指出：3—4岁幼儿愿意饮用白开水；4—5岁幼儿常喝白开水；5—6岁幼儿主动饮用白开水。由此可见，培养幼儿养成自觉自愿喝水习惯需要教师细心观察、耐心教育。

知识拓展

生命奥秘——生病的时候为什么要喝水？

人在生病的时候，特别是发烧时，常常感到口渴，需要多喝水。这是因为发烧时，身体表面水分蒸发得比较快，造成体内缺水。因此，多喝水可以及时补充体内丢失的水分，多喝水可以多出汗、多排尿，可以降体温，排出身体内的病毒。所以，病人需要多喝水。

考核评价

喝水指导用语考核标准

考核内容		考核点及评分要求	分值	扣分	得分	备注
评估 (13分)	教师	1. 精神状态良好，主动沟通能力强	2			
		2. 着装宽松	2			
	环境	干净、整洁、安全、温湿度适宜	3			
	幼儿	愿意听从教师指导	3			
	物品	活动材料准备齐全	3			
计划 (5分)	预期 目标	1. 教师对幼儿进行进餐指导	3			
		2. 幼儿愿意听从教师指导	2			

读书笔记

教师语言技能

读书笔记

续表

考核内容		考核点及评分要求	分值	扣分	得分	备注
实施（62分）	活动准备	1. 检查教师的精神状态和着装	2			
		2. 环境和教具准备	3			
	活动过程	1. 教师准确判断幼儿状态	5			
		2. 教师设计喝水指导用语	5			
		3. 教师对幼儿进行喝水指导	10			
		4. 幼儿愿意听从教师指导	15			
		5. 幼儿养成良好的喝水习惯	10			
		6. 教师进行喝水指导效果分享	4			
	整理记录	1. 整理记录喝水指导案例	3			
		2. 活动反思	5			
评价（20分）		1. 教师观察评判幼儿准确	5			
		2. 教师指导语亲切、自然	5			
		3. 与幼儿沟通顺畅	5			
		4. 幼儿愿意听从教师指导	5			
总分			100			

同步练习

一、选择题

1. 教师要为幼儿准备温度适宜（　　）℃的白开水，提醒幼儿有序、独立接水喝。

　　A. 40　　　　　　B. 50　　　　　　C. 20　　　　　　D. 30

2. 饭前（　　）之内不要喝水；运动后休息一会儿再喝水等。

　　A. 30分钟　　　　B. 1小时　　　　C. 10分钟　　　　D. 20分钟

二、判断题

1. 在喝水环节中，教师要观察幼儿的饮水量，保证幼儿每日喝足够量的水，逐步养成有序、主动喝水的习惯；还要关注幼儿是否及时关紧水龙头，节约用水。（　　）

2. 人发热时，由于呼吸加快，皮肤水分蒸发加快，排汗增多，使体内水分大量失去，因此需要更多的水分。（　　）

三、实践题

尝试教幼儿一则喝水歌。

儿歌：喝水歌

杯子说："装水，装水，妈妈渴了要喝水。"

奶瓶说："装水，装水，弟弟哭了要喝水。"

茶壶说："装水，装水，爷爷咳嗽要喝水。"

我说："装水，装水，大家天天要喝水。"

项目 三 | 不同工作场景用语技能

子任务五　如厕指导语

任务情境

起床后，毛毛小便完又想去："老师，我想尿尿。"老师问："毛毛，你是不是想拉臭臭啊？"毛毛吞吞吐吐说不出话。老师不放心，领着毛毛来到厕所，毛毛既没小便也没大便。离园时，与毛毛妈妈交流得知，毛毛在幼儿园不敢大便，所以一直憋着。面对这类幼儿，教师该如何使用指导语，鼓励和帮助幼儿顺利如厕呢？

任务描述

掌握幼儿入园如厕正确指导语，促使幼儿养成良好如厕的习惯。

任务实施

微课：如厕指导语

知识学习

我们将幼儿园阶段的如厕教育定位于"轻松"如厕，并从幼儿身体健康及身心和谐发展的角度来审视其中的教育价值：满足正常的生理排泄需要；学习并掌握如厕的基本技能；初步建立一系列关于如厕的健康行为方式，养成良好的排泄习惯，为其人格的发展确立一个牢固的支点。

不同年龄段如厕教育的重点也各不相同。

一、小班幼儿

1. 现象

小班幼儿如厕时尿湿裤子是最常见的现象了，针对此情况，教师首先分析幼儿尿湿裤子的原因，再根据原因寻找科学合理的指导。

2. 方法

（1）故事引导法。由于幼儿紧张、害怕不敢说而造成的尿裤子，教师可轻拍幼儿，用温和的语言安抚幼儿："宝贝，别害怕，以后有便便了就要大声告诉老师'老师，我想小便（大便）'。"教师可面向全体幼儿讲述故事"小猪拉臭臭"，告知幼儿有便意了要及时告诉老师，对能主动说出自己想法的幼儿，教师给以拥抱、亲吻等奖励。

（2）实地参观法。幼儿习惯了家里的如厕方式，或家中是马桶，幼儿园是蹲厕，幼儿因未适应幼儿园的如厕方式和器具而拒绝如厕。针对这些情况，教师应带领幼儿参观温馨的厕所："宝宝厕所真可爱，墙上贴有各种小动物，厕所干净、明亮，小宝宝如厕时还有扶手呢，卡通洗手池也等着小朋友去洗手，以后小朋友有便便了就到可爱的厕所中来哟！"教师带领幼儿观察便池的外形，了解用途，"便池真干净，男孩、女孩的便池是不一样的，就连厕纸也有自己的家呢，厕纸可以让宝宝大小便后擦干净小屁股。"通过教师的讲解，消除幼儿的紧张感。

（3）科学讲解法。由于幼儿对当前的活动过于专注而忘记了自身的生理需求，作

读书笔记

101

教师语言技能

为教师要多关注这些幼儿，可提前提醒幼儿如厕，当幼儿因专注活动尿湿裤子后，教师在安抚幼儿给其更换裤子的同时还要对幼儿提出要求："要小便了要及时去厕所，因为憋尿对身体不好，尿湿裤子了也很容易生病哟"。教师可将尿的形成及排出制成简单的视频，配上一个小故事，使幼儿明白憋尿的害处，从而逐渐养成按时排便的好习惯。

（4）趣味辅助法。针对有些幼儿，由于家庭教养方式不当，如家长把便，忽略了幼儿蹲便或坐便能力的锻炼，脱裤子、提裤子和擦屁股一律包办，导致幼儿独立生活能力差，出现不会自己脱裤子、如厕能力欠缺、经常尿湿裤子等情况。针对这些现象，教师可提醒幼儿多看看厕所中张贴的"幼儿如厕步骤图"，采用儿歌、故事等形式，教给幼儿正确的脱、提裤子的方法，"宝贝，我们一起看看如厕步骤图，了解一下如厕的步骤，然后跟着老师一起念首《如厕歌》吧！'站在便池前，两腿分开站站稳，两手抓裤腰，脱到膝盖处，慢慢蹲下来，双手抓栏杆，便后轻轻擦屁股，两手抓裤腰，用力向上提，内裤不再湿，宝宝舒服了'。"教师用语言引导、用动作教授，逐步让幼儿学会穿脱裤子，并采用家园合作的方式，让幼儿不再因能力弱而尿裤子。

二、中、大班幼儿

中、大班幼儿如厕方法有以下两种。

1. 儿歌提示法

如厕后，有的幼儿没擦干净屁股就提起裤子；有的幼儿内衣随意塞几下，衣裤也没有整理就跑出了厕所。对此类幼儿，教师可提醒幼儿温习《便后整理歌》："上完厕所不着急，擦净屁股提好裤，小内裤先提起，一层一层往上提，裤缝对准小肚脐，裤子整齐真舒服。"在教师的温馨提示下，幼儿会逐渐养成整理衣裤的好习惯。

2. 规则制定法

有些幼儿如厕时争抢厕位，有些幼儿一边排便一边和同伴聊天、嬉笑，有时还会发生冲突，这些行为降低了对如厕这种常规行为的专注程度，也会带来一定的安全隐患，此时，教师可引导幼儿讨论："在厕所里拥挤打闹、争抢厕位、从台阶上跳上跳下会有什么危险？"幼儿自由表述后，教师可引导幼儿探讨文明如厕的安全规则，"厕所里有哪些文明的表现，要遵守哪些安全规则呢？大家说一说，一会把规则画下来贴在厕所里"。教师还可创编《如厕文明歌》——"进厕所，讲文明，不推不挤不打闹。排好队，守秩序，文明如厕人人夸。"

想一想，试一试

如厕指导语：如厕我能行。

有的幼儿不敢在幼儿园上厕所，作为教师，该如何指导幼儿顺利如厕呢？

1. 活动目标

帮助孩子养成良好的学习与掌握基本的生活自理能力。

2. 表达提示

提醒幼儿定时排便，便后冲水；鼓励幼儿大胆在园如厕。

3. 设计与表达

（1）引导幼儿熟悉厕所环境，从心理上慢慢接纳幼儿园的厕所。

（2）带领幼儿认识男女生厕所标志，引导幼儿总结并学习便池使用方法，方便幼儿轻松如厕。教师对幼儿的学习效果进行表扬。

（3）带领幼儿开展"屁屁大挑战"游戏，运用道具"气球"，教会幼儿擦屁股的方法。教师对幼儿游戏开展情况进行总结、表扬。

（4）与幼儿一起讨论"怎样穿裤子"。教师对幼儿能力的提升进行鼓励。

4. 总结

因为幼儿生理发育还不够完善，有紧张情绪在所难免，教师一定要有耐心，做好关心工作。言语上一定要多对幼儿给予理解和安慰，鼓励幼儿大胆表达自己的想法，不再对在园如厕感到害怕。

幼儿如厕常规

（1）知道大小便去厕所，不随地大小便，不把大小便排在池外，能分清男女厕所。

（2）有大小便要求需及时告诉老师，逐渐学会自理大小便，学习自己擦屁股，自己提裤子。

（3）幼儿如厕一定要注意安全，小心上下台阶，小心滑倒。

（4）不在厕所逗留、玩耍、打闹。

如厕指导用语考核标准

考核内容		考核点及评分要求	分值	扣分	得分	备注
评估 （13分）	教师	1. 精神状态良好，主动沟通能力强	2			
		2. 着装宽松	2			
	环境	干净、整洁、安全、温湿度适宜	3			
	幼儿	愿意听从教师指导	3			
	物品	活动材料准备齐全	3			
计划 （5分）	预期 目标	1. 教师对幼儿进行如厕指导	3			
		2. 幼儿愿意听从教师指导	2			
实施 （62分）	活动 准备	1. 检查教师的精神状态和着装	2			
		2. 环境和教具准备	3			
	活动 过程	1. 教师准确判断幼儿状态	5			
		2. 教师设计如厕指导用语	5			
		3. 教师对幼儿进行如厕指导	10			
		4. 幼儿愿意听从教师指导	15			
		5. 幼儿养成良好的如厕习惯	10			
		6. 教师进行如厕指导效果分享	4			
	整理 记录	1. 整理记录如厕指导案例	3			
		2. 活动反思	5			

教师语言技能

考核内容	考核点及评分要求	分值	扣分	得分	备注
评价（20分）	1. 教师观察评判幼儿准确	5			
	2. 教师指导语亲切、自然	5			
	3. 与幼儿沟通顺畅	5			
	4. 幼儿愿意听从教师指导	5			
总分		100			

同步练习

一、选择题

1. 托班幼儿，可以通过（　　）、及时提醒和家园共育三种方式，引导幼儿解决集体生活中的如厕困难。

    A. 自主如厕　　　　B. 积极回应　　　　C. 相互提醒　　　　D. 家长要求

2. 中、大班幼儿对问题已经有了自己的判断，能理解如厕行为与身体健康的关系。因此，教师应采取"发现问题—讨论后果—自定策略—（　　）"的系列措施。

    A. 总结反思　　　　B. 批评指责　　　　C. 形成常规　　　　D. 表扬肯定

二、判断题

1. 当幼儿进入中、大班后，巩固幼儿良好的如厕习惯、改善他们在这个年龄段出现的一些如厕问题就成为如厕教育的一项重要内容。（　　）

2. 小班幼儿对如厕环节已不再陌生，提高如厕自我服务能力就成为突出问题。为此，教师主要采取了"仔细观察—解读行为—提出策略—掌握技能"的系列措施，解决问题，达成目标。（　　）

三、实践题

教师如何使用指导语指导幼儿正确如厕？

子任务六　午睡指导语

任务情境

最近，班里来了两位新老师，对班级的工作还不是很熟悉。中午午休值班时，有小朋友总是不断地给两位新老师制造各种各样的"麻烦"，如翼儿，中午"故意"不睡觉，在自己的小床上翻来覆去。有时候在床上躺烦了，还会故意发出"怪音"以引起老师的注意，或者频繁地去厕所，来回的路上故意"制造"出各种各样的声音，不但影响小朋友们休息，也给老师的工作带来了不小的困扰。针对幼儿的这种表现，教师该如何使用指导语让孩子养成按时午休的好习惯呢？

项目 三 | 不同工作场景用语技能

掌握幼儿入园午睡正确指导语，促使幼儿养成良好午睡习惯。

微课：午睡指导语

知识学习

幼儿园午睡是幼儿一日生活中非常重要的环节，相对于一日生活中的其他环节，时间长，环境安静。有的幼儿教师往往对午睡环节过于忽略，组织比较随意，失去了很多的教育契机。

一、午睡前的语言指导

（1）温馨提醒。帮助和指导幼儿脱掉外衣，教师用亲切、温柔的语调提醒幼儿：

"宝贝，先把被子铺好，再脱鞋子，摆放好后上床，按照脱裤子—进被窝—脱上衣—叠衣服—放整齐—钻被窝的顺序睡好，我们一起念念《盖被子》的儿歌吧，'先开一扇门，躺下把脚伸，小门关关紧，闭上小眼睛'。"

（2）适时教授。教不会脱衣裤的幼儿脱衣裤，教师可以采用让幼儿观察脱衣步骤图及儿歌辅助的形式，教幼儿学脱衣裤：

"孩子们，我们一起念念儿歌《脱套头衫》，'小朋友，来帮忙，抓住小袖口，拽下小袖子，领口向上提，衣服脱下来'，嗯，用这个方法很快就可以脱下套头衫了，小朋友之间还可以互相帮助哟。脱下来的衣服要叠放整齐，我们再来念念《衣裤折叠歌》吧，'放平衣服对整齐，先将两袖向前抱，再把腰儿弯一弯，看看是否叠好了'，你们的衣服叠好了吗？还要把小裤子叠整齐哟，'裤腰对裤腰，裤脚对裤脚，中间折一折，裤子就折好'，哇，小朋友们的衣服都叠得整整齐齐了，现在赶紧钻进被窝睡个香香觉哟！"

二、午睡后的语言指导

午睡起床是整个午睡过程的结束，是幼儿身心得到放松后恢复活动状态的缓冲，是下一个环节的唤醒。当优美的起床音乐响起后，教师应用轻柔的语言轻唤幼儿，带领幼儿做做起床操，提醒幼儿用正确的方法穿好衣服、整理床铺。

（1）适时提醒。教师轻唤幼儿起床后，可适时提醒幼儿了解穿衣的顺序，可尝试使用这样的语言：

"小朋友起床啦，先穿褂子再穿裤，穿上袜子把鞋拿，左脚右脚要分清，否则小脚要打架！"

读书笔记

教师语言技能

（2）学习穿衣。教幼儿学会穿衣是起床环节中的重点，为了激起幼儿对穿衣活动的兴趣，教师除示范讲解、手把手教授外，还可采用各种趣味儿歌辅助。

（3）教师指导用语：

"现在，老师教小朋友穿衣服喽，'大洞洞里钻进去，小洞洞里钻出来，两只小手开火车，一个一个钻出来'；衣服穿好后再学着扣纽扣，'小纽扣，要扣好，从下面，往上扣，一颗颗，要扣牢'。"

"小裤子是这样穿的：'两只小脚做火车，火车火车钻山洞，一列火车钻进去，呜——，火车出来了，换列火车钻进去，呜——，火车出来了'。"

"套头衫可是最难穿的哟，没关系，咱们边念儿歌边来试着穿一穿：'抓领子，盖房子，小老鼠，出洞洞，小手伸出小洞洞'。"

在起床的过程中，教师可逐步用儿歌和示范的形式教给幼儿正确的穿衣方法，并提醒幼儿将床铺整理好。午睡环节是幼儿学习生活技能的绝好时机，教师要善于抓住这个教育契机，采用多种形式的学习，让幼儿学会穿脱衣和整理床铺，从而学会自己管理自己的生活起居。

想一想，试一试

午睡指导语：我要午睡啦。

午睡时间到了，大部分幼儿都沉沉地睡熟了，只有豆豆还在小声哼唱。作为教师，该如何指导幼儿顺利午睡呢？

1. 活动目标

帮助孩子养成良好的午睡的好习惯。

2. 表达提示

提醒幼儿现在是午睡时间，休息好了下午活动有精神；告诉幼儿不要打扰其他幼儿午休。

3. 设计与表达

老师轻轻拍着豆豆的肩膀说："豆豆，你唱的歌真好听，但是现在是睡觉时间，我们安静地睡觉，等下午起床后，请你为小朋友们唱一首好听的歌好吗？"等豆豆躺好了再用手势语送给他们一个"棒"。

对于好动的幼儿和入睡慢的幼儿，要悄悄走到他身边，亲亲他的小脸跟他说："宝贝，你好好休息，下午还要和伙伴们一起唱歌、跳舞呢。醒来后，我会给你贴一枚奖励贴，放学后爸爸妈妈看到该有多高兴啊！"孩子点点头，一会儿就睡着了。

4. 总结

作为一名幼师，有责任也有义务为幼儿创设良好的睡眠环境，保证幼儿的睡眠质量。同时，要注意做好家园配合，共同培养其良好的午睡习惯。《幼儿园教育指导纲要（试行）》中指出：家园配合是教育幼儿最好的渠道。主动与家长取得联系，要求

家长与幼儿园配合，使孩子能在家中也养成午睡习惯。

有计划、有目的地合理组织幼儿午睡

值班教师对幼儿睡眠的个体差异必须细心了解，"对症下药"，用正确的心态去看待不同个性的孩子，根据幼儿不同的个性和需要做出个别的对待，仔细观察幼儿的动态，掌握幼儿的午睡情况。对个别尿频幼儿要及时叫醒，让其小便，尤其是当幼儿午餐喝水、汤较多时更应引起注意，防止幼儿尿床的发生；对晚睡早起，中午不想睡觉，精力还特充沛的幼儿，我们采用了两种方法：一种是把孩子午睡时间推迟几分钟，允许他们在教师身边叠纸、看图书等，让兴奋神经系统慢慢安静下来，使周围安静的气氛勾起他的睡意，自然睡下；另一种是让孩子在活动室里做些安静的活动，在这个过程中，要求孩子学会控制自己，避免发出声音。

午睡指导用语考核标准

考核内容		考核点及评分要求	分值	扣分	得分	备注
评估（13分）	教师	1. 精神状态良好，主动沟通能力强	2			
		2. 着装宽松	2			
	环境	干净、整洁、安全、温湿度适宜	3			
	幼儿	愿意听从教师指导	3			
	物品	活动材料准备齐全	3			
计划（5分）	预期目标	1. 教师对幼儿进行午睡指导	3			
		2. 幼儿愿意听从教师指导	2			
实施（62分）	活动准备	1. 检查教师的精神状态和着装	2			
		2. 环境和教具准备	3			
	活动过程	1. 教师准确判断幼儿状态	5			
		2. 教师设计午休指导用语	5			
		3. 教师对幼儿进行午休指导	10			
		4. 幼儿愿意听从教师指导	15			
		5. 幼儿养成良好的午休习惯	10			
		6. 教师进行午休指导效果分享	4			
	整理记录	1. 整理记录午休指导案例	3			
		2. 活动反思	5			
评价（20分）		1. 教师观察评判幼儿准确	5			
		2. 教师指导语亲切、自然	5			
		3. 与幼儿沟通顺畅	5			
		4. 幼儿愿意听从教师指导	5			
总分			100			

读书笔记

同步练习

一、选择题

1. 教师指导幼儿午睡前的准备,顺序应为铺被子—脱鞋子—( )—脱裤子—进被窝—脱上衣。

   A. 摆鞋子　　　　B. 脱上衣　　　　C. 上床　　　　D. 钻被窝

2. 起床过程中,教师可逐步用( )和示范的形式教给幼儿正确的穿衣方法。

   A. 包办　　　　B. 帮忙　　　　C. 互助　　　　D. 儿歌

二、判断题

1. 午睡时,教师可以不用帮助幼儿脱衣服,以便锻炼幼儿的生活自理能力。( )

2. 当优美的起床音乐响起后,教师应用轻柔的语言轻唤幼儿,带领幼儿做做起床操,提醒幼儿用正确的方法穿好衣服、整理床铺。( )

三、实践题

尝试对幼儿在午睡前进行正确脱衣语言指导。

子任务七　自主游戏指导语

任务情境

自主游戏时间,瑶瑶和佳佳正在玩"小医生"的游戏。瑶瑶穿着白大褂,脖子上挂着听诊器,手里拿着吊瓶和针头。佳佳看到马上反对说:"老师,老师,医生只给病人开药,不给病人打针,你看他搞错了。"瑶瑶听了也辩解道:"我会打针。"眼看着他俩就要争吵起来,游戏快进行不下去了。面对这种情况,教师该如何使用指导语引导孩子们自主顺利地进行游戏呢?

任务描述

掌握幼儿入园自主游戏指导语,促使幼儿养成良好自主游戏习惯。

任务实施

知识学习

一、自主游戏的定义

自主游戏是指让幼儿自己选择活动内容、玩具材料及玩伴,在活动过程中主动参与、充分交往,获得直接经验,体验各种情感的活动。

二、不同年龄班的自主游戏指导

1. 小班幼儿

(1)特点:小班幼儿由于动作技能水平低、自控能力差、生活经验不丰富、自我保护意识薄弱等原因，容易做出很多危险的行为，争抢事件也易发生。

（2）方法：针对此现象，教师可采用以下一些方法引导。

1）讲解。对于幼儿的不安全行为，教师可采用详细讲解的方法，帮助幼儿建立正确的自主游戏的概念。

教师指导用语：

"玩滑滑梯时要从楼梯向上，双手扶好栏杆，眼睛看好台阶，一级一级地往上走，走到滑梯前，慢慢坐下，双手扶好滑梯扶手，上身稍后倾，慢慢往下滑，滑到出口时，两脚着地，两手撑一下扶手，慢慢站起来。记住了，小朋友要一个跟着一个滑下，千万不要拥挤，一定坐好了再滑，等前一个小朋友滑完了后一个小朋友再滑，以免造成拥挤哟！"

微课：自由活动指导语

2）说理。针对小班幼儿的年龄特点，还可以采用情景表演、故事讲述等方式给幼儿讲清危险行为和争抢事件之所以不正确的原因。

教师指导用语：

"小黄、小黑、小白三只小狗想玩跷跷板，可是三个小动物互不相让，都说是自己先来的，小黄刚坐上跷跷板，小黑就要推开小黄让自己坐上去，三个小动物争来争去，跷跷板没法玩，小黑还摔了一跤，哭得好伤心。这时，小兔子走过来对他们说'你们要学会互相谦让，一次两个小动物玩，每次玩5下，再换另一个小动物玩，不信你们试试，肯定玩得很开心'，三只小狗按照小兔子的建议做了，果然，跷跷板玩具那传来了快乐的笑声，小黑和小黄玩了5下，小黑让给了小白，小白和小黄玩了5下，小黄让给了小黑……哈哈哈，大家交换着玩，不知多开心。小朋友，我们玩玩具时也要学会互相谦让哟！当发生冲突时，我们要学会用商量的口气和同伴交流，想出好办法，通过协商解决问题才是最棒的哟！"

2. 中、大班幼儿

（1）特点：中、大班幼儿有了一定的规则意识，但由于精力充沛、动作灵活，加之喜欢探索，所以身体也十分容易受伤。

（2）方法：针对此年龄段的幼儿，教师在语言指导上也要注意讲究方法。

1）实战演练。大班幼儿的自护意识和方法比较欠缺，交往需求增大，和小伙伴容易发生争吵甚至相互攻击的行为，针对这些现象，教师可教给幼儿一些正确的处理问题的方法。

教师指导语：

针对幼儿玩飞盘时四处乱扔，很多幼儿也不知躲避的现象，教师可组织幼儿讨论"如何躲避飞盘，如何避免将飞盘飞到别人身上？"

对于幼儿喜欢从高处往下跳，容易摔伤的现象，教师可采用让幼儿在运动中呵护鸡蛋，做一个将鸡蛋从高处掉落摔碎的试验，让幼儿知晓安全防护的重要："鸡蛋很脆弱，就像我们的身体，容易摔伤、摔断，所以我们要呵护好自己的身体。鸡蛋从高处摔下会碎，所以，我们要学会保护自己，不要从高处往下跳，要远离栏杆很矮的窗台、阳台等地方，更不能在此处跳着往下看，以免掉下摔伤。"

2）明确规则。教师可以和幼儿一起讨论自主游戏中的一些规则，然后带领幼儿以图文并茂的形式把规则呈现。

教师指导用语：

"孩子们，我们到户外进行自主游戏时应该遵守哪些规则呢？请小朋友们说一说。（幼儿表述）小朋友们说到了那么多要遵守的规则，说明小朋友自主游戏时都非常善于观察并发现问题，现在请小朋友将这些规则用图画的形式表示出来，张贴到合适的地方，便于大家共同遵守。"

想一想，试一试

自主游戏指导语：可爱的小床。

午睡起床后，孩子们准备开始玩积木了。看着孩子们玩得正投入时，小美大声地说："老师，快来帮帮我！"经过询问得知，小美这组拿到的方块积木太多了，她们想不出拼搭什么好。在自主游戏中，教师该如何指导幼儿保持兴趣、顺利游戏呢？

1. 活动目标

帮助孩子养成良好的自主游戏的好习惯。

2. 表达提示

教师在游戏过程中充分挖掘幼儿的兴趣，并给予适当的支持和鼓励，多做倾听者、引导者。

3. 设计与表达

只见教师把几块正方形积木整齐地摆在了一起，并轻轻地抚摸小美说："多么平整、光滑呀，真舒服。"小美她们似乎受到了什么启发，也不自觉地跟着老师继续拼，拼着拼着，涵涵突然说："我们来拼睡觉的小床吧，刚好有很多长方形和正方形。""对啊，对啊！"其他几个小朋友也附和着。老师听了拍着手笑着说："嗯嗯，你们的想法真不错，那就快开始吧！"等她们把小床搭好，又争先恐后地躺在床上"享受"。这时，老师若有所思地说："舒服的床搭好了，好像还差点什么？""还差枕头！""还差被子！"大家都纷纷说道。老师竖起了大拇指点头道："嗯，你们想得很周到，想想枕头和被子该怎么拼搭？大家一起来试试吧！"

4. 总结

《幼儿园教师专业标准（试行）》提出，教师要鼓励幼儿自主选择游戏内容、伙伴和材料，支持幼儿主动地、创造性地开展游戏，充分体验游戏的快乐和满足。积木是幼儿园常见的玩具，积木游戏是幼儿百玩不厌的一种游戏。孩子们在积木游戏中学会了交往，他们的想象力是无穷的。在自主游戏环节，教师应尊重幼儿活动的兴趣与意愿，用肯定和商讨的语气鼓励幼儿自主操作，用赞许的眼光和言语支持幼儿自主探究。

让幼儿愉快地进行自主游戏

现代建构主义理论指出，孩子的学习不是被动的接纳过程，而是一个以已有知识、知识、经验、态度等为基础的主动构建过程，这就要求教师不能只满足于传统意义上的知识传授，更需要努力为孩子营造一个"宽松、民主、探究、合作"的空间，以唤醒激活他们自主学习的热情，让他们在主动参与中生动、活泼地发展。

自主游戏指导用语考核标准

考核内容		考核点及评分要求	分值	扣分	得分	备注
评估（13分）	教师	1. 精神状态良好，主动沟通能力强	2			
		2. 着装宽松	2			
	环境	干净、整洁、安全、温湿度适宜	3			
	幼儿	愿意听从教师指导	3			
	物品	活动材料准备齐全	3			
计划（5分）	预期目标	1. 教师对幼儿进行自主游戏指导	3			
		2. 幼儿愿意听从教师指导	2			
实施（62分）	活动准备	1. 检查教师的精神状态和着装	2			
		2. 环境和教具准备	3			
	活动过程	1. 教师准确判断幼儿状态	5			
		2. 教师设计自主游戏指导用语	5			
		3. 教师对幼儿进行自主游戏指导	10			
		4. 幼儿愿意听从教师指导	15			
		5. 幼儿养成良好的自主游戏好习惯	10			
		6. 教师进行自主游戏指导效果分享	4			
	整理记录	1. 整理记录自主游戏指导案例	3			
		2. 活动反思	5			
评价（20分）		1. 教师观察评判幼儿准确	5			
		2. 教师指导语亲切、自然	5			
		3. 与幼儿沟通顺畅	5			
		4. 幼儿愿意听从教师指导	5			
总分			100			

读书笔记

同步练习

一、选择题

1. 幼儿自主游戏的空间环境包括室内和（　　）两种。
   A. 户外　　　　B. 操场　　　　C. 室外　　　　D. 园外

2. 针对小班幼儿的年龄特点，还可以采用情景表演、（　　）等方式给幼儿讲清危险行为和争抢事件之所以不正确的原因。

A. 模拟练习　　　　B. 故事讲述　　　　C. 实验探究　　　　D. 歌唱表演

二、判断题

1. 自主游戏可以留给教师更大的空间，让教师近距离地了解、观察每个幼儿的发展水平，也让幼儿更容易接受教师的教育，大大提高了教师的工作效率。
（　　）

2. 由于自主游戏相对于其他的活动，幼儿与幼儿之间的接触多一点，所以教师不用过多关注。（　　）

三、实践题

自主游戏时，涛涛特别喜欢玩玩具，但是也喜欢抢他人的玩具玩，经常和其他的小朋友起冲突，如果你是幼儿教师，该对他说些什么，指导他正确进行自主游戏呢？

子任务八　离园指导语

任务情境

中、大班幼儿在离园时段常伴有打闹、追跑现象，这时老师如何使用语言提醒，指导幼儿安全、愉快地离园呢？

任务描述

掌握幼儿离园正确指导语，促使幼儿养成有序离园的习惯。

任务实施

知识学习

离园是幼儿园一日生活的最后一个环节，是幼儿一天生活的结束，是让幼儿身心放松地进行整理的阶段。利用离园的短暂时光，有计划地组织幼儿进行离园整理十分必要。在离园环节，教师可以用语言帮助幼儿梳理一日生活体验，让幼儿充分地说出自己的内心感受，带领幼儿积极主动地投入有趣的离园活动中。具体有以下几种形式。

一、读书交流

1. 方法

离园时可以组织幼儿进行故事分享会活动，给幼儿充分表现自我的机会。

2. 教师指导用语

师："又到了我们的故事分享会时间，今天又有哪位小朋友会给大家带来精彩的故事呢？"

幼："我给大家讲个《小兔乖乖》的故事。"

师："欢迎贝贝小朋友。"

幼儿讲完故事后，教师适时点评："今天贝贝不仅非常勇敢地站到了大家面前，而且故事讲得既清楚又流畅，还非常有感情，能模仿凶狠的大灰狼、害怕的小白兔的声音，真好！"

二、区域活动

1. 方法

到区域中快乐游戏也是幼儿离园活动的一种组织形式。

2. 教师指导用语

"请小朋友们选择自己喜欢的区域，插好进区卡开始游戏，注意要遵守区域规则，游戏时要互相帮助，有商有量，爸爸妈妈来接时，要收拾好游戏材料和老师说再见后才可以离开哟。"

微课：离园指导语

三、甜蜜回忆

1. 方法

在离园前的时间组织幼儿分享一天生活的甜蜜体验，回顾一天的学习生活，留存美好的回忆也是很有意义的。

2. 教师指导用语

"一天的幼儿园美好时光结束了，请小朋友说说今天最让你开心的事是什么？或者是你想对哪个小朋友说一句开心的话。"

在这个环节中，师幼、幼幼之间的关系融洽，大家回忆一天的美好时光，让一天的生活画上一个圆满的句号。

四、宝贝分享

1. 方法

教师还可以组织幼儿之间的图书、玩具等的分享会活动，组织幼儿自主结伴，根据个人意愿进行分享。

2. 教师指导用语

"今天老师带来了一本有趣的书和大家分享，不知道小朋友都带来了什么好书和大家分享呢？大家赶紧拿出自己的好书，和同伴交换着看哟！"

五、书包整理

1. 方法

大班幼儿应该具有清理书包的能力。一天的学习生活结束了，孩子们的书包是否整洁？教师可教给幼儿整理书包的方法，引导幼儿学习适宜的整理方法。

读书笔记

教师语言技能

2. 教师指导用语

"你是用什么方法整理的？哪种整理方法可以让书包中的物品整齐又有序？"

幼儿交流自己的心得，教师带领幼儿玩"最快取出来"的游戏，教师说出某种物品，幼儿从书包中快速去取，比比谁最快，最后教师带领小朋友讨论："应该怎样爱护小书包？"

离园时间开展的活动还有很多，教师可针对幼儿的兴趣点和班级中存在的问题，组织多样的活动，让幼儿的离园时刻也精彩。

想一想，试一试

离园指导语：离园也有专属的仪式感

简单的一句"再见"，不足以表达师幼之间满满的情谊。作为教师，该如何指导幼儿顺利离园，激励幼儿对第二天来园的期待和向往呢？

1. 活动目标

利用离园的短暂时光，有目的、有计划地组织幼儿开展离园活动，帮助他们梳理一天的学习和收获，总结情感认知和感悟，提高自我服务技能。

2. 表达提示

引导幼儿对有趣有料的一日生活进行简单回顾，安全教育牢记于心；提示指导幼儿整理着装，与幼儿进行简单的情感交流。

3. 设计与表达

（1）教师可借助离园前时光，与幼儿或盘膝而坐、自由畅谈，或细致总结、交流回顾中复盘一日活动内容和情绪情感的体验，为一天的幼儿园生活圆满结尾。

（2）教师结合当天班级情况，利用离园之际提醒孩子们注意消防安全、道路交通安全、食品安全、防溺水安全、日常上下楼梯等生活安全事项。

（3）教师提示和指导幼儿清洁仪表、整理衣裤、系好鞋带，并与孩子进行简单的情感交流。小朋友们也会相互检查、互帮互助。

（4）幼儿一起遵守规则，排队离园，引导幼儿懂得学会耐心等待，与同伴共进退的道理。

4. 总结

一日环节皆教育，临别与初见一样，是礼仪教育的关键契机。鼓励孩子们用喜欢的方式与教师再见，与伙伴道别，这是离园前的专属仪式感。

幸福离园

幼儿的离园活动是多样有趣的还是无所事事的？

项目 三 | 不同工作场景用语技能

幼儿的精神是高兴放松的还是焦急等待的？

幼儿是收获满满的还是毫无所获的？

当我们用课程的眼光重新审视这三个问题的时候，我们将离园环节的教育目标、价值凝结为"幸福"二字，并赋予三个层次的教育内涵：轻松自然的活动状态，收获满满的心智成长和期待明天的美好情感。

离园指导用语考核标准

考核内容		考核点及评分要求	分值	扣分	得分	备注
评估（13分）	教师	1. 精神状态良好，主动沟通能力强	2			
		2. 着装宽松	2			
	环境	干净、整洁、安全、温湿度适宜	3			
	幼儿	愿意听从教师指导	3			
	物品	活动材料准备齐全	3			
计划（5分）	预期目标	1. 教师对幼儿进行离园指导	3			
		2. 幼儿愿意听从教师指导	2			
实施（62分）	活动准备	1. 检查教师的精神状态和着装	2			
		2. 环境和教具准备	3			
	活动过程	1. 教师准确判断幼儿状态	5			
		2. 教师设计离园指导用语	5			
		3. 教师对幼儿进行离园指导	10			
		4. 幼儿愿意听从教师指导	15			
		5. 幼儿养成有序离园的好习惯	10			
		6. 教师进行离园指导效果分享	4			
	整理记录	1. 整理记录离园指导案例	3			
		2. 活动反思	5			
评价（20分）		1. 教师观察评判幼儿准确	5			
		2. 教师指导语亲切、自然	5			
		3. 与幼儿沟通顺畅	5			
		4. 幼儿愿意听从教师指导	5			
总分			100			

读书笔记

同步练习

一、选择题

1. 小班离园可以采用变集体为分组、变单一方式为情景游戏和（　　）方式，提高家园工作效率。

   A. 整体划一　　　　　　　　B. 排列站好

   C. 全部待在教室里　　　　　D. 变固定场地为多场地

2. 离园三部曲是离园前衣物整理、离园前活动延续和（　　）。
   A. 离园前家长沟通　　　　　　　B. 离园前批评教育
   C. 离园前作业布置　　　　　　　D. 离园前桌椅摆放

二、判断题
1. 离园是幼儿园一日生活的最后一个环节，是幼儿一天生活的结束，是让幼儿身心放松地进行整理的阶段。（　　）
2. 离园时不需要组织幼儿进行故事分享会活动，没有必要给幼儿充分表现自我的机会。（　　）

三、实践题
请对以下情境设计离园指导用语。
离园时间到了，伴随着区域活动结束的音乐。乐乐说："哎呀，我的作品还没完成呢！""我还没玩够呢！能再玩一会儿吗？"如果你是教师，该如何引导，既让乐乐愿意离园，又对明天的生活充满期待和向往？

项目二　不同工作场景用语技能

任务二　教研活动用语技能

微课：教研活动用语设计

某幼儿园中班教研组开展了一次"如何将幼儿语言发展能力融入日常生活"的教研活动。要求老师们从实际工作出发，分享自己的工作经验。

师甲：我们班的孩子学会了不少形容词，但我观察孩子们的情况，发现有三分之二的孩子从来没用连词"和"说过话，因此我想通过体验练习，加深幼儿的记忆。

师乙：为什么不在日常生活中学习啊，日常生活中学习不是效果更好吗？

师丙：如果什么都在日常生活中学习，那还要集体教学活动干什么啊？

师丁：为什么非要将形容词和连词"和"放在一起使用呢？幼儿的活动场景是什么呢？

师甲：……

作为教研组长，该如何引导教师们对幼儿学习层次和学习形式展开深入的探讨呢？

在掌握教研活动技能后，结合具体教研内容，能恰当运用沟通技巧有效地开展教研活动。

知识学习

一、两种话语角色

教研活动用语需要涉及两种话语角色：教研活动主持人和参与者。这两种话语角色各有特点，相互作用。

主持人定位与作用：掌握话语主动权，发动每位与会者积极参与；协调会议进程，保证会议顺利进行；引导研讨纵向深入，总结会议成果，说明后续措施。

参与者定位与作用：参与者要服从主持人的安排，不仅要做个倾听者，还要积极发言表明自己的观点，多用横向思维法将研讨话题向深层次拓展，提高认知，达成共识。

二、做好教研活动前的准备工作

（1）内容上的准备：教师的话语要具有创新性、独特性和实践性，切忌照稿念。

（2）时间上的准备：提前打好腹稿，不要超时，切忌漫天发挥。

（3）形式上的准备：独白式或对话式，切忌一言不发，答非所问。

三、教研活动用语技巧

1. 认真倾听，观点鲜明

无论是哪种形式的教研活动，都应紧扣主题，有的放矢。发言时，语言流畅自然，有理有据，呈现出独到的思考。倾听时，要专注地吸取有价值的信息。

倾听是交流的前提，只有听清楚集体研讨的意图、其他发言者的主要意思，才能做出有效果的发言。因此，发言之前要注意倾听。倾听时要做到"眼到""心到"。"眼到"就是倾听时用友好的目光注视、应和发言者，偶尔点头表示认同或肯定，用自己的热情激发发言者的热情；"心到"就是用心思考发言者的说话内容，与自己的意见作对比，求同存异，为自己的发言做好准备。

2. 表述准确，言简意赅

在进行教学研讨时，教师要把自己想表达的观点讲清楚，做到结构完整、条理清晰。可以事先列好提纲或写好讲话稿，必要时配合多媒体展示。

教学研讨是一种较为严肃、庄重的学术活动，发言时应该使用普通话，声音响亮而不刺耳，给与会者良好的听觉感受；语气以平缓语调为主，适当运用一定的表达技巧，不夸张，不做作。节奏以轻快、舒缓为宜，不能过于高亢或低沉。

3. 态度谦和，求同存异

教学研讨时，往往会有不同观点的碰撞，教师应正视这一情况的发生。一方面教师应以平稳的语调、谦和的举止来表达自己的观点；另一方面应该耐心冷静地倾听他人的不同观点。

一般做法是，教师先肯定发言者的意见，再陈述自己的观点。不可随意打断他人的发言，流露出不服气的态度。如果有与对方讨论的问题，可用征询语气，让对方有被尊重的感觉。融洽的交流气氛，便于研讨活动的顺利开展，有助于教师开阔视野，吸收信息，获得启示。

微课：教研活动用语艺术与技能

发言开始，最好用简单的语言向大家问好，如"大家好！""各位下午好！""尊敬的××专家、各位领导、老师们，大家好！"等。结束发言时，也应该用简短的礼貌语，如"谢谢各位！""非常感谢！""欢迎大家批评指正，谢谢！"

在发言过程中，在提到不同意某位发言者的观点时，应面带微笑，冷静清晰地提出不同意见；如果发言中遇到情绪激动的插话者，不要针锋相对，更不要用反语激言激怒对方，而应该用心平气和的态度给对方"降温"，请对方让自己把话说完。

四、教研活动口语用语"三忌"

1. 忌心不在焉

倾听是交流的前提，只有听清楚研讨的意图、其他发言者的观点，自己才能做有针对性的发言。切忌事不关己，高高挂起，心不在焉，玩手机、开小差式的参会。

2. 忌随意插话

发言之前的倾听要做到"眼到""心到"。用心思考发言者的说话内容，用点头表示认同或肯定，与自己的意见作对比，求同存异，为自己的发言做好准备。切忌随意插话、中途打断式的讨论。

3. 忌喋喋不休

教学研讨的时间有限，发言时要从尊重他人的角度出发。切忌长篇大论、主次不分式的发言。

想一想，试一试

教研活动案例：幼儿园大班 5 月份的主题为"我要上小学"，在实施主题课程前，大班教研组开展了"读—研讨式"课程评价，分析和评价该月主题课程的目标、内容和实施方式是否符合幼儿的发展特点。

想一想：请组织一次关于"主题课程目标如何制定"的教研活动。

试一试：设计与表达：

（1）开展教研。

师 A：《幼儿园课程手册》中制定的 5 月份课程目标基本符合幼儿在幼小衔接阶段的发展需求。

师 B：我同意这一点，根据观察和与家长的交流经验，我发现从总体上来看大班幼儿的发展已经基本达到幼小衔接阶段的发展要求，但实际上幼儿独立解决问题的能力还很弱，所以应该尽量在课程目标中突出这一点。

师 C：我们班的幼儿也有这种情况，什么事情都喜欢报告教师，尤其是在幼儿间发生冲突的时候，他们很难通过协商的方式自己解决问题，但是小学教师并不是时时刻刻都留在教室里的，所以我觉得有必要重点培养幼儿独立解决问题或通过与同伴协商进而解决问题的能力。

教研组长：在讨论中，我发现大家都意识到课程实施前需要先了解幼儿现有的发展水平和需求，这点做得非常好。但是我们还应该注意的是，在增加"培养幼儿独立解决问题和协商解决问题的能力"这个目标后，课程内容和实施方式需要进行哪些调整？

师 D：我觉得可以把主题活动"八点半睡觉"去掉。经过持续观察，我发现大班幼儿已经明白了作息规律的重要性，养成了较好的作息习惯。另外，我觉得这个内容可以放在平时的师幼谈话活动中进行。教师可以增加主题活动"老师不在教室里"，代替"八点半睡觉"活动，通过专门的谈话和情境表演让幼儿讨论：如果在遇到问题或与同伴发生冲突的情况下，教师不能第一时间帮助他们解决问题时，该如何解决。

教研组长：大家能够从课程内容、实施方式与课程目标的匹配性与适切性两个方面审视月主题课程方案，说明大家对幼儿的学习途径和方式，以及园本课程评价标准体系都能做到心中有数。

（2）反思总结。课程实施中的评价是以个体教师反思为主、同伴互评及教研组评

教师语言技能

价为辅的"反思—互评式"评价,评价的重点为园本课程的实施,即对课程实施的方式与过程等进行的评价。

（3）评价。

1）教师的沟通方案是否思路清晰。

2）教师语言表达是否通畅有效。

（4）考核标准。见"考核评价"部分。

考核评价

教研活动用语技能考核标准

考核内容		考核点及评分要求	分值	扣分	得分	备注
评估（13分）	教师	1. 精神状态良好	2			
		2. 着装得体	2			
	环境	整洁、卫生	3			
	同事	关注教育教学问题，认真倾听，积极发言	3			
	物品	活动材料准备齐全	3			
计划（5分）	预期目标	1. 教师设计教研方案	3			
		2. 教师在教研会上言之有理，言之有据	2			
实施（62分）	活动准备	1. 检查教师的精神状态和着装	2			
		2. 环境和物品准备	3			
	活动过程	1. 教师制定教研方案	5			
		2. 分析教研方案	5			
		3. 教师主动进行教研	10			
		4. 认真倾听，积极发言	15			
		5. 在相互尊重中求同存异	10			
		6. 教师对教研效果进行总结分享	4			
	整理记录	1. 整理记录教研内容	3			
		2. 活动反思	5			
评价（20分）		1. 教研方案设计合理	5			
		2. 教研方案分析正确	5			
		3. 认真倾听，积极发言	5			
		4. 教研效果明显	5			
总分			100			

一、选择题

1. 教研活动前的准备主要包括（　　）、时间上的准备和形式上的准备。
   A. 表达上的准备　　　　　　B. 身体上的准备
   C. 内容上的准备　　　　　　D. 情绪上的准备

2. 教研活动口语用语忌心不在焉、忌随意插话和忌（　　）。
   A. 积极发言　　　　　　　　B. 喋喋不休
   C. 认真倾听　　　　　　　　D. 尊敬他人

二、判断题

1. 教研活动用语需要涉及两种话语角色：教研活动主持人和参与者。（　　）
2. 教研活动参与者只要服从主持人的各项决定就可以了，不用发表太多的见解。
（　　）

三、简答题

教研活动口语用语技巧有哪些？

读书笔记

任务三　家长会、家访用语技能

情境一：一次家长会上，教师从不同角度表扬了全班每一名幼儿的优点，每位家长都很光彩，纷纷用满意、感激的目光看着教师。接着，教师又把班上存在的问题不点名地归纳了一下，并提出了今后的要求。散会后，不少家长主动找教师说明自己孩子的缺点，探讨共同教育的良方。

这位教师在家长会上的讲话采用了哪些策略？起到了什么作用呢？

情境二：一位班主任给家长打电话汇报孩子在幼儿园的表现，幼儿家长是一家单位的领导，一接到电话，立即说："哎呀，对不起，下午还有个会，晚上也没时间。这样吧，孩子的事，你最好跟他妈妈谈好吗？如果一定要找我，改天再联系吧。"

遇到这类不太配合，对孩子教育不太关心的家长，教师该如何是好呢？

在掌握家长会、家访用语技能后，结合具体交流内容，能恰当运用沟通技巧有效地对家长开展家园活动。

知识学习

一、家长会用语技巧

微课：家长会用语设计

（一）家长会的定义

家长会是由教师组织家长共同参加的集体会谈。召开家长会前，教师要精心准备，思考好如何介绍幼儿园、班级、幼儿的学习情况与表现，以及需要家长配合解决的问题等。对于家长会提出哪些问题，都要有一定的思想准备，以便在家长会上能够自如地应对。

（二）针对幼儿情况召开不同时段家长会

1. 新生家长"开胃式"培训会

新生家长往往对幼儿园的管理理念、教育方针不太了解，特别是刚开学，家长想全面了解幼儿园办学特色、总体要求、教育标准等内容。这时，幼儿园可以组织一次全体新生家长会，由园领导介绍园情校貌、师资队伍、办学特色，向家长宣传正确的教育理念，讲解儿童的身心发展规律，使家长正确尊重并接纳孩子，争取与幼儿园的教育理念同步实施。新生家长会的召开，有利于家园达成共识，合作共育。

2. 全体家长"满月席"交流会

开学1~2月后，班级老师召开家长会，既方便教师总结前段时间的工作利弊，又能及时解答家长教育孩子的困惑，进一步促进家长对班级工作的了解，加强彼此的信任感与合作意识。

3. 班级"自助式"家长会

由于幼儿年龄不同，各学段发展要求有所侧重，家长的成长心态随之不同。各班级可以根据幼儿情况召开学期中或学期末的家长会，其形式可以灵活多样，实时解决家长关心、疑虑的各种问题。

微课：家长会用语艺术与技能

（三）家长会用语技巧

1. 准备充分

（1）在家长会筹备阶段，要详尽、准确地掌握幼儿和家长的情况，如家长的文化程度、工作性质等，考虑怎样讲话才能引起家长的共鸣，这样你的发言就会有的放矢。

（2）在家长会上要向家长阐述幼儿园工作思路和教育理念，最好能写出详细的发言稿，讲的时候最好能够脱口而出，这会让家长感觉教师很专业、很用心。教师要充分利用家长会这个与家长交流的好机会，尽量让家长了解教师工作的性质和细节，调动家长的积极性。

2. 内容丰富

家长会上不仅要向家长汇报幼儿的表现，更应该提醒家长重视孩子的身心健康，包括孩子品德言行的进步等。所以，会上展示的不仅是幼儿的活动，还应该具有典型意义的事例及孩子在活动中的表现和收获，让家长们感受到孩子们的成长。有位在幼儿园工作多年的教师说：家长们最想听到的还是有关孩子的具体故事，而不是空洞的说教。所以，教师平时要留心孩子们的行为细节，把要表达的观点融入一个个小故事中。

3. 形式多样

家长会的作用不言而喻，每位教师、家长和孩子都非常重视，但如果家长会都是一个模式，家长和教师都会产生审美疲倦。因此，召开家长会的形式要能"创新"。例如，可以采用座谈会的形式，把教室里的桌椅围成一个圆桌，拉近彼此的距离；再如，请家长代表发言，交流经验，比教师空洞的宣讲更有说服力；还可以请孩子对家长说说自己的心声，或者给家长写信，请家长回信，架起沟通的桥梁……不同形式的家长会，会带给家长不同的感受，给大家留下美好的回忆，也会成为下一次相聚的期待！

4. 当众表扬

不仅孩子喜欢表扬，成人也喜欢表扬，教师在召开家长会时要以表扬肯定为主。有位家长在走廊里大声接电话，等那位家长坐好后，教师说："人家都说我们班的孩子乖巧、守纪律，其实不是我教得好，而是你们家长的素质高，家长的今天就是孩子

教师语言技能

的明天。非常感谢大家今天能来能加家长会，能专注地听我发言……"一时间，很多家长都把手机铃声调成了振动，有的甚至关机了。这样既避免了尴尬，又营造了良好的会场氛围。

再如，有的家长对孩子不太关心，教师可以通过表扬一些模范家长的做法，来起到引领示范的作用。

5. 从情感上贴近

教师在谈论孩子情况时，要如数家珍，让家长感到教师对孩子的爱并不比家长少。例如，孩子身上有许多家长没有发现的问题，教师可以一一指出。从某种意义上来讲，与家长感情贴近了，教育往往会达到一种和谐统一的境界，取得事半功倍的效果。

二、家访用语技巧

苏霍姆林斯基在《给教师的建议》一书中指出："教育的效果取决于学校和家庭的教育影响的一致性。如果没有这种一致性，那么学校的教学和教育过程就会像纸做的房子一样倒塌下来。"

（一）家访的定义

家访是幼儿教师对个别家庭进行访问，旨在解决幼儿在其发展过程中出现的问题，既是教师的一种教育手段，更是教师在教育教学中的一种感情投资。家访可以加固家园之间的关系，拉近教师、幼儿、家长之间的距离，促进幼儿园与家庭共同担负起培养幼儿成长的责任。

（二）家访的方法策略

1. 主动预约

家访时尽可能与家长有预约。预约时把访问的内容、时间等告诉家长，这样做的好处在于：

（1）加强了家访工作的计划性、目的性，有利于克服教师的急躁情绪，避免对问题的简单处理，也不会出现见不到家长而白跑一趟的现象；

（2）家长有所准备，谈话易入正题，双方容易达成一致意见。

预约家访做好了，联系密切了，还可以发展应邀家访和电话往来，达成幼儿园教育与家庭教育形成合力。

微课：家访用语表达艺术与技能

2. 尊重家长

在与家长的交往过程中，教师应做到文明礼貌、尊重家长。教师通常比家长更熟悉幼儿教育知识，懂得幼儿教育规律，切忌以懂得教育而自居，不愿意倾听幼儿家长的意见，交往中应仔细寻找家长意见中的合理成分，不能以教训的口吻与家长谈话，特别是幼儿有不良行为举止时，教师不能当着幼儿的面训斥家长。当教师与家长的看法有分歧时，应讲清道理，说明利害关系，做到以礼待人，以理服人。

3. 客观评价

教师向家长介绍情况时，要实事求是，既不夸大，也不缩小，这样才能取得家长的信任，才能使幼儿心悦诚服，切不可毫无根据地对幼儿做出能力和行为等方面的评价。教师对幼儿任何不慎重的评价，都会伤害幼儿和家长的感情，家访时要注意斟酌语言，措辞要有分寸，千万不可因失言导致失礼。

4. 委婉巧妙批评

教师应当是家长的教育顾问，可以对家长提出要求。有些家长比较通情达理，对教师的提议能主动接受，积极配合。也有一些家长"护短"，往往把孩子的不良行为与自己的"面子"相连，明知孩子有错，也不愿意让别人说。班主任与这类家长对话时应避开其他教师及幼儿本人。谈话中避免直接接触"敏感区"，应采取迂回战术，还应机智地帮助这类幼儿家长提高教育素养。

想一想，试一试

案例：新学期，老师发现刚入园的爱爱性格内向，目光不敢与老师和其他小朋友交流，活动时经常躲在最后面，从不主动开口说话。

家访目的：老师想向家长了解爱爱为什么不说话？她在家里也这样吗？到底是什么原因，让孩子成了"隐形人"？所以为了找出问题的症结，老师决定进行家访。

家访情况：到爱爱家中和家长深入交谈才发现，爱爱是家里的第二个孩子，她还有个哥哥，是个特殊儿童，家长平时把精力都放在了照顾哥哥身上。逐渐地，爱爱习惯了独立玩耍，自言自语，从不主动说话，只被动地回答家长的询问。很明显，爱爱的亲子关系是失衡的，爱爱生活在缺乏沟通的环境里，久而久之就缺乏自信、积极性和主动性。

家访过程：

（1）老师向家长了解爱爱在家的情况（优点和缺点）。

（2）了解家长对幼儿园和老师的要求与建议。

（3）通过《3—6岁儿童学习与发展指南》相关精神，针对孩子的现状谈谈家园共同引导的措施。

1) 给家长建议。建议爱爱爸爸妈妈尽量多用一点时间陪爱爱，不要让她自己一个人独处；实在腾不出时间，就让爱爱参与照顾哥哥，在帮助哥哥的同时，亲子间可以互动、沟通；家里的大事小事，多跟爱爱说说，征求爱爱的意见等；节假日时全家可以一起外出散散步，多增加一些与人交往的机会等。

2) 教师关爱引导。教师在幼儿园创造"友谊桥梁"，鼓励小朋友与爱爱交朋友，多与她说话、关心她；老师也时刻给予爱爱无微不至的爱，用加倍呵护的心、细致捕捉的眼、真诚到位的赞美引导爱爱发生一点一滴的变化。

教师语言技能

幼儿园新生家访3步曲，请这样和家长"第一次亲密接触"

一、家访前的准备工作

1. 提前预约

教师要提前和家长约好家访的时间，切莫做"不速之客"。出发前要再次打电话确认，让家长做好充分的心理准备，并提前规划好交通与路线，尽量不要迟到。另外，访谈时间也不宜过长，控制在一个小时以内。

2. 衣着得体

家访时，教师要衣着整洁、穿戴大方。良好的外在形象会让家长感觉到教师很重视这次家访，自然能引起家长的重视和尊重，为成功家访奠定基础。

3. 准备物品

出发前，教师要带上笔、幼儿基本情况登记表、幼儿家访记录表等，另外，自备鞋套和给孩子准备小礼物绝对是"加分项"。

4. 准备家访提纲

为了保证家访的效果，教师不妨提前列出要了解的问题，做到有条不紊，这对新手教师来说是十分必要的。例如，孩子的小名叫什么？孩子是否挑食？能自己独立吃饭吗？有没有过敏的食物？有没有疾病史？晚上一般几点睡觉？有午休的习惯吗？会自己上厕所、穿衣服吗？在家主要是谁带孩子？家长对孩子的期望是怎样的？

二、家访中的沟通事项

1. 与孩子互动交流

进行简单的寒暄之后，第一步要做的不是直接询问你需要的信息，而是去观察孩子，并与孩子进行游戏，通过互动观察他们的言行举止，从而判断孩子的发展水平。

2. 询问家长了解孩子的基本信息

问候完孩子，教师就可以向家长收集信息了。家访时，一般可由两个带班教师一起进行，当主班教师和家长进行沟通交流时，配班教师可以接着陪孩子玩耍。与家长沟通时，教师先询问孩子的一些基础、客观的信息，如身高体重、出生日期、疾病史等，并记录在家访记录表上，以便后期针对孩子的个体化差异制订出有效的教学方案。这一步没有技巧，保持自然、多微笑即可。但是要记住，关于性格特点、生活习惯等，有些家长会在回答中添加主观色彩，要注意甄别。

3. 介绍幼儿园的教育内容

教师要向家长介绍幼儿园的教育内容，让家长了解幼儿园的教育理念和自己的教育主张，取得家长的认同，并让家长对幼儿园教育教学工作有初步的了解，使今后的家园共育工作更加顺畅。

4. 给家长吃定心丸

面临孩子第一次入园，很多家长或多或少也会出现一些分离焦虑。家访时，教师可以提供幼儿园的教学计划，让家长了解幼儿园的教学内容和孩子在园的情况，告诉家长，教师会在这方面重点给予关心和帮助，给家长吃一颗定心丸。另外，教师还可以与家长商量讨论适合孩子的教育方法，做好入园前的相应准备，帮助孩子从心理上

项目 三 不同工作场景用语技能

尽快适应、接纳幼儿园的环境,愉快地迎接新的幼儿园生活。

三、家访后的总结分析

家访结束并不意味着任务就完成了,接下来需要对家访的整体情况进行总结、分析,根据幼儿的性格特点、发展水平、身体状况等,制订个性化的教育方案,根据家长的基本情况和教育理念,制订专门的家长工作方案。

(1)根据家长的职业情况,拟定家委会初步人选,全职妈妈、刚退休的领导、有特殊技能的家长等会更合适。

(2)从与家长的沟通中了解他们的性格特征,从而得出未来在家长工作中应该采取的态度。如内向型的家长,教师应主动多反映孩子的情况;对于宠溺型的家长,沟通时应该更加委婉。

(3)孩子主要由爷爷、奶奶带的,今后家园沟通时需多从生活细节角度出发,以具体事例带出教育观念;孩子主要由高学历父母带的,今后交流时应先认可对方的观点,再让对方明白自己更专业、更有经验,从而实现平等交流。

推荐阅读材料:

(1)许清韵.教育因家访而精彩——浅议新形势下幼儿园家访工作的策略[J].名师在线,2021(22):95—96.

(2)匡欣.图解幼儿园体验式家长会实战[M].上海:华东师范大学出版社,2017.

家访活动用语技能考核标准

考核内容		考核点及评分要求	分值	扣分	得分	备注
评估 (13分)	教师	1. 精神状态良好	2			
		2. 着装得体	2			
	环境	整洁、卫生	3			
	模拟幼儿家长	关注幼儿教育问题,愿意与教师形成教育合力	3			
	物品	活动材料准备齐全	3			
计划 (5分)	预期目标	1. 教师设计家访方案	3			
		2. 教师在家访中不卑不亢、有理有节	2			
实施 (62分)	活动准备	1. 检查教师的精神状态和着装	2			
		2. 环境和物品准备	3			
	活动过程	1. 教师制定家访方案	5			
		2. 分析家访方案	5			
		3. 教师主动进行家访	10			
		4. 认真倾听,积极交流	15			
		5. 在相互尊重中提出要求	10			
		6. 教师对家访效果进行总结分享	4			
	整理记录	1. 整理记录家访内容	3			
		2. 活动反思	5			

教师语言技能

续表

考核内容	考核点及评分要求	分值	扣分	得分	备注
评价（20分）	1. 家访方案设计合理	5			
	2. 家访方案分析正确	5			
	3. 认真倾听，积极沟通	5			
	4. 家访效果明显	5			
总分		100			

同步练习

一、选择题（可多选）

1. 家访的方式有因人而访、因材相访和（　　）。
   A. 因事随访　　B. 随便访访　　C. 临时到访　　D. 特殊参访
2. 幼儿遇到（　　）情况，教师需要因事随访。
   A. 取得成绩沾沾自喜
   B. 遇到挫折悲观失望
   C. 受到刺激出现严重后果

二、判断题

1. 家访表现较好的幼儿，教师主要提出不足，使家长不放松教育，并通过家访对他们提出更高的要求。（　　）
2. 对放任不管型家庭，教师在家访时要多报喜、少报忧，使幼儿家长认识到孩子的发展前途，激发家长对孩子的爱心和期望心理，改变对孩子放任不管的态度。（　　）

三、简答题

教师家访的技巧有哪些？请简单举例。

四、操作题

用恰当的交谈，处理以下家访中遇到的问题。

一位教师来到幼儿家里，敲开门，孩子的父母正在与两位朋友打麻将，兴致正浓，以致孩子领着老师进门，家长也没起身，只是抬起头瞟了一眼，说声：随便坐。过了一会，觉得有些过意不去，又抬起头说："老师，会打牌吗？要不，来打几圈。"丝毫没有接待老师的意思。

项目 三 | 不同工作场景用语技能

任务四　面试应聘用语技能

子任务一　幼儿教师资格证面试技能

幼儿教师需要具备哪些基本素养？

1. 综合概述

幼儿教师需要具备一定的基本素养，这是做好幼儿教育工作的基础。所以，幼儿教师应具备多方面的基本素养。

2. 具体阐述

（1）要有良好的心理素质和执着的事业心。教师应该对幼儿教育工作特点有正确的认识和充分的准备，坚定信念，保持一颗执着的事业心。

（2）科学文化素质和艺术活动素质。幼儿教师要博学多才，要擅长唱歌、跳舞、画画、折纸等各项艺术活动。

（3）具备学习和反思能力。幼儿教师需要不断学习新知识、新技能，同时，要时刻进行反思，这样才能更好地开展幼儿教育工作。

（4）具备创新能力。幼儿教师要善于从平时的工作中，发现潜藏的科学原理和新鲜事物，捕捉最新、最具有开发价值的信息，发挥创新精神。

3. 点题升华

我认为我已经具备了做一名幼儿教师所需的基本素养。因此，如果我有幸成为幼儿教师中的一员，我一定会成为孩子们快乐成长的领路人。

【任务描述】

在掌握面试应聘用语技能后，结合具体考题内容，恰当运用面试应聘用语进行考试。

【任务实施】

一、面试的定义

面试，就是面对面考试，是教师资格考试的有机组成部分。它是指经过精心的安排和设计，在特定的场景下，以交流和观察为主要手段，对考生的知识、能力、经验等作出全面、综合评价的一种考试形式。

教师语言技能

面试重点考查考生从事教学活动和教育活动必备的能力与素质，具体包括职业认知、心理素质、仪态仪表、言语表达、思维品质、教学设计、实施和评价等方面。

二、面试的内容

国家教师资格证考试面试采取结构化面试和情景模拟相结合的方法实施考试。考试内容包括备课、回答问题、试讲、答辩等。面试采用教育部考试中心统一研制的面试测试系统，考官在测评结束后及时录入成绩，完成对面试成绩的评定。

三、结构化面试语言表达技巧

结构化面试、试讲、答辩都要求考生用普通话进行表达，要求语言规范，口齿清楚，语速适中，用词准确、简洁、流畅，语言具有感染力。

结构化面试是对考生的思维能力、心理素质、表达能力和教育教学知识与技能的全面考查，所以，对于"老师是人类灵魂工程师，你同意这样的说法吗？"这样的题目，考生不能简单回答"同意"或"不同意"，必须展开具体分析，在回答过程中，向考官展示正确的教师观，良好的思维品质、心理能力和表达能力。

结构化面试的语言技巧包括以下几点。

1. 服饰端庄，态势自然

在面试中，考生给考官的第一印象非常重要。结构化面试要求用五分钟回答两道随机获得的考题，考生首先要运用态势语言，包括服饰、面部表情、肢体语言等呈现给考官自信、积极的精神风貌，给考官留下良好的印象。在回答问题的过程中，考生要运用眼神、手势、面部表情和考官积极沟通，以增强表达的效果。

2. 称呼得体，学会提问

考生进入考场要向考官问好，可以直接称呼"各位考官"或"各位老师"，一般用"各位老师，上午好！我是×××号考生"开始考试。结构性面试试题由主考官随机抽取读给考生听，如果考生没有听清楚试题，建议考生稳定情绪，再请求考官重复一次问题，具体可以这样说："可否麻烦老师再重复一遍刚才的问题？"考官重复完毕，考生要向考官致谢。考生要努力打造良好的沟通氛围，使考试在愉快、轻松的氛围下进行。

微课：结构化面试
用语与技能

3. 观点明确，措辞恰当

结构性面试试题绝大多数都是需要考生谈谈自己的看法，这就要求考生旗帜鲜明地表达自己的态度，如首先回答"是"或"否"，然后谈谈"为什么"。在分析"为什么"时，要安排好条理，用"第一、第二、第三"分条缕析，使思路清晰；有的题目可以用"一方面，另一方面"的思路来回答，如对"学高为师，身正为范"这个短语的理解；有的题目可以提炼出几个关键词来作答，如"谈谈心目中的好教师形象"可以提炼出"爱生""博学""公正"等。在回答问题时，要把握好语言的分寸，不可过于自谦，也不可过于自负；语言要真实，忌说大话和空话；用词不能太"绝对"。

4. 内容饱满，适当举例

有时候考生对考题的理解比较模糊，一时不能找到合适的思路来回答；或者只能找到寥寥几句话来作答，感觉没能完全表达清楚自己的思想。在这样的情况下，可以适当举例，通过生动的例子表达自己的观点，使内容丰富起来。例如，"谈谈我心目中的好教师"这个考题，考生可以举优秀教师窦桂梅的例子等。

示例："要给幼儿一杯水，教师应有一桶水"，这是人们经常提到的一句话。请你谈谈对这句"至理名言"的认识。如果有必要，请你按照自己的想法对这句话进行改造，重新写一句。

"要给幼儿一杯水，教师要有一桶水"，是说相对于幼儿获得的"杯水"知识，教师必须拥有十倍、百倍于幼儿的"桶水"知识，这形象地反映了人们对教师知识存量的期望，也体现了传统社会一般的教师知识观。"学高为师"，教师要教好幼儿，必须要有丰富的知识，这无疑是十分正确的。

微课：试讲用语与技能

但是，如今很多人开始质疑这句话，认为要给幼儿一杯水，教师仅有一桶水是不够的。如果我们更深入地去琢磨这句话，就会发现这句话不够科学。现如今，知识更新的速度越来越快，数量越来越多；知识传播途径越来越多，传播速度越来越快。在这样的社会背景下，教师知识观必须变革，教师必须树立终身学习的观念，不断充电，与时俱进，变原来的"一桶水"为"长流水"。同时要改变过去"教书匠"的形象，用心做一名引导者。

四、试讲的语言表达技巧

1. 声音响亮，自信大方

试讲是无生授课，声音要大，中气要足。另外，要注意体态语的运用，能充分运用面部表情、目光和手势等进行控场。

2. 语调生动，善于提问

考生要运用重音、停连、语气、节奏等口语表达技巧进行表达，努力使语言生动活泼，符合幼儿的接受水平；通过启发式提问开启幼儿的积极思维，并且给予幼儿恰当的、科学的评价，营造良好的活动氛围。

3. 重视教学环节语的运用

考生在讲授时，要充分利用各环节教学用语来呈现教学的过程，使试讲层次清晰，使每一环节的目标具体明确。

五、答辩常见问题分类

1. 综合分析类

综合分析类提问涵盖的面很广，主要考查考生的综合素养。例如：

（1）有家长说教育孩子都是幼儿教师的责任。对此，你怎么看？

（2）在当前幼儿教育中，男性幼儿教师可谓是万里江河中的一滴水，所占比例甚小。对此，你怎么看？

回答这类问题首先应提出自己的教育观，表明态度；然后逐条进行分析论述；最后条理清晰地提出落实解决办法。

2. 落实解决类

落实解决类问题主要考查考生在遇到具体教育问题时，应该具备的教育智慧。例如：

（1）集体活动中有小朋友注意力不集中，打扰其他幼儿，作为幼儿教师，你怎么处理？

（2）菲菲去幼儿园上学，但一离开妈妈后就容易哭闹。作为幼儿教师，你怎么办？

回答这类问题首先应明确问题产生的原因，表达自己解决问题的态度；然后理出解决问题的方法步骤。

3. 职业认知类

职业认知类问题主要考查考生对前沿的幼儿教育教学观的理解和表达。例如：

（1）你认为幼儿教师除要具备专业知识外，还应该具备哪些重要素质？

（2）你认为社会主要矛盾的变化对教育工作有什么影响？

回答这类问题对考生要求较高，除具备扎实的专业知识外，还应具有较高的文化涵养。首先应对问题进行综合阐述，一般应掌握党和国家提出的关于教育的方针政策；然后进行具体阐述，即采用分论点的形式具体表达个人对问题的理解；最后点题升华，尽量从国家、社会、个人层面表达对教育的理解。

六、答辩的语言表达技巧

1. 耐心倾听，判明意图

在考官提问时，考生必须稳定情绪、认真倾听。一边听，一边判断考官提问的指向：是要求讲讲本次活动的目标是什么？还是对本次活动做一个简单评价？只有迅速弄清楚考官的提问意图，才能找到答题的策略。

微课：答辩用语与技能

2. 实事求是，随机应变

在试讲过程中，考官会将补充、修正试讲中失误的机会留给考生。这时候需要考生随机应变，灵活解决问题。例如，你刚才在试讲中采用了小组探究法，你觉得这种方法适用吗？在这样的情况下，考生必须在瞬间回顾刚才的教学活动，迅速做出反应。如果小组探究法适用，必须找到理据；如果不适用，得找到更适用的教学方法来。如果考生能根据考官的提问灵活地解决问题，会给考官留下思维敏捷、心理素质良好的印象，能给面试加分不少。

3. 态度诚恳，不强词夺理

答辩时，特别要注意的是，对于考官提出的意见和建议，考生要虚心接受，切不可一味替自己辩解。虚心接受他人的批评意见能彰显良好的人格修养。假如发现考官没有听清楚自己的意思或没有理解自己的表达，在获得允许的情况下，可以重申自己的观点，但必须注意说话的态度和方式。

想一想，试一试

想一想：午饭时，有小朋友吃饭比较慢，老师说要把他送到小班去。对此，你怎么看？

试一试：

1. 提出观点

首先，教师的这种行为是对幼儿缺乏耐心、不尊重幼儿的人格和个性差异、不进行因材施教的表现，不利于幼儿的身心健康发展，应加强反思，努力改进。

2. 分析论述

（1）该行为的消极影响。

1）对幼儿：一是不公平地对待幼儿，伤害了幼儿的人格和尊严；二是使幼儿害怕和反感教师；三是使幼儿害怕吃饭环节，严重者会产生厌食，影响其身体正常发育；

2）对教师：一是与现代幼儿教育观相违背，没有做到尊重和鼓励幼儿；二是以不平等的方式对待幼儿，不利于和谐的师幼关系的建立；三是该行为会制造一种紧张气氛，使大部分幼儿不敢进餐，影响进餐环节的效果。

（2）该行为的原因。

1）教育观念落后。不尊重幼儿，不关爱幼儿。

2）教育教学技能缺乏，没有做到因材施教。

3）不注重总结反思，能力提升缓慢。

3. 落实解决

（1）更新教育观念。教师认真学习现代幼儿教育观，公平对待每一位幼儿，尊重幼儿的个性差异，相信每个幼儿都能得到最好的发展。

（2）提升师德修养。"亲其师，信其道"，教师的一言一行都影响着幼儿的成长，教师要通过理论学习和实践总结来提升自己的师德修养。

（3）提升教育教学技能。教师要不断学习先进的教育教学方法，及时纠正自己的教育教学行为，使自己的专业水平更上一层楼。

（4）加强监督与管理。幼儿园有关领导要加大对教师日常教学行为的监督和管理，有效规范教师的行为，促进教师队伍健康成长。

幼儿教师资格证面试及其要求

面试是幼儿教师资格证考试的重要组成部分，要求考生具备：良好的职业道德、心理素质和思维品质；仪表仪态得体，有一定的表达、交流、沟通能力；有一定的技能技巧，能够恰当地达成保教目标。面试采取结构化面试和技能展示相结合的方式，主要从职业认识、心理素质、仪表仪态、交流沟通、思维品质、了解幼儿、技能技巧、评价反思八个方面进行评价。

面试的基本流程：考生提早20分钟来到备考室进行备考，而后根据从计算机随机抽取的题目进行幼教活动设计和准备。备考结束，由专门人员将考生带至考场进行面试。面试分三个步骤：第一步，结构化面试，时间5分钟，考生对考官从计算机中随机抽取的两个题目进行口头作答；第二步，模拟幼教活动，时间10分钟，要求考

教师语言技能

生依据之前备考进行幼教活动模拟展示；第三步，考官提问，时间 5 分钟，考官根据考生幼教活动模拟展示情况提出有关问题，由考生给予口头回答。面试过程结束，三位考官根据考生表现，依照评分细则、评分标准和评分要求，逐项进行评判并给出分数，之后电脑随即按设定程序自动合成总分。

就整个面试过程看，结构化面试部分题目范围广，涉及时事政治、教育政策、国家领导人讲话、教育哲理名言、保教问题分析、保教问题解决等。情景模拟部分题目类型多样，有讲故事、看图讲故事、模拟教学、诗歌朗诵、儿歌表演、游戏活动、诗歌配画、故事配画、音乐弹唱、音乐律动、手工制作等。考官提问部分具有指向针对性、问题随机性。总而言之，面试不仅考查考生的保教理论知识和综合知识功底，考查考生分析保教问题和解决保教问题的能力，考查考生设计和组织开展幼儿园保教活动的素质能力，也考察他们的气质、仪表、语言表达和随机应变能力。

由上可知，幼儿教师资格证面试绝不是一件简单轻松易举的事情，高职学前教育需要认真对待，深入研究，在人才培养过程中加强对学生相关素质能力的训练和培养。

考核评价

幼儿教师资格证面试应聘用语评价表

考核内容	评价标准	自评	组评	师评	综合
教资面试用语技能	1. 结构化面试的语言技巧（思维、表达、台风等）				
	2. 试讲的语言表达技巧（教学环节清晰、自信大方）				
	3. 答辩的语言表达技巧（态度诚恳、灵活明辨）				

同步练习

一、选择题（可多选）

1. 试讲的语言表达技巧包括（　　）。
   A. 声音响亮，自信大方　　　　　　B. 滔滔不绝，目中无人
   C. 语调生动，善于提问　　　　　　D. 重视教学环节语的运用

2. 答辩的语言表达技巧包括（　　）。
   A. 耐心倾听，判明意图　　　　　　B. 准确回答，不知道的不答
   C. 实事求是，随机应变　　　　　　D. 态度诚恳，不强词夺理

二、判断题

1. 面试是指经过精心的安排和设计，在特定的场景下，以交流和观察为主要手段，对考生的知识、能力、经验等作出全面、综合评价的一种考试形式。（　　）

2. 国家教师资格证考试面试采取试讲和回答问题相结合的方法实施考试。（　　）

三、简答题

结构化面试语言表达技巧有哪些？

四、操作题

两个小朋友喝水时插队，作为教师，你应该怎么处理？

子任务二　教师求职面试技能

微课：教师求职面试
用语艺术与技能

说说下面这则自我介绍的特点，思考自己在面试时应如何进行自我介绍。

我是××学校毕业的×××，我热爱幼儿教育事业。在校期间成绩优秀，连续三年获得一等奖学金，保育实习和教育实习成绩都是优秀。今年我还获得了省级诗歌朗诵比赛一等奖。我热爱孩子，也热爱和孩子有关的一切，尤其热爱儿童文学，在校期间阅读了上百部儿童文学名著，在专业儿童杂志上发表了多篇儿歌、儿童故事。因此，我认为自己非常适合幼儿园教师这一职业，也有信心成为贵园一名优秀的教师。

任务描述

在掌握求职面试用语技能后，结合具体面试内容，顺利参加求职面试。

任务实施

一、自我介绍

在面试环节常会见到自我介绍题目。自我介绍虽然简短，但可以向考官展现考生基本的逻辑思维能力、语言表达能力、提炼概括能力、现场的感知能力与把控能力，还可以透露出考生自我认知能力和价值取向。做好自我介绍有以下几个要点。

1. 突出重点

自我介绍是为了突出自己与众不同的特点，加深考官对自己的良好印象，又因为时间有限，所以必须在最短的时间内展示出要介绍的重点。

突出重点可以是自己学习成绩优异，可以是获得过的奖项，可以是特殊的工作经验，可以是独特的才能，还可以是独到的教育观念，无论哪一方面，这个重点要有所取舍，一定要紧紧围绕幼儿教师的岗位需要。

2. 突出个性

突出个性的目的同样是给自己增加印象分，这里所说的个性一定要积极向上，乐观自信。自我介绍时，最好将个性和专业特长及由此带来的成就结合在一起展示。热爱文学的考生可以在自我介绍时引用名言或诗句，增添文采；性格开朗的同学可以适当展示自身的幽默；独立坚强的同学可以引用事实来证明。自我介绍的方式一定要符合自身个性。

3. 随机应变

自我介绍的内容可以提前做好准备，但在实际介绍时，要注意选择合适的时机。可以根据面试的场景和气氛适当调整，以达到最好的介绍效果。例如，应聘当天下起了小雨，考生就可以加上这样的话：今天正好下起了小雨，诗人说雨的好处在于"润物细无声"，我想教育的最高境界也应当是"润物细无声"。

4. 注意语气和态度

自我介绍时语气以陈述为主，保持自信，条理清晰，简短明确，需要突出的部分要加重语气和稍微提高声调；态度要大方，表情要自然，面带微笑，目视前方，坐姿要端正。

二、说课

（一）说课的定义

说课是教师面对同行和领导专家，以先进的幼儿教育理论为指导，将自己对活动内容的理解和把握、活动程序的设计和安排、学习方式的选择和实践等一系列教学元素的确立及其理论依据进行阐述的一种教学研究活动。

（二）说课与试讲的区别

试讲主要解决教什么、怎么教的问题；说课不仅解决教什么、怎么教的问题，还要说出"为什么这样教"的问题。

（三）说课的语言要求

说课主要包括说活动意图、说学情、说活动准备、说教法与学法、说教学过程、说活动特色等内容。说课时，与口语表达相关的主要有以下技巧。

1. 说课前的准备

要在说课前准备好各领域基本课型的框架，包括目标框架和理论框架。

2. 条理清晰，主次分明

说课时，一定要按照说课的基本环节去说，但要注意详略得当，重点、难点的解决部分、教学设计亮点部分等关键内容一定要多给时间详细说明。在表达上可以用下面这样的话来体现："下面我侧重谈谈对这节课重难点的处理……""基于对教材的理解和分析，本人将对该活动的目标定位为……"

3. 表达清楚，语言得体

说课时，要做到措辞准确、吐字清晰，普通话标准，整体要流畅，在此基础上可以追求语言美，配合恰当的情感和语气语调。例如，教学方法和学习方法要用稍慢的语速说清楚，教学的重、难点要用重音来强调。

三、回答问题的程式化语言

在回答结构化面试和答辩的问题时，有一些通用的程式化语言，可以提前准备好，可以帮助自己理清思路、缓冲紧张情绪，使自己的表达显得清晰、有逻辑性。例如：

针对这个问题，我有以下几点考虑：第一，……；第二，……；第三，……

我做出这样的选择是因为……
我认为自己能胜任这份工作，主要有两个方面原因……
这种观点有一定的合理性，但仍需要辩证地分析……
您对我的建议正是我要努力达到的目标……
这种做法在一定程度上有损幼儿的身心发育，主要表现在……

想一想，试一试

想一想：假设你要应聘幼师岗位，抽到的题目是说清楚中班美术活动"小鱼小鱼水中游"的教学部分和学法部分。

试一试：

1. 说教法

《幼儿园教育指导纲要（试行）》指出："教师应成为学习活动的支持者、合作者、引导者。"在活动中，教师要心中有目标，眼中有幼儿，时时有教育，以互动的、开放的、研究的理念，让幼儿真正成为学习的主体。因此，本次活动采用的教学法有以下几种：

（1）操作法。操作法是幼儿建构活动的基本方法。所谓操作法，它是指幼儿动手操作，在与材料的相互操作过程中进行探索学习。本次活动安排了两次操作活动。

（2）演示法。演示法是指教师通过讲解谈话，把实物或教具展示给孩子看，让他们有直接的感受。本次活动中的演示法是通过观看各种鱼的图片，引起幼儿的学习兴趣。

（3）情境教学法。在活动中适时地加入幼儿表演的过程，让幼儿充分地欣赏艺术给人带来的快乐。教师对幼儿赏识的激励，使幼儿对此活动有了期待，活动"小鱼小鱼水中游"让幼儿在欣赏自己作品的同时体验成功的喜悦。

2. 说学法

《幼儿园教育指导纲要（试行）》认为，幼儿是学习的主体，要让幼儿能主动积极地参与探索活动，选择方法很重要。我主要运用以下方法：

（1）观察法：引导幼儿逐步观察小鱼各部分结构，并形成整体印象。

（2）操作法：让幼儿跟着老师画画，了解各种鱼的基本描绘过程及特点。

（3）展示法：教师提前准备展示墙，让幼儿把作品贴到墙上进行解说和展示。

知识拓展

谈幼儿园教师如何面试

一、幼儿教师面试技巧

（1）精神紧张及克服的办法。陌生的环境，被陌生的人提问，事关自己今后一段时间的发展前途，幼儿教师不可能不紧张，适度的紧张可以促使幼儿教师更加集中注意力投入面试。但若紧张过了头，则于面试极为有害，不仅使应试人注意力不集中，甚至可能将事先准备的内容忘得干干净净，头脑一片空白。这里，提供几种克服紧张的方法：

1）要做好充分的准备工作。预计到自己临场可能很紧张，应事先请有关教师或同学充当主试人，举办模拟面试，找出可能存在的问题与不足，增强自己克服紧张的自信心。

2) 反复告诫自己。不要将一次面试的得失看得太重要，应该明白，自己紧张，你的竞争对手也不轻松，也有可能出现差错，甚至可能不如你。在同等条件下，谁克服了紧张，大方、镇定、从容地回答一个提问，谁就会取得胜利。

3) 不要急着回答问题。主试人问完问题后，应试人可以考虑5~10秒钟后再作回答。在回答时，要注意不可语速太快，快了容易使思维与表达脱节，快了也容易表达不清。而你一旦意识到这些情况，会更紧张，结果导致面试难以取得应有的效果。所以切记，面试从头到尾，讲话不急不慢，逻辑严密，条理清楚，让人信服。

（2）遇到不清楚的问题及对策时，主试人提出的问题，应试者听后会不知道怎么答，在要求再讲一遍题目后，应试人仍无法回答。这种情况，尽管不多见，但一旦发生了，你可以婉转地问主试人是否指某方面的问题。此时，重要的是态度要坦诚，不可胡乱猜测，信口开河。

二、面试要准备什么

面试要准备什么？一般准备好自己的简历和毕业证书还有最好带一些手工作品。整个过程一般是：先是自我介绍。一般园长会问你的工作经验和有哪方面的特长。还有现场进行技能。如要求你画一幅画、弹下琴或跳个舞。还有的是要求你现场上一小节课。机会是给有准备的人面试的时候，一般都会先看你的专业。如弹琴、画画、讲故事（上课）……幼儿园比较注重教师的衣着、打扮（穿得得体，长头发应该梳起）。

三、新人面试法则：做好三个"第一"

（1）第一句话：在面试过程中，讲好第一句话，常常可以出奇制胜。大学生在面试过程中忌问毫无深度的问题，如单位是什么性质，你们要招聘什么人员等，这些只要留心招聘简章就可以找到答案的问题，非但不会给招聘者留下好印象，反而会使人产生厌烦心理，使面试大打折扣。

（2）第一动作：一个细微的动作，能反映出一个人的整体素质。试想，一名要应聘研发岗位的求职者，却在招聘人员的面前手忙脚乱地翻找个人简历，那么谁会放心将如此细致的工作交给他呢？

（3）第一印象：在面试过程中，第一印象往往最直接地表现在衣着打扮上。不少求职者认为找工作穿着西装革履才显得正式。实则不然，不同专业、不同岗位应配以不同的打扮。例如，艺术类的职位，考官会考察求职者的艺术气质，这时一身休闲、随意的打扮恰恰能起到意想不到的效果。

教师求职面试应聘用语评价表

考核内容	评价标准	自评	组评	师评	综合
应聘面试用语技能	1. 自我介绍的语言技巧（重点突出、简洁自信）				
	2. 说课的语言表达技巧（说课环节完整、理论联系实际）				
	3. 回答问题的语言表达技巧（思路清晰、沉着冷静）				

同步练习

一、选择题

1. 自我介绍可以向考官展现考生基本的逻辑思维能力、语言表达能力、提炼概括能力和（　　）。
   A. 灵活应变能力　　　　　　B. 现场的感知能力与把控能力
   C. 与人沟通能力　　　　　　D. 应酬能力

2. 说课不仅解决教什么、怎么教的问题，还要说出（　　）的问题。
   A. 为什么这样教　　　　　　B. 学什么
   C. 怎么学　　　　　　　　　D. 为什么这样学

二、判断题

1. 说课主要体现出教师的教学思想、教学意图和理论依据，体现的是思维过程，而教案是进行教学活动的具体操作过程，体现的是实践性，两者是不同的。（　　）

2. 说课时可以不用按照基本环节去说，只需要具体问题具体对待。（　　）

三、简答题

简述自我介绍的要点，并设计一个1分钟的自我介绍。

项目总结

一日生活、教研活动、家长会等是一名幼儿园教师工作中最常遇到的工作场景。在这些工作场景中，科学的教师用语是连接师幼情感的主要纽带，对于幼儿的发展至关重要。本项目从幼儿园一日活动出发，围绕教研活动、家长会、家访等不同场景中的教师用语，最后阐述了面试应聘用语的技能技巧，再结合大量案例，更加便于学习者将理论联系实际，内容丰富、实用性强。

拓展阅读

中班健康活动"小滚筒 大挑战"说课稿

各位老师好，今天我说课的题目是中班健康活动"小滚筒 大挑战"。

一、说活动内容

首先请看我的主题网络图（展示）。

安吉游戏创始人程学琴老师曾说：真游戏就是真学习！游戏是最能表现幼儿主动性、独立性与创造性的活动。滚筒游戏对中班幼儿来说，是一项没有挑战过的项目。本次我组织的健康活动"小滚筒 大挑战"是子主题"趣味滚筒"延伸出来的，敏锐地捕捉到幼儿的兴趣与需要，支持和鼓励他们在游戏过程中的想法，引导和帮助他们解决游戏中遇到的难题，共享成功的喜悦。

二、说活动目标

新《纲要》指出，健康活动要开展丰富多彩的户外游戏，培养幼儿参加体育活动的兴趣和习惯。因此，我制定了以下三项目标：

（1）认知目标：认识滚筒的基本特征，知道怎样能让滚筒更加稳固。

（2）能力目标：能够尝试在滚筒上行走，发展身体平衡能力和协调能力。

（3）情感目标：在游戏情境中萌发自信、勇敢、不怕困难的精神。

其中，"认识滚筒的基本特征，知道怎样能让滚筒更加稳固"是本次活动的重点。"能够尝试在滚筒上行走，发展身体平衡能力和协调能力"是活动的难点。为了突出重点和突破难点，在活动中我为幼儿提供了在游戏和探索中自我学习、体验发现、互动互助的机会，以促进目标的达成。

三、说活动准备

（经验准备）中班幼儿已经形成了对滚筒特点的基本感知。

（物质准备）活动前，我会为幼儿准备滚筒、木梯、皮球、纸笔等物质材料。

（环境准备）选择开阔、安全的户外场地开始活动。

四、说教法学法

本次活动我采用了示范法、提问法、情景教学法等教法和游戏法、发现法、多感官参与法等学法，帮助幼儿在探索、发现、交流中获得无限发展的可能。

五、说活动过程

（一）创设情境，"滚筒"初体验

（1）我将讲述故事来创设情境：一天，在一片大森林里住着一个滚筒宝宝，"我是滚筒宝宝。我的皮肤光溜溜，我的肚子圆乎乎，我的本领最强大。因为——谁踩在我的身上都站不稳。"

（2）我将出示滚筒，调动幼儿多种感官、感知滚筒的基本特征，尝试平稳地站在滚筒上。

（二）提出猜想，"滚筒"站得稳

（1）我将提出问题，引导幼儿交流讨论。"小朋友们，用什么办法能够让我们平稳地站在滚筒上呢？"我将问题抛给幼儿，引导幼儿想出各种各样的办法，例如：用轮胎把滚筒固定住，请两个好朋友扶着滚筒，在滚筒里放大皮球……

（2）把幼儿分为3~5人一个小组，引导幼儿用绘画的方式画出本组的猜想。

本环节是活动的重点部分，我采用了多感官参与法，帮助幼儿认识滚筒的基本特征，知道怎样能让滚筒更加稳固。

（三）游戏挑战，"滚筒"走起来

（1）幼儿自由验证自己的猜想。当幼儿能够在滚筒上站稳后，教师提出新的问题，"大家都站在了滚筒上，为什么走不起来呢？怎样才能在滚筒上走起来呢？"

（2）教师示范让滚筒走起来的方法。例如，双手打平，双脚交替行走，保持好重心。

（3）幼儿接受挑战，尝试在滚筒上行走。教师用相机记录下幼儿在游戏过程中的精彩瞬间。本环节是活动的难点部分，我采用了游戏法、发现法，帮助幼儿大胆尝试在滚筒上行走，发展身体平衡能力和协调能力。

（四）分享交流，"滚筒"趣味多

（1）教师将幼儿游戏过程照片制作到PPT中，引导幼儿进行观察和回忆。

（2）邀请幼儿进行分享交流。分享自己游戏过程中遇到的困难和解决困难的办法。

（3）鼓励幼儿再次尝试，大胆在滚筒上行走。萌发自信、勇敢、不怕困难的精神。活动结束后，我会将活动延伸到户外游戏/区角游戏/家园共育，引导幼儿探索出更多"花样滚筒"的玩法。

六、说活动创新点

本次活动利用游戏创设"玩中学"的情境，及时把握幼儿学习的生长点，引导和建构新的游戏。通过多种感官参与和不断探索尝试，激发幼儿的思考和想象，以游戏精神促进幼儿的发展。

▶技能实训

阅读以下案例及相关分析，以3～5人为一个小组，轮流扮演教师，模拟出你要对幼儿说的话。

案例：中秋节的时候，嫦娥姐姐来你班送礼物，小朋友吓哭了，如果是你，你怎么说？

分析：这个案例重点考查教师了解幼儿的能力、情绪调控和应变能力。

解题思路：

（1）接纳幼儿的情绪；

（2）耐心倾听幼儿的想法，了解原因；

（3）及时引导，让幼儿接纳嫦娥姐姐。

▶思考练习

（1）入园时间，一个孩子说"我不喜欢上幼儿园"，作为教师，你会怎么说呢？

（2）请你以中班语言活动"小熊过桥"为题进行说课（附儿歌：小木桥，摇摇摇；小熊小熊，来过桥）。

项目四

不同工作对象用语技能

▶ **项目概述**

教师与不同工作对象交际用语是教师为完成教育教学工作,更好地与家长、同事、领导等进行沟通所使用的语言,是教师必须掌握的一项言语技能。

教师与不同工作对象交际用语要体现其职业语言的规范性、科学性、教育性等特点,也要体现教师所特有的高尚情趣、丰厚的文化底蕴和良好的沟通能力。

本项目重点学习与家长沟通技能、与同事沟通技能 2 项内容,共 4 学时。

▶ **学习目标**

知识目标

1. 掌握教师与不同工作对象用语原则和方式。
2. 掌握教师与不同工作对象用语礼仪知识。
3. 掌握教师与不同工作对象用语技巧。

能力目标

1. 会运用沟通礼仪技能有礼貌地与不同工作对象进行沟通。
2. 能对不同工作对象表达技能进行总结反思。

素质目标

1. 注重家园合作,积极宣讲科学育儿观念。
2. 增加沟通素养,提升职业责任感、使命感。

项目 四 | 不同工作对象用语技能

◆ 项目导航

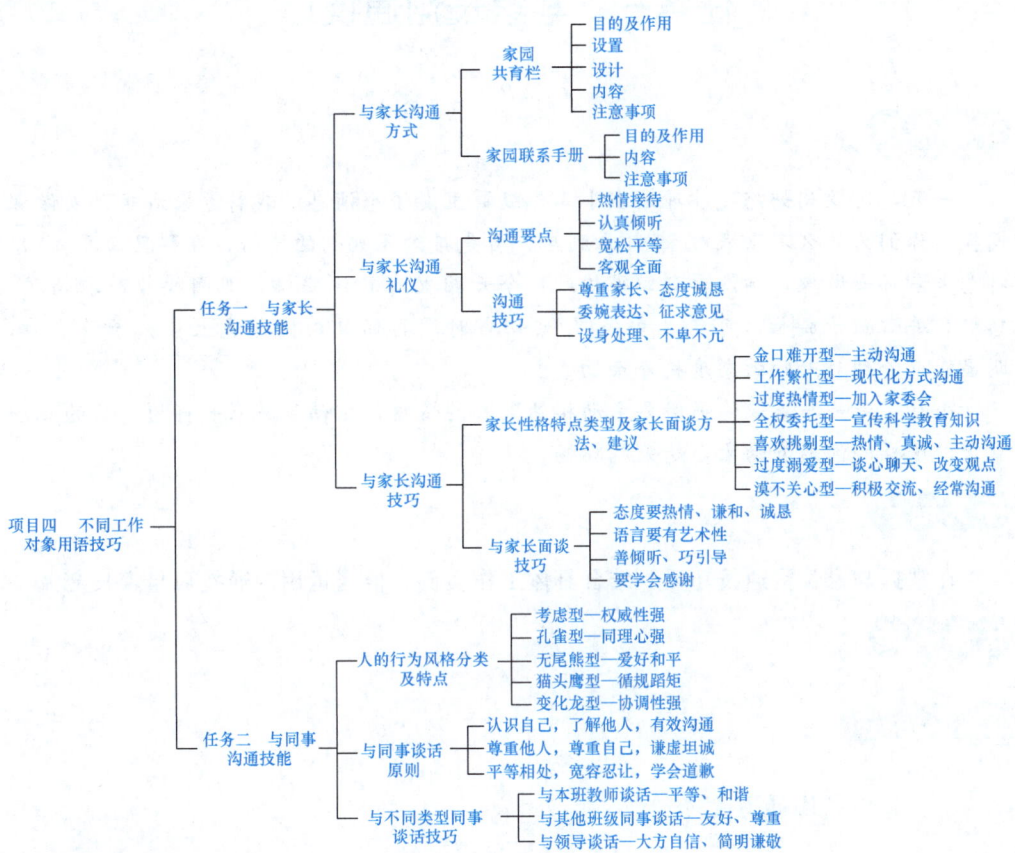

典型案例

下面是某幼师与家长电话交流的内容：

"喂，您好！是晶晶的妈妈吗？我想和您说下孩子最近在幼儿园的表现。这段时间家里发生啥事了吗？现在天气这么热，孩子天天背着个毛绒玩具上幼儿园，这是为什么呢？再说这个玩具占了好多地方，孩子平时换的衣服都快放不下了。家长可要好好管管啊！"

你觉得这样和家长电话沟通效果如何呢？那么该怎样做呢？

任务一　与家长沟通技巧

任务情境

一天,可欣奶奶怒气冲冲地在小二班级群里发了个消息"我特意来看我孙女做课间操,你们为什么不下来?"教师看到后,首先接纳了奶奶的情绪,在群里回复:"您特意来看孙女做操,却没看到,很抱歉!今天园里有其他安排,课间操暂时取消了。您这么关心孩子成长,可欣真幸福!"奶奶当时没再回复,但是晚上接孩子放学时,明显能感受到对老师的态度格外亲切。

小结:教师与家长沟通时要主动接纳家长的情绪,主动了解家长行为背后的心理需求,这样的沟通互动才会越来越顺畅。

任务描述

在掌握与家长沟通技巧后,结合具体工作实例,恰当运用沟通技巧与家长交流。

任务实施

一、与家长沟通方式

设置家园共育栏、建立家园联系卡及通过家长会、电话、微信、面谈等方式与家长沟通。

1. 家园共育栏

(1) 设置家园共育栏的目的及作用。方便家长了解幼儿园办园理念及各班级教育教学工作安排,宣传科学先进的育儿知识,通过制作家园共育栏与家长互动。

家园共育栏是幼儿园和家长联系的重要纽带。一份设计适宜的家园共育栏,可以帮助家长了解幼儿园的课程安排,更好地配合教师的教育工作。

(2) 家园共育栏的设置。家园共育栏是各班级宣传的窗口,应设置在显眼的位置,如班级门口。

(3) 家园共育栏的设计。

1) 规划栏目设置。根据本学期活动需要、资源条件,增减栏目,并确定更新周期。

2) 确定栏目名称。名称可以有创意,但务必让家长清晰了解栏目的内容定位,如"家园手牵手""家园彩虹桥""家长寄语"等。

3) 积累内容素材。有关教育知识、经验的内容可以通过网络、杂志等渠道收集或发动家长一起参与。有关幼儿活动的内容除文字外,还可以通过照片进行直观展示。

4）美化版面。尝试用剪纸、绘画等作品装饰版面，或者为文字内容添加各类边框，以此减少刻板，增加活泼感。

5）不固定地加以调整。倾听家长的意见，优化栏目设置；了解家长需要、问题和疑惑，作为下期的话题来源。

（4）家园共育栏内容。

1）幼儿园、班级各项工作计划。包括班级工作月计划、周安排。

2）幼儿园安全卫生方面的。例如，班级卫生、消毒、通风等记录，或幼儿安全卫生保健方面的宣传材料，例如：预防流感等的宣传材料。

3）通知、通告温馨提示类。如活动通知、接送通知、家长配合等信息。

4）教育理念。例如，如何进行亲子共读？孩子挑食怎么办？

（5）设置家园共育栏的注意事项。

1）定期更换家园共育栏的相关内容。

2）保证家园共育栏内容的质量，如格式正确、布局合理、字迹清晰、无错别字。

3）避免家园共育栏过渡装饰。家园共育栏的功能在于传递信息，装饰不必过于花哨。

2. 家园联系手册

（1）制作家园联系手册的目的及作用。家园联系手册（幼儿成长档案）能使家长和幼儿教师及时掌握孩子日常生活、学习情况，以及了解幼儿性格、喜好等特点，方便家长及教师因材施教；家园联系手册还是家园互动、沟通的有效途径，也可以使孩子感受到来自家长和教师对自己共同的呵护。

（2）家校联系手册内容。

1）幼儿及家庭基本情况；

2）第×周、幼儿在家表现、家长评语、家长寄语；第×周、幼儿在校表现、教师评语、教师寄语；

3）具体活动项目、表现、评价。

（3）设置家园联系手册注意事项。

1）加强教师与家长对联系手册的重视程度；

2）根据教学、幼儿及家长实际情况完善联系手册的版块设计，彰显个性。

二、与家长沟通礼仪

"礼者，敬人也。"是教师礼仪的首要原则，也是教师礼仪的灵魂所在。

1. 与家长沟通要点

（1）热情接待来园的家长。家长来访教师要立即起身，问明来意。

（2）谈话时要控制音量并保持距离，认真倾听家长的叙述。

（3）营造宽松的氛围，要以平等的身份与家长交谈。

（4）对孩子的评价一定要客观全面，既肯定优点与进步，也要真诚地提出不足之处。

2. 与家长沟通技巧

（1）尊重家长，态度诚恳。主动微笑，用字遣词优雅；仪态端庄，包括肢体语言。

（2）委婉表达，征求意见。委婉地表达孩子需要改进的地方；适时提出建议。询问对方的意见。选择恰当的沟通时间与地点，向对方表示善意与欢迎。

（3）设身处地，不卑不亢。强调沟通双方相同的处境，充满信心地进行沟通。不要仓促地替家长做决定，不要催促对方下决定。

3. 与家长沟通注意事项

一忌居高临下；二忌自我炫耀；三忌口若悬河；四忌心不在焉；五忌随意插嘴；六忌节外生枝；七忌搔首弄姿；八忌挖苦嘲弄；九忌言不由衷；十忌故弄玄虚；十一忌冷暖不均；十二忌短话长谈。

▎想一想，试一试

（1）情境一：当遇到家长来幼儿园反映问题时，教师应该怎么做？

教师应该态度冷静，让家长把话说完，语言认真委婉。不妨这样说：谢谢！让我们再了解一下。请您放心，我们再商量商量，尽量帮您解决。

（2）情境二：当家长之间发生矛盾时，教师应该怎么处理？

教师应该稳定家长情绪，分别与家长谈话。不妨这样说：别着急，孩子在园发生事情，责任在我，您有什么意见和我们说。

（3）情境三：当孩子在幼儿园生病受伤时，教师应该如何与家长汇报？

教师应该如实说清，表示歉意。不妨这样讲：真是对不起，今天……麻烦您多观察孩子，有什么不舒服时，需要我们做什么尽管与我们联系。

（4）情境四：当家长晚接孩子时，教师应该如何与家长沟通？

教师主动热情，耐心接待。不妨这样说：没关系，请您今后商量好谁接，免得孩子着急。

（5）情境五：当家长馈赠物品时，教师应该如何说？

微课：与家长沟通艺术

教师应该礼貌回绝。不妨这样说：您的心意我们领了，照顾孩子是我们应该做的，您别这么客气。

（6）情境六：需要找个别家长谈话时，教师应该怎么说？

教师应该态度平和，讲究艺术。不妨这样说：对不起，耽误您一会儿时间。

三、与家长沟通技巧

与家长面谈交流，是最有效、也最不容易的沟通方式。

（一）家长性格特点分类

（1）金口难开型家长。金口难开型家长性格比较内向，不善言谈，因此他们不大会积极主动与教师交流。其实，他们很想了解孩子在园的情况，只是不知道该如何说起。

(2) 工作繁忙型家长。工作繁忙型家长工作繁忙，没有时间向教师了解孩子的情况。

(3) 过度热情型家长。过度热情型家长积极、热情地关心幼儿园发展。大到积极参加幼儿园组织的活动，小到关心幼儿园的门窗是否安全。此类家长能积极配合教师做好幼儿园的各项工作，但偶尔也会妨碍教师的工作。

(4) 全权委托型家长。全权委托型家长把教育孩子的希望全部寄托在教师的身上。他们认为自己文化水平不高，没有能力参与幼儿园的教育活动。

(5) 喜欢挑剔型家长。喜欢挑剔型家长大多经济条件较好、文化程度较高。他们的要求较高，包括对幼儿园的教育教学方面的要求，并且有的家长还持有怀疑的态度。

微课：如何与家长沟通

(6) 过度溺爱型家长。过度溺爱型家长主要是老年人。祖辈家长最关注的是孩子在幼儿园有没有被欺负，有没有被教师关注等。

(7) 漠不关心型家长。漠不关心型这类家长对孩子的教育往往抱着顺其自然的态度。认为只要孩子在幼儿园没有发生安全问题就行，其他教育问题不太在意。

（二）与家长面谈的方法、建议

1. 面对金口难开型家长

(1) 对策：主动。

(2) 具体做法：对于这类家长，教师应该主动。主动与家长建立朋友关系，刚开始教师可以和家长聊聊家常；教师还可以在家长接送孩子时与他们谈谈彼此共同关心的事情，使家长觉得和教师交往很轻松，逐渐建立朋友般的关系。在此基础上，教师再慢慢地与家长交流孩子的情况，由于家长和教师已经建立了朋友般的关系，在交流孩子问题上自然而然地主动了。

(3) 建议：如果是幼儿园，针对家长的不善言谈，教师还可以采取让家长看孩子的活动录像、活动照片等方式进行沟通。这种方法特别适合托班、小班刚入园的孩子，由于是刚入园，家长对于教师比较陌生，刚开始他们对教师还处于不相信的状态，如果此时教师能用实际行动证明孩子的进步，那么会消除教师与家长之间的隔阂，从而增进了解，成为朋友。

对于不善言谈的家长来说，或许不善于说，但比较善于写，所以成长档案、便条也是与这类家长沟通的有效的途径。

2. 面对工作繁忙型家长

(1) 对策：运用现代化沟通方式。

(2) 具体做法：

1) 短信交流。短信是向家长传达通知最有效的方式。以短信的形式向家长发通知，不但能够让家长及时、细致地了解幼儿及班级里的情况，又可以防止家长遗忘通知上的重要内容。

2) 论坛。很多幼儿园都有自己的网站及班级论坛。在论坛里，教师可以上传一些孩子的活动照片。这样即使家长工作再忙，无法到幼儿园，但还是可以抽空上论坛看看孩子在校的情况。

3）QQ、微信群。教师可以给自己班级里的家长建立 QQ 群、微信群，聊聊孩子在校、在家的情况，促进教师与家长之间的沟通。同时，家长之间也可以相互交流孩子的成长经验。

4）电子邮件。对于难得上网、工作又确实忙得不得了的家长，教师可以定期向家长发邮件，让家长及时了解孩子在园的情况。

(3) 建议：工作繁忙的家长接送孩子的机会较少，他们对孩子信息的了解都是间接的，如通过老人、保姆的转达，不是内容不详，就是内容不符，甚至不传达。因此，一些现代化的联系方式就派上用场了。

教师运用这些现代化的联系方式，能及时消除家庭与幼儿园在沟通过程中的矛盾，使工作更有实效性。

3. 面对过度热情型家长

(1) 对策：请其加入家委会。

(2) 具体做法：教师可以请这些家长来做家委会成员，让他们来进行班级的环境创设、亲子活动等出谋划策。当教师与其他家长沟通遇到麻烦时，也可以借助家长来做家园工作的桥梁，请他们代表教师跟其他家长沟通，帮助教师做好其他家长的思想工作。因为有时候家长之间的交流比教师的苦口婆心要有效得多。所以，教师珍惜这些不可多得的帮手。

4. 全权委托型家长

(1) 对策：宣传科学育儿知识。

(2) 具体做法：首先，定期布置家庭作业。给家长布置"作业"也是一个好办法。教师可以分期发给家长"亲子活动问卷"，鼓励家长和孩子一起完成题目，将做好的"作业"让幼儿带回给老师批改。家长通过与孩子互动学习，对幼儿园的教育工作理念有了新的认识，就能更好地给予理解和支持。

然后，引领家长进行互动。教师不仅要充分关注、了解每个家长，还要将不同的家长有机地结合与搭配在一起。特别是对于一些不善交流的期望型家长，更应该把他人好的经验介绍给他，让他与其他的家长产生互动，促使他们积极参与幼儿园的活动。

(3) 建议：不少家长缺乏科学的教育知识，在家庭教育中往往不顾孩子的年龄特点和教育规律，在生活中对孩子百依百顺，溺爱孩子；在学习上则高标准，强要求，不顾孩子的好恶，强迫孩子学这学那。为了帮助家长提高育儿水平，扩宽育儿知识面、传递育儿经验，教师可以给家长介绍教育孩子的书刊，请家长收看育儿的电视节目等。

5. 面对喜欢挑剔型家长

(1) 对策：热情、真诚、主动。

(2) 案例：小强刚上幼儿园，每天哭闹，孩子又认人，只让他第一眼认识的本班老师抱，其他老师抱他，他就哭。因此，家长提出要这个老师每天来抱小强。

(3) 具体做法：面对家长的要求，该教师坚持每天早晨迎接孩子，一边引导孩子认识其他老师，同时主动与孩子的妈妈谈心，交流一些让孩子熟悉陌生环境的人、事等方面的经验。渐渐地孩子与其他教师熟悉了，家长也通过接送孩子认识、了解了其他教师，教师终于以真诚和智慧换取了家长的信任。

6. 面对过分溺爱型家长

（1）对策：谈心聊天，改变观点。

（2）案例：有些家长生怕孩子在幼儿园吃不饱，所以每天接孩子时都会带来零食。由于隔代的溺爱，使孩子饮食无规律，营养过剩。

（3）具体做法：针对这样的情况，教师应及时与他们沟通，把幼儿园每天的食谱拿给家长看，同时找来有关资料，让家长明白营养过剩的害处及科学育儿的道理。

7. 面对漠不关心型家长

（1）对策：积极交流、经常沟通。

（2）建议：对这类家长，教师要经常积极地与他们交流，把孩子表现讲述给他们听，把孩子的作品展示给他们看，告诉他们，孩子的成就主要来自父母的帮助。让家长了解，孩子的成长离不开父母的陪伴，吸引家长参与幼儿园的活动。

（三）与幼儿家长面谈的技巧

1. 态度要热情、谦和、诚恳

只有尊重家长，与家长保持平等关系，才能保证与家长的顺利交谈。只有以一种平等友好的态度来对待家长，将家长视为朋友，尊重家长的意见，虚心诚恳地听取家长的建议，才能赢得家长的尊敬和信赖，才能"亲其师，信其道"。

2. 语言要有艺术性

（1）教师与家长交谈时应语气委婉，向家长反映情况要客观，态度要平和。

（2）教师应尽可能地采取多种途径与家长交流。我们不能等孩子犯了错误后才去与家长沟通，找家长告状，而平时要主动向家长反映孩子在幼儿园的情况，谈孩子在幼儿园学习、生活、游戏等方面的进步表现，以拉近教师与家长之间的距离，这是每个家长都较关心并十分愿意接受的。

3. 善倾听，巧引导

在沟通的过程中，教师要善于倾听家长的叙述，倾听家长讲孩子在家里的表现，不要随便打断、反对家长的讲话。

4. 要学会感谢

通过沟通之后，一座心与心的桥梁已悄然出现在师幼和家长之间。在与家长交流结束之后，教师要及时地对家长的建议给予肯定、对家长的配合给予感谢。

▣ 想一想，试一试

情境：调床"风波"。

（1）案例：丫丫妈妈不满意老师给丫丫安排的床位，多次找老师提要求，一会说孩子个子高，比较好动，爱爬床；一会说幼儿园的床不好，孩子每天中午都睡不着等。

教师语言技能

读书笔记

(2) 问题：针对以上情境，教师该如何使用沟通技巧与家长有效沟通呢？

(3) 分析：根据案例可判断丫丫妈妈应该属于较为挑剔型家长。对于这类家长，教师在进行沟通时要注意做到动之以情，晓之以理。

(4) 做法：老师先仔细观察了丫丫午睡的表现，发现丫丫并不完全像家长说的那样。于是，老师一边给家长介绍丫丫的午睡情况，一边做好调动丫丫床位的准备工作，并用录像拍下丫丫的午睡情况，让家长知道孩子睡在这个床位其实挺好的。再告诉家长其实每个床位都是一样的，如果家长真的觉得这个床位不合适，老师可以马上给孩子换个床位。老师的晓之以理，动之以情，感动了丫丫的妈妈，最后主动提出不调换床位了。

(5) 总结反思：跟家长交流是一门艺术，它需要幼儿教师从家长的角色出发，把握好家长的心理，因人而异，对症下药，"多报喜，巧报忧"，那么大事就会化小，小事就会化了，达到事半功倍的效果。只有在相互尊重、平等沟通、交流、合作中，家园共育才能发挥最大的教育潜能，幼儿才能得到更全面的教育。

与家长沟通考核标准

考核内容		考核点及评分要求	分值	扣分	得分	备注
评估 (13分)	教师	1. 精神状态良好	2			
		2. 着装宽松得体	2			
	环境	干净、整洁、安全、温湿度适宜	3			
	家长	关注幼儿教育问题，愿意与教师交流	3			
	物品	活动材料准备齐全	3			
计划 (5分)	预期 目标	1. 教师设计沟通方案	3			
		2. 教师与家长沟通流畅有效，能解决实际问题	2			
实施 (62分)	活动 准备	1. 检查教师的精神状态和着装	2			
		2. 环境和教具准备	3			
	活动 过程	1. 分析教育教学案例	5			
		2. 教师设计沟通方案	5			
		3. 教师主动与家长进行沟通	10			
		4. 主动就某一教育问题展开交流讨论	15			
		5. 在相互尊重中解决问题	10			
		6. 教师对沟通效果进行总结分享	4			
	整理 记录	1. 整理记录沟通内容	3			
		2. 活动反思	5			

续表

考核内容	考核点及评分要求	分值	扣分	得分	备注
评价（20分）	1. 案例分析正确	5			
	2. 沟通方案设计合理	5			
	3. 与家长沟通有礼有节、大方自信	5			
	4. 沟通效果明显	5			
总分		100			

同步练习

一、选择题

1. 与幼儿家长沟通注意事项时忌居高临下、忌自我炫耀、忌心不在焉和忌（　　）。
   A. 冷暖不均　　　B. 换位思考　　　C. 体谅他人　　　D. 真诚以待

2. 与幼儿家长沟通时，表情应该（　　）。
   A. 紧张　　　　　B. 害怕　　　　　C. 自负　　　　　D. 自信微笑

3. 与幼儿家长沟通主要方式有（　　）、建立家园联系卡和面谈。
   A. 家园联系栏　　B. 请家长　　　　C. 写信　　　　　D. 发邮件

二、判断题

1. 当家长对教师提出超出幼儿教育目标以外的要求，如教孩子写汉字等小学知识时，教师可以理直气壮地对家长说：不行。（　　）

2. 如果一位家长对本班其他教师或另一班的保教工作表示不满，教师千万不要通过对他表示安慰而把矛盾弄得更大。（　　）

3. 家园共育栏是幼儿园和家长联系的重要纽带。（　　）

4. 家园联系手册（幼儿成长档案）不能使家长和幼儿教师及时掌握孩子日常生活、学习情况。（　　）

三、简答题

1. 与幼儿家长沟通礼仪有哪些？
2. 设置家园共育栏的注意事项有哪些？

读书笔记

任务二　与同事沟通技能

任务情境

这是两位教师关于怎样帮助幼儿午睡的谈话，请谈谈你对这场对话的看法。

师甲：张老师，这两天午睡的时候跳跳老是睡不着，别人都睡着了，只有他还在那儿玩儿。

师乙：是吗？我值班的时候他能睡着啊。

师甲：那怎么我值班的时候他就睡不着呢？

师乙：是不是你老批评他啊？

师甲：嗯，他总喜欢惹其他孩子，我就制止他。

师乙：那你总是出声和他说话，他当然睡不着了。明天他睡觉时，可以试着轻轻拍拍他，一会他就能睡着。

师甲：嗯，好的。明天我试试，要是他能睡着，我也能安静会了。

任务：能运用与同事沟通技巧进行有效交流，共同探讨幼儿教育教学问题，共同促进幼儿发展；能对沟通效果进行总结与反思。

任务描述

在掌握与同事沟通方式后，结合具体情况，能恰当运用沟通技巧与同事进行有效沟通。

任务实施

一、人的行为风格分类及特点

该系统可将人的行为风格分为老虎型、孔雀型、无尾熊型、猫头鹰型、变色龙型五种类型。各种类型人的天赋特质如下：

（1）老虎型：权威导向、重实质报酬、目标导向。

（2）孔雀型：同理心强、擅长语言表达、自我宣传。

（3）无尾熊型：爱好和平、持之以恒、忍耐度佳。

（4）猫头鹰型：喜欢精确、重视专业性、循规蹈矩。

（5）变色龙型：协调性佳、配合度高、团体的润滑剂。

根据以上特征，就能判断出自己是属于哪一种行为风格的人。只要认识了自己，也了解了他人，尊重彼此个性，就能达到平衡，形成和谐相融的工作环境。

二、与同事谈话原则

1. 认识自己，了解他人，有效沟通

沟通是一种双向互动且产生行为的过程，以心换心、彼此尊重、相互妥协，才能产生心灵的共鸣，眼中闪现的才是永远的光芒和欣赏。要与同事和谐相处，既要认识自己，又要了解他人。认识与了解的目的，是要弄清楚彼此的行为风格。

2. 尊重他人，尊重自己，谦虚坦诚

与同事相处中要学会谦虚坦诚、真诚待人，遇到问题时一定要先站在他人的立场上为对方想一想，这样，常常可以将矛盾湮灭在摇篮中。在幼儿园里，无论是大型活动，还是日常活动，老师们都会遇到许多需要相互协同完成的事情。这时，不要自作主张，而要多与同事商量，以取得他们在实施行动中的配合。

微课：如何与同事沟通

微课：与不同类型同事谈话术与技能

3. 平等相处，宽容忍让，学会道歉

身为同事，地位相等。无论你是园长还是普通教师，无论你是在幼儿园干了二十多年的老教师，还是在教学竞赛中脱颖而出的年轻教学能手，都应绝对摒弃不平等的关系，与同事相处中切不可表现出高人一等的样子。

三、与不同类型同事谈话技巧

（一）与本班教师谈话

1. 技巧

承担一个班教学任务的可能会有几位老师，这几位教师共同完成本班教育教学任务，共同促进幼儿全面发展。出于工作需要在分工中也可能会有主次之分，但工作过程中教师间的谈话，应以平等为前提，以班级工作为中心，以服务幼儿为目的，共同为幼儿构建一个完整和谐的教育环境。

2. 注意事项

（1）提出请求和建议时，态度要谦虚，语气要谦和，多用商量口吻，认真听取反馈意见，始终保持积极的状态。可以这样说："关于……，我是这么想的，你看行不行？""咱们能不能这样安排……？"

（2）表达肯定意见时，要目光坚定，语气中肯，稳重得体。不要过分夸张，一惊一乍。附和时最好明确表达自己的观点，如"对，这样既可以……，又可以……，你的想法实在是太好了！""好的，我也觉得这个设计很有创意。"

（3）表达否定意见时，要实事求是，理性客观，多用委婉语气，多说建设性提议。例如，"这样会不会在……方面不太好？可不可以……？""恐怕对……不是很合适，我觉得还可以（这样做）……"

（4）说话时要面带微笑，音量不要太大，语速不宜过快，要有必要的顿歇，给对方思考的时间和回应的机会。用词要恰当，多使用敬语。不要固执己见，不要说绝对的话，如"绝对是……""我肯定……""那就没办法了"。

教师语言技能

读书笔记

（二）与其他班级同事谈话

技巧：

（1）与其他班级同事谈话时，要表现出友好与尊重，对他们的工作表示支持和理解。对于同事提出的想法要认真、虚心听取，并作出合理的反馈。

（2）教师要在尊重的前提下主动与同事研讨工作。研讨工作时，避免使用命令语气。要和颜悦色、礼貌亲切。态度要诚恳，语调要柔和，句子要简短，音量要适中。

（三）与领导谈话

1. 技巧

（1）主动交谈一般有请示、汇报等，目的是争取领导的认可、信任和支持。用语要简明、坦诚、谦敬。简明就是直接说出自己的想法和操作的程序，不拐弯抹角，不拖泥带水；坦诚就是如实反映情况，表现出认真负责的态度；谦敬就是落落大方，彬彬有礼。

（2）被动交谈一般是接受任务或被询问调查。被动交谈时首先要认真倾听，理解领导谈话意图后再做回应。不要表现出不耐烦、不高兴、不配合的态度。接受任务时要明确任务的具体细节；接受询问时要客观公正、如实应对。面对批评要冷静自省，敢于承认自己的疏漏，及时提出补救办法。

（3）与领导谈话，要从工作出发、从事实出发，从关心幼儿园、尊重领导的角度出发。注意时间和场合，避免谈论生活琐事。要大方自信，克服胆小、拘谨、谦恭、盲从的心理状态。也不能夸夸其谈，自我炫耀，强词夺理，目中无人。

2. 注意事项

教师与领导的谈话，无论是主动交谈和被动交谈，都应该保持友好态度，谦虚谨慎，不卑不亢，讲究文明礼仪。

想一想，试一试

与领导沟通案例：一位教师请领导批准她们班提前召开家长会。

想一想：

（1）如何对以上案例情境进行沟通表达设计？

（2）按照沟通表达设计要求，进行沟通模拟。

试一试：

教师：张园长，你好！我们班打算在这周五召开家长会。

校长：这学期的家长会全园各班都计划在期中召开，你们班不也在计划里列出期中召开吗？怎么提前了？

教师：本来是打算在期中召开，可是现在有不少问题需要幼儿家长密切配合解决，想早一些召开家长会，引起家长早日注意。

校长：噢，解决孩子教育中出现的问题，宜早不宜迟。

教师：那，园长您同意了？

校长：嗯，不过发通知和其他相关的事宜你们就主动自己解决。

教师：好的。谢谢园长！

（1）反思总结。

1）大方自信，有礼有节，态度积极。

2）结合幼儿教育教学问题发表个人观点。

（2）评价。

1）教师的沟通方案是否思路清晰。

2）教师语言表达是否沟畅有效。

考核评价

与同事沟通考核标准

考核内容		考核点及评分要求	分值	扣分	得分	备注
评估 （13分）	教师	1. 精神状态良好	2			
		2. 着装宽松得体	2			
	环境	干净、整洁、安全、温湿度适宜	3			
	同事	关注幼儿教育问题，愿意与教师交流	3			
	物品	活动材料准备齐全	3			
计划 （5分）	预期 目标	1. 教师设计沟通方案	3			
		2. 教师与同事沟通流畅有效，能解决实际问题	2			
实施 （62分）	活动 准备	1. 检查教师的精神状态和着装	2			
		2. 环境和教具准备	3			
	活动 过程	1. 分析教育教学案例	5			
		2. 教师设计沟通方案	5			
		3. 教师主动与同事进行沟通	10			
		4. 主动就某一教育话题展开交流讨论	15			
		5. 在相互尊重中解决问题	10			
		6. 教师对沟通效果进行总结分享	4			
	整理 记录	1. 整理记录沟通内容	3			
		2. 活动反思	5			
评价（20分）		1. 案例分析正确	5			
		2. 沟通方案设计合理	5			
		3. 与同事沟通有礼有节、大方自信	5			
		4. 沟通效果明显	5			
总分			100			

读书笔记

教师语言技能

同步练习

一、选择题

1. 与同事沟通主要包括（　　）、与本班教师沟通和与园长沟通。
   A. 与家长沟通　　　　　　　　B. 与朋友沟通
   C. 与本班保育员沟通　　　　　D. 与司机沟通

2. 集体研讨时，应该做到认真倾听和（　　）。
   A. 随时插话　　　　　　　　　B. 积极发言
   C. 默不作声　　　　　　　　　D. 一言堂

二、判断题

1. 同事之间因工作关系走在一起而形成利益共同体，要有集体观念，遇事以大局为重。（　　）
2. 保育员在促进幼儿全面发展过程中起不到太大作用。（　　）

三、简答题

与本班教师沟通谈话时，应注意哪些问题？

四、操作题

明天是新生幼儿入园的第一天，某小班教师讨论活动安排。

任务：（1）对以上案例情境进行沟通表达设计。

（2）按照沟通表达设计要求，进行沟通模拟。

项目总结

教育部2012年颁布出台的《幼儿园教师专业标准（试行）》（教师〔2012〕1号）"基本内容""第三维度"即幼儿教师"专业能力"中指出，幼儿教师要能与家长进行有效沟通合作，共同促进幼儿发展。

（1）与幼儿家长的长期沟通，既能让家长正视家庭教育的重要作用，调动家长参与幼儿教育的主动性、积极性，又能使教师拓宽教育思路，有利于促进家长与教师之间的合作，密切家园关系。

教师要意识到，想要与家长之间有一个良好的沟通，一定要考虑到沟通的各种要素，如果对象、内容、地点的不同，那么沟通的方式方法也要不同。而且，为了达到更好的沟通效果，教师还应不断提升自身的素质，能做到随机应变。多以自身的实际经验与家长沟通，不可以对自己不清楚的观点，过多地进行阐述，以免产生错误的引导。

（2）良好的同事关系能促进和提高幼儿教师的工作能力与工作效果，有利于幼儿的身心健康成长和人际交往能力的培养。在与同事谈话时，恰当运用人际交往的一般原则，掌握与同事谈话的要求和技巧，能够建立友好和谐、健康融洽的同事关系。

拓展阅读

幼儿教师工作忌语，每一位老师都应谨记

一、教师对家长的忌语

你的孩子今天又打人了。

你的孩子太吵了。

老师拿你的孩子没办法。

你们家长在家也该管一管孩子了。

怎么那么迟来接？

你的孩子什么都不会。

他今天在教室里乱跑的时候头上撞了一个包。

你走吧，让他自己吃。

午睡不睡觉，还影响别人。

在家不要给他喂饭了，他是吃饭最慢的一个。

家园沟通是构建良好家园关系、促进家园共育的重要方式，尤其是教师和家长之间的语言沟通。在面对家长时，教师的语言不仅是沟通的工具，更是幼儿教师专业性的体现。"良言一句三冬暖"，尤其是当孩子出现问题时，我们跟家长沟通的方式方法更要注意技巧。

要想解决问题，首先要保证你说的话家长愿意听，家长愿意听才能够达成双方的有效沟通，那么无论是孩子的问题还是家长的问题抑或是教师的问题，就全部迎刃而解了。

二、教师对同事的忌语

不知道，问别人去。

今天你带班，这事该你做。

又不是我带班，关我什么事。

连这么简单的事都办不好。

你怎么做事老拖拖拉拉的。

我就是这个态度，你去找领导好了。

这事我不知道，你别问我。

我正忙着，你眼睛没看见。

你唠叨什么，要你来指挥我。

同事之间的相处可以说是时间最长的，时间久了，有些教师会觉得大家都挺熟了，不必在乎那么多。其实，越是熟悉的人越要讲究说话的技巧。

有人曾经说过："我们总是把最坏的一面给了我们最熟悉的人"。

教师语言技能

▶技能实训

（1）设计一份家园联系手册，目的是引导家长重视家园沟通并能有效地通过文字与家长建立起信任。设计好后请各小组进行分享和互评。

（2）你们班新调来了一位唐老师，作为班里现在的带班老师，请模拟与唐老师见面的场景。

▶思考练习

（1）幼儿教师需要主动与家长沟通吗？

（2）幼儿教师在与领导相处时，只需要做到言听计从就可以了，你认为这句话对吗？

模块三

其他口语技能

 项目五

朗读技能

项目概述

朗读技能是在朗读活动中所运用的一切表达方法,是实现朗读目的的必要手段,是朗读时为了使声音清晰洪亮,为了增强语音的感染力,更恰当地传情达意而使用的一些技巧和方法。

本项目重点学习朗读的内部技能和外部技巧两项内容,共 4 学时。

学习目标

知识目标

1. 掌握朗读的基本概念和基本要求。
2. 了解朗读的内部技能、外部技巧。

能力目标

1. 掌握朗读的内部技能。
2. 掌握朗读的外部技巧。

素质目标

1. 自觉进行语言规范化和标准化训练,积累丰富的语言表达素材,提高语言修养。
2. 培养良好的心理素质、文学欣赏能力、语言表现力。

教师语言技能

读书笔记

项目导航

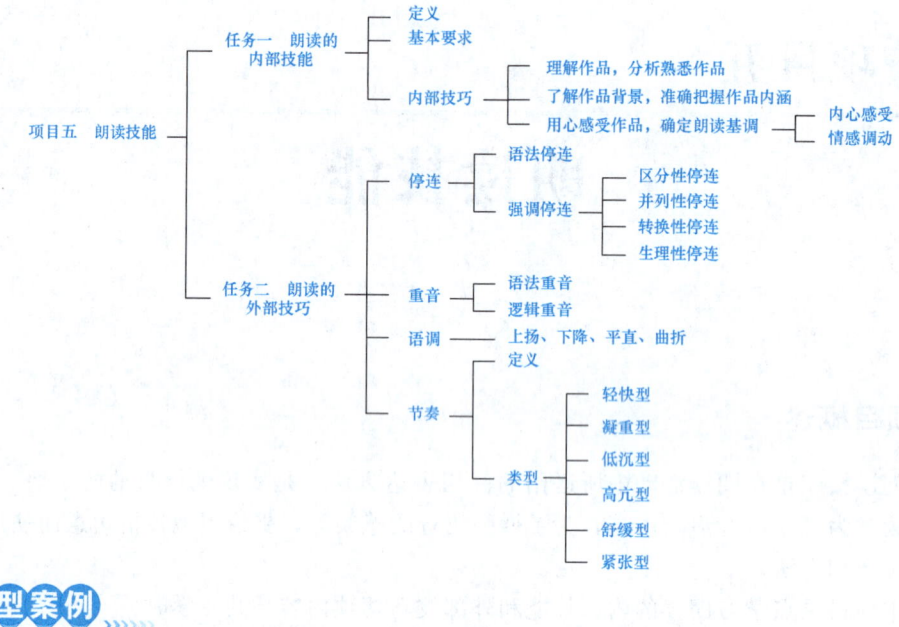

典型案例

请有感情地朗读下面这篇文章。

母爱

故事发生在西部一个极度缺水的沙漠地区。这里，每人每天的用水量只有三斤，饮用、洗漱、洗菜、洗衣，包括喂牲口，全都依赖这三斤珍贵的水。这些水还得靠驻军从很远的地方运来。

人缺水不行，牲畜也一样。终于有一天，一头向来温顺的老牛挣脱了缰绳，闯到运水车必经的公路旁，运水的军车来了，老牛迅速冲上公路，司机紧急刹车，停了下来。老牛立在车前，任凭司机怎么呵斥驱赶，它就是不肯挪动半步。五分钟过去了，十分钟过去了，双方仍然僵持着。运水的战士以前也遇到过牲口拦路索水的情形，但它们都不像这头牛这般倔强。人和牛就这样对峙着，性急的司机反复按响喇叭，可老牛仍然一动不动。

后来，牛的主人来了。恼怒的主人扬起长鞭，狠狠地抽打瘦骨嶙峋的老牛。牛被打得哀哀叫唤，但还是不肯让开。它凄厉的叫声，和着沙漠中阴冷的风，显得分外悲壮。一旁的运水战士哭了，司机也哭了。最后运水的战士说："就让我违反一次规定吧，我愿意接受处分。"他从水车上取出半盆水，放在牛面前。

出人意料的是，老牛没有喝水，而是对着夕阳，仰天长哞，似乎在呼唤什么。不远的沙堆背后跑来一头小牛。老牛慈爱地看着小牛贪婪地喝完水，伸出舌头舔舔小牛的眼睛，小牛也舔舔老牛的眼睛。静默中，人们看到了母子眼中的泪水。没等主人吆喝，它们掉转头，在一片寂静中慢慢地往回走去……

项目 五 | 朗读技能

任务一　朗读的内部技能

赏析唐诗《春晓》，并理解这首诗的内容和诗人表达的感情。

春晓

唐　孟浩然

春眠/不觉/晓，
处处/闻/啼鸟。
夜来/风雨/声，
花落/知/多少。

前两句是写诗人早上醒来后看到的景物，朗诵时要用柔和、舒缓的语调，音量不要过大。"鸟"字的尾音可稍向上扬，表现出诗人见到的是春光明媚、鸟语花香的明朗景象。后两句写诗人想起昨天夜里又刮风又下雨，不知园子里的花被打落了多少。在读"花落知多少"时，要想象出落花满园的景象。可重读"落"字，再逐渐减轻"知多少"三个字的音量，表现出诗人对落花的惋惜心情。

任务描述

在掌握朗读的内部技能后，能正确理解作品内涵，准确把握作品感情基调。

任务实施

知识学习

一、朗读的定义

朗读是将文字作品转化成发音规范的有声语言的一种语言创造活动。朗读是我们深入体会文字作品，提高口语表达能力，使日常语言达到规范的一种有效途径。

二、朗读的基本要求

1. 语音准确，吐字清晰

朗读时要正确使用轻声、儿化、变调等音变规律，不错读或异读。在朗读作品时，轻声的处理实际上更多体现的是声音持续时间的短，而不是声音强度的轻。

2. 语音清晰，目的明确

朗读，需要准确、清晰地将文字材料所包含的意思通过声音传递出来，要清晰地知晓一个语句的真实意图。因此，掌握一些常规语句的停连和强调的句式，合理安排、运用自然，才能使语言的表意明确，主旨清晰。

163

3. 语言流畅，富于美感

语言流畅是口语表达的基本要求。语言功力的扎实程度，语言美感的外化强弱，都是通过语言的流畅程度来实现的。一个作品只有在流畅的基础上才能成为富有感染力的艺术品，有声语言内在的流动美才能得以体现。语调和节奏的合理把握就能让单调的文字"活"起来。

三、朗读的内部技巧

1. 理解作品，分析、熟悉作品

分析、熟悉作品可分为广义备稿和狭义备稿。广义备稿就是指平时的知识积累和修养；狭义备稿是指具体的一篇作品。而狭义备稿正是广义备稿所积蓄的知识和修养的开掘和运用。

首先，一篇作品的主题是分成若干个小主题来阐释的，所以，狭义备稿首先是围绕一个个小主题来划分层次。这个划分层次不仅仅是段落层次，一定要划分到组成段落的最小单位，即每一语句。把握好"语句结构"至关重要。其次，联系作品、作者的背景，明确朗诵的目的性。最后，弄清楚主次关系，把握好朗诵的基调。弄清楚重点和非重点，既是作品的需要，也是朗诵之必须。否则，朗诵所呈现出来的必定是散漫一片、平淡乏味，也就达不到朗诵应有的效果。

熟悉作品内容是准确理解和深入感受作品，并朗读好作品的前提。要朗读好一篇作品，必须在朗读之前做好各方面的准备工作：要反复认真阅读作品，充分利用工具书，清除朗读障碍，弄清楚作品中生字、生词、多义词、异读词、成语典故、语句等的含义，不要囫囵吞枣，望文生义。

2. 了解作品背景，准确把握作品内涵

要想准确把握文章的主题，就一定要了解其产生的背景或写作动机，这有助于朗读者全面、深刻地领会文章的内容，理解作品的主题，从而把握作品，确定好朗读基调。

《乡愁》的写作背景：1937年抗日战争爆发后，10岁的余光中随父母辗转于上海、重庆等地区，最后到了中国台湾；1971年，20多年没有回过大陆的余光中思乡情切，在台北厦门街的旧居内赋诗一首，将自己浓浓的思乡之情、深厚的民族感情倾注在他的诗作之中。写完后，诗人热泪盈眶，沉吟良久，这首诗就是后来被海外游子不断传诵的《乡愁》。

诗人的思乡之愁不是直白地说出来的，而是通过联想、想象，塑造了四幅生活艺术形象展现在读者眼前。朗读时要把握主题，即作者把母亲、妻子、祖国的思念与眷念之情熔于一炉，表达出渴望亲人团聚、国家统一的强烈愿望。

3. 用心感受作品，确定朗读基调

感受，就是通过感知使外在的客观对象变成主体的感情波澜。感受是一种心理活动，是从理解到表达的桥梁。朗诵者只停留在对作品和表达内容的理解上是不够的，只有在理解的基础上通过具体感受，发出的有声语言才能活起来，才有生命力。

具体感受又包括内心感受和情感调动，这是声情并茂的准确表达作品、给人以美感享受的重要依据。

（1）内心感受。内心感受可以通过形象感受和逻辑感受来体会与实现。

1）形象感受是朗诵者通过视觉、听觉、味觉、嗅觉、空间和时间知觉等，对所表达内容中描述的事物进行具体能动的体验。

2）逻辑感受是朗诵者对所表达内容中事物之间的逻辑关系的一种主观体验。

形象感受与逻辑感受不是独立存在的，它们之间是相互联系的，而且必须要用逻辑感受去修正形象感受，才能是正确的、符合逻辑的内心感受。否则，内心感受就会出现偏差，严重影响表达的真正内涵。

（2）情感调动。情感是朗诵创作的核心。情感调动可以运用"情景再现""内在语""对象感"等方法和路径来实现。

简单来说，情景再现就是创作主题像过电影一样，将作品中的一个个具体场景在自己的脑海里展现，以唤起朗诵创作者的情感。

作品中所表现出来的人物、事件、情节、场面、景物、情绪等逐渐被我们所认识、所接受、所领会，似乎是我们已经经历过或正在经历着的事情，我们正置身其中听着、看着、感觉着、感动着。这个时候，作品文字背后的客观世界正展现在我们面前，活跃的形象、发展的事件、场面的气势、景物的色彩、情绪的变化都一股脑地涌现出来，可以触摸到、感觉到、感受到。

想一想，试一试

想一想：请用朗读的内部技巧分析《母爱》的正确读法。

试一试：第一步：理清头绪。

文章有三个层次：分别从当地缺水极其严重；老牛挡住了运水车的路，主人寻来，发现那头一直被人们认为憨厚、忠实的老牛在拦车索水，恼羞成怒，用长鞭狠狠地抽打；老牛把以死抗争得来的水给小牛喝三个方面讲述一份浓浓的母爱。

第二步：设身处地。

在这样的环境里，你试着把文章演绎成电影，再一步步分解事件发生的过程，谁先出场？做了什么？谁又出场了？两者什么关系？出人意料的结尾中又出现了谁？你仿佛置身于故事发生的现场，真切体验到了整个故事的气氛转换变化的节奏。

第三步：触景生情。

（1）西部缺水地区，干裂的土地，没有绿色，我们同情生活在那里的人们，他们的生活不易，不能满足生活的基本需求。3斤水是人类对水的最低要求，是生命之水，只能维持生命。

（2）老牛拦路索水，以死抗争的细节描写，体会老牛坚定的决心，衬托了它的爱子心切。牛的主人狠狠地抽打与运水战士的哭让人物定位清楚，主人的自律与战士的人文关怀色彩凸现。

教师语言技能

(3) 老牛慈爱地望着小牛将所有的水喝尽,进一步感受到母爱的无私与伟大。

第四步:现身说法。

小爱上升到大爱,情感呼之即出,随着脑海中情节的不断反复,我们把"过电影"变成有声语言的表达,听众跟着你的播讲一起进入到情节中。

 考核评价

朗读的内部技能考核标准

考核内容		考核点及评分要求	分值	扣分	得分	备注
评估(10分)	朗读者	1. 精神状态良好,情绪饱满	2			
		2. 着装得体	2			
	环境	干净、整洁、安全、温湿度适宜	3			
	物品	朗读材料准备齐全	3			
计划(10分)	预期目标	1. 朗读者对作品分析准确	5			
		2. 朗读者能准确把握作品感情基调	5			
实施(60分)	活动准备	1. 检查教师的精神状态和着装	5			
		2. 环境和朗读材料准备	5			
	活动过程	1. 朗读者普通话标准	10			
		2. 朗读者对作品理解正确	15			
		3. 朗读者对作品感情基调把握准确	15			
	整理记录	1. 整理朗读作品分析	5			
		2. 朗读反思	5			
评价(20分)		1. 朗读者普通话标准	5			
		2. 朗读者对作品理解正确	5			
		3. 朗读者对作品感情基调把握准确	5			
		4. 能从中受到美的感染	5			
总分			100			

项目五 朗读技能

操作题

1. 请用朗读的内部技能分析并朗读峻青的《第一场雪》。

雪纷纷扬扬，下得很大。开始还伴着一阵儿小雨，不久就只见大片大片的雪花，从彤云密布的天空中飘落下来。地面上一会儿就白了。冬天的山村，到了夜里就万籁俱静，只听见雪花簌簌地不断往下落，树木的枯枝被雪压断了，偶尔咯吱一声响。

提示：用视觉、听觉体会雪。

2. 请用朗读的内部技能分析并朗读《故事时代》中的《差别》。

阿诺德很快就从集市上回来了，向老板汇报说到现在为止只有一个农民在卖土豆，一共40袋，价格是多少；土豆质量很不错，他带回来一袋给老板看看。这个农民一个小时以后还会弄来几箱西红柿，据他看，价格非常公道。昨天他们铺子的西红柿卖得很快，库存已经不多了。他想这么便宜的西红柿，老板肯定会要进一些的，所以他不仅带回了一个西红柿做样品，而且把那个农民也带来了，他现在正在外面等回话呢。

提示：体会连续的说话场景。

当然情景再现还要明确两个问题。

第一，情景再现一定要以文本为依托，是在分析文本的基础上进行的。

第二，情景再现一定要产生于具体的感受当中，感受是要把文字稿变成自己要说的话的关键环节。

读书笔记

任务二　朗读的外部技巧

任务情境

请合理运用停连、重音、语调、节奏等朗读的外部技巧，有感情地朗读舒婷的《祖国啊，我亲爱的祖国》。

任务：能合理地运用朗读的外部技巧，有感情地进行作品朗读。

任务描述

在掌握朗读的外部技巧后，结合具体作品，有感情地进行朗读。

任务实施

掌握和运用朗读技巧是发挥朗读者水平、达到理想朗读效果的一种手段。没有技巧的朗读，只是以声带字的简单过程，不能表达文字作品的内蕴，让人听了索然无味，达不到教育人、启迪人、感染人和愉悦人的目的。因此，朗读教学的重点就在朗读技巧的训练。

朗读的基本技巧包括停连、重音、语调、节奏四个方面。它们各有侧重，又相互区别、相互融合，成为朗读声音形式的四大支柱。朗读时，既要时刻注意技巧的运用，又不能是技巧的简单叠加。

一、停连

停连是指口头表达时声音的停顿和连续。只要连接两个词语，就有停连问题。朗读中的停顿，不仅是生理上换气的需要，更是揭示语言内在层次、准确体现语句意思的方式，是交流中表情达意的需要。一般情况下，句子越长，停顿越多；句子越短，停顿越少；情感凝重深沉时，停顿较多；情感欢快急切时，连接较紧。停连是否得当，体现了朗读者对作品的理解程度和表达效果。因此，合理地安排停连的位置和时间就是我们朗读时需要认真掌握的一种技巧。这里只谈谈基础性的、一般性的处理。

（一）语法停连（用"∧"表示）

语法停连是句子中一般的音歇，反映句子中语法关系。它基本以标点符号作为依据。停顿时间的长短一般是句号、问号、叹号＞分号、冒号＞逗号＞顿号。但是句子中的语法停连往往要比标点符号所能表示出来的停连细致得多。

例如，"盼望着，盼望着，东风来了，春天的脚步∧近了。"这里除基本的标点停顿外，句中的语法停顿尤其重要。这句话是朱自清先生的散文《春》的开篇语，而"春天的脚步近了"就成了文章关键性的句子，这句话中主谓之间的停顿至关重要，它对下文的内容和情感的表达有着极强的表现作用，能有效地展现作者对春天的那种浓浓的情意，文章的韵味一下子就表现出来了。

有些句子中没有标点，但是根据表情达意的需要，必须在适当的地方安排停顿。否则就会读破句，影响句子含义的准确表达。例如：

（1）这就是被誉为"世界民居奇葩"、世上独一无二的神话般的山区建筑模式的客家人∧民居。（此时的人民是分属两个词语中的字，不能连读）

（2）有一夜，那个在哥伦波∧上船的英国人指给我看天上的巨人。（此处的表达很容易造成介词短语"在……上"的假象而被朗读者连读，造成句子表达不流畅）

有时，同一句话可以因停顿位置的差异而产生不同的含义。例如，"男人没有了女人就活不了了"这句话，停连位置不同，表意效果完全不同。

男人没有了女人∧就活不了了。（指男人活不了）
男人没有了∧女人就活不了了。（指女人活不了）

在没有标点符号的地方，我们尤其要仔细斟酌，停连适当，以免发生歧义。

（二）强调停连（用"△"表示，如果是实心的，则表示较长的停顿）

强调停顿是为了强调某一事物，突出某个语意或感情，激发听众对它的关注和期待，增强表达的效果，或是为了加强语气，在不是语法停顿的地方做适当停顿，或在语法停顿上变动停顿时间。这种停连更多地体现的是朗读者个人的处理技巧，并非人人必须遵守的规则。常见的有以下几种形式。

1. 区分性停连

区分性停连是将书面文字转化为有声语言时对一个个汉字进行重新组合和贯通的技巧。这样能让听者听得更清楚、明白。有这样一句话，是介绍漫画家张乐平为救济贫苦儿童举行作品义卖的内容："最贵的一张值八百美元。"

（1）最贵的一张值八百美元。
（2）最贵的△一张△值△八百△美元。
（3）最贵的一张△值八百美元。
（4）最贵的△一张值八百美元。

对比之后我们发现：（1）是没有停顿的，表面上看并没有什么妨碍，但实际语意并不清晰；（2）停顿过于频繁，仍然没有清晰的语意；（3）与（4）语意不同，但都有清晰含义的呈现；（3）是说一张画最贵，卖到了八百美元；（4）是说最贵的有好几张画，每一张都卖到了八百美元。由此可见，区分性停连有多么大的作用，朗读时不可稍有疏忽。

2. 并列性停连

并列性停连是指文章中处于同等位置、同等关系、同等样式的词语之间的停顿及各成分内部的连接。它们之间的并列关系，决定了它们的停顿应该同位置、同时间，而它们各自内部的连接较紧，停顿时间要短；要尽量避免一个一个地念出来，造成单调乏味、呆板拖沓的感觉。这是并列关系的最初级处理，也是最基本的语言功力。

例如，白荷花△在这些大圆盘之间冒出来。有的▲才展开两三片花瓣儿。有的▲花瓣儿全都展开了，露出嫩黄色的小莲蓬。有的▲还是花骨朵儿，看起来饱胀得马上要破裂似的。"

在这一段中，后三句"有的"后面的停顿，就是并列性停连。在同位置、同时间的停顿中，省略了的主语白荷花的形象就清晰了。难度是第二个"有的"很容易与"花瓣儿"连接，意思就变了，与原文不符，也破坏了并列关系。

再如，海洋中含有许多生命所必需的无机盐，如▲氯化钠、氯化钾、碳酸盐、磷酸盐，还有溶解氧，▲原始生命可以毫不费力地从中吸取它所需要的元素。

这句话有两层并列关系，朗读时很容易忽略第一层并列关系——"原始生命"和"无机盐"之间的并列，而只顾"无机盐"内部的并列。

3. 转换性停连

在语句之间，为了表现语意、文势和感情的跌宕起伏，或顺流直下突然逆上，或痛不欲生竟又大喜过望等，就要运用转换性停连。

例如，耶稣在星期五被钉上十字架，是全世界最糟糕的一天，可▲三天后就是复活节。所以，当我遇到不幸时，就会△等待三天，这样△一切就恢复正常了。

这里"最糟糕"的日子与"复活节"形成鲜明的逆转，这样的逆转给了主人公坚强的自信，这时的停顿，既是对"最糟糕的一天"的延续，又是对以后的期盼，让主人公的形象生动了许多。

4. 生理性停连

在作品中，为了表达某种因生理变化的影响而产生的停连就是生理性停连，它包括特定的语意、哽咽、垂危时的叮咛、气喘吁吁的报告等。朗读时，这种停顿只要有必要的，象征性的表现就可以了，不必夸张地模拟。例如：

她吓昏了，转身向着他说："我……我……我丢了▲佛来思节夫人的△项链了。"

假如后一句话一口气说出来，那丢失项链的恐惧心理和后果的严重性就不能得到表现。由于心情极度紧张而造成呼吸的滞碍，唇舌的僵持所形成的语流不畅，朗读时需做一定的停顿。再举个例子：

王友感动极了，他流着眼泪后悔地喊道："陶……△陶校长你打我两下吧！我砸的△不是坏人，而是▲自己的同学啊……"

在陶行知与众不同的教育感染下，幼儿王友真切地意识到自己的错误所在，他是发自内心地悔恨和自责，这里的停顿还带有战胜自我的一种挣扎和勇气。因此安排了长短不同的三处停顿。安排的停连，我们一定要把握住：语法关系正确，不出歧义，清晰顺畅，准确地表情达意。

二、重音（用"·"表示）

重音是句子里读得较重的字词或结构成分。在自由口头表达时，我们往往会根据自己的表意需要，不假思索地确定重音位置。而朗读文字材料时，却常常不加区分。其实文章中的字、词、句在表露思想情感，彰显语言目的的时候，不可能都同等重要，总有些会重要些，有的次要些。对那些重要的内容通过声音的变化来显示它的重要程度，这就是重音。重音的运用能够突出语句的重点和作品的主题，增强语言的节奏感和文章的表现力。

1. **语法重音**

重音主要可分为词的重音和语句的重音。

（1）词的重音。词的格式是比较固定、有规律的，就轻重程度可分为重、中、轻三个等级。

1）双音节词有"重轻""中重"格式。例如：

重轻：休息、生意、黄瓜、茄子。

中重：国家、人民、法院、日出。

这是两种最基本的格式。语言现象中还有"重中""重次轻"的格式，如"乡亲""走走"等。

2）三音节词语以"中轻重"和"中重轻"两种格式居多，如：

中轻重：差不多、星期天、摩托车。

中重轻：为什么、不由得、老太太。

3）四音节词的轻重格式主要也有两种，例如：

中轻中重：一举两得、稀里糊涂。

中轻重轻：知识分子、外甥媳妇。

词是组成语句的基本单位，词的重音如果处理得好，对语句重音的处理将会大有好处。在朗读时，为了使听者能准确地了解作品的内容、抓住作品的中心思想，朗读者必须把语句的重音找对、读准。

（2）语句的重音。语句中运用轻重对比手段予以强调、突出的语音，按其功能的不同可分为一般重音和强调重音。一般重音和语法结构有着密切的关系，这类重音比较明显，如主谓结构中的谓语、偏正结构中的修饰语（包括状语或定语）、动宾短语（包括介词短语）中的宾语等，通常都要重读，所以它们又称结构重音。

2. **逻辑重音**

在交际时，为表达特定的语意或情感而有意识地把句中某个词说得响亮些，这就是逻辑重音。这种重音的位置没有一定规律，是根据说话人的意图、环境、思想感情的变化而变化的。逻辑重音往往是语义的焦点，它能提示出话语的前提。逻辑重音的音量、音长比意群重音要强一些、长一些。例如，"我有一支铅笔"，根据说话人的不同达意要求，可以有不同的重音表现：

我有一支铅笔。（表示谁有铅笔）

我有一支铅笔。（表示肯定）

我有一支铅笔。（表示数量）

我有一支铅笔。（表示有什么，是铅笔，不是钢笔、圆珠笔或什么其他的东西）

简单的一句话，重音不同，所表达的意义有所不同。可见逻辑重音在一个句子里，是多么富有表现力啊！

在实际话语中，上下文是连贯的，说话者为了突出用意，把蕴含在话里的观点和情感表达清楚，在某些地方会出现逻辑重音。例如：

(1) 表示对比关系：

你不去，我也不去。

(2) 表示转折关系：

他不但会唱歌，而且能绘画。

(3) 比喻性和夸张性的词语、拟声词和肯定性词语等也常用逻辑重音。

三、语调

（一）语调的定义

语调是说话时声音的快慢、高低、长短、强弱、虚实等变化的总和。朗读的语气和语调密不可分，不同的语气用不同的语调，在朗读中用高低升降、轻重缓急等不同的语调，可以表达出不同的情感。语气语调的选择是由具体的作品内容、思想感情、运动状态决定的，语气是千变万化的，语调是由感情的变化在读音上出现的抑扬顿挫的变化，所以，语调不可能固定在上扬、下降、平直等单一的语音形式的条条框框里，"曲折性"是语调的根本特征。所以不能把语调变得模式化、固定化、教条化，朗读者应该追求"语无定势"，要用丰富多彩的语调彰显生机勃勃、鲜活灵动的语气。

（二）语调训练

注意整句语情、语势的起伏变化，特别注意句末的语调。

(1) 表示疑问惊奇的整句语调：

1) 这就是我吗？我的头是这么小，这么小吗？（选自任大霖《我的朋友容容》）

2) 啊，你奶奶，你的耳朵为什么这样大？（选自格林童话《小红帽》）

(2) 表示欢快的整句语调：

1) 我心中涌动的河水，激荡起甜美的浪花。我仰望一碧蓝天，心底轻声呼喊：家乡的桥哇，我梦中的桥！（节选自郑莹《家乡的桥》）

2) 小毛猴儿听了这句话，挠挠脑袋大笑起来。

(3) 表示肯定感叹的整句语调：

1) 奶奶，任叔叔在写我，写得一点儿也不像！一点点点点儿也不像！（选自任大霖《我的朋友容容》）

2) 祝同学们身体健康！学业进步！万事如意！新年快乐！

(4) 表示平静悲哀的整句语调：

1) 在一个宽大舒适的老式农场里，住着一个猪妈妈和三个猪娃娃。

2) 那个卖火柴的小女孩，又冻又饿，死在大街上了。

(5) 表示讽刺嘲笑的整句语调：

1) 我什么时候说你了，真是个笑话！

2) 你是多么美丽呀，甜蜜的鸟，那脖子，唷，那眼睛美丽得像个天堂的梦！而且，怎样的羽毛！怎样的嘴呀！只要你开口，一定是天使的声音。

四、节奏

（一）什么是节奏

节奏，在《现代汉语词典》中指"音乐中交替出现的有规律的强弱、长短的现象。"朗读中的节奏是指由思想感情运动引起的轻重缓急、抑扬顿挫的回环往复的声音形式。节奏有广义和狭义之分，因为节奏受表达环境、对象、内容、体裁等因素的制约，所以广义的节奏是就整篇文章而言的，狭义的节奏是指段与段之间、句子与句子之间会因为内容和感情的不同运用不同的节奏。

节奏不能牵强附会，节奏是自然的，是由作品中众多句子、众多层次在感情运动中的推进中形成的。节奏包括速度但不等于速度，朗读要有抑扬、快慢、急缓的变化。教师的口语表达速度一般分为慢速、快速、中速三种。用于讲解，叙述平静庄严的事情，表达沉稳有力、忧郁失望的感情，或烘托悲壮的气氛时速度较慢；一般的叙述说明、表达平淡的感情时速度适中；用于叙述急事，表示慌乱惊恐、兴奋激动的情绪，烘托紧张气氛则要用较快的速度。幼儿教师在指导活动时，无论是谈话，还是讲故事，对于节奏的准确把握和恰当运用，对吸引幼儿注意力，对幼儿语言表达起到示范作用和达到良好的教学效果都是非常有价值的。

（二）节奏的类型

节奏的类型丰富多彩，根据具体的朗读情况进行变化。比较常见的有以下六种节奏：

1. 轻快型——多扬少抑，轻快明丽

从未见过开得这样盛的藤萝，只见一片辉煌的淡紫色，像一条瀑布，从空中垂下，不见其发端，也不见其终极，只是深深浅浅的紫，仿佛在流动，在欢笑，在不停地生长。紫色的大条幅上，泛着点点银光，就像迸溅的水花。仔细看时，才知那是每一朵紫花中最浅淡的部分，在和阳光互相挑逗。（节选自宗璞《紫藤萝瀑布》）

漂亮的猪太太快要当妈妈了，她经常和猪爸爸一起讨论孩子们会是什么样子的。猪太太说："我们的孩子一定会像我，是漂亮的小白猪。"猪太太浑身都长着雪白的毛，漂亮极了。（选自故事《猪太太生宝宝》）

2. 凝重型——多抑少扬，多重少轻，音强而着力，语势较平稳

这里，逼人的朴素禁锢住任何一种观赏的闲情，并且不容许你大声说话。风儿在俯临，在这座无名者之墓的树木之间飒飒响着，和暖的阳光在坟头嬉戏；冬天，白雪温柔地覆盖这片幽暗的圭土地。无论你在夏天还是冬天经过这儿，你都想象不到，这个小小的、隆起的长方体里安放着一位当代最伟大的人物。[节选自（奥）茨威格《世间最美的坟墓》，张仁厚译]

这些小病人，除开十岁的伊丽莎白，全是白血病的牺牲品，他们活不了多久了。伊丽莎白天真可爱，有一双蓝色的大眼睛，一头闪闪发光的金发；孩子们都很喜欢她，同时，又对她满怀真挚的同情，这是我每天去看望儿子、与他和孩子们的交谈中

知道的。哎，不幸之中的同伴，分享着每一件东西，甚至分享每个孩子父母所带来的爱。（选自英国艾德里安《为我唱首歌吧……》）

3. 低沉型——多抑少扬，声音偏暗偏沉，语速较缓

灵车队，万众心相随。哭别总理心欲碎，八亿神州泪纷飞。红旗低垂，新华门前洒满泪。日理万机的总理啊，您今晚几时回？（选自《十里长街送总理》）

第二天清晨，这个小女孩坐在墙角里，两腮通红，嘴上带着微笑。她死了，在旧年的大年夜冻死了。新年的太阳升起来了，照在她小小的尸体上。小女孩坐在那儿，手里还捏着一把烧过了的火柴梗。（选自安徒生《卖火柴的小女孩》）

4. 高亢型——语速较快，声音明亮高昂，强劲有力，多扬少抑

在苍茫的大海上，狂风卷集着乌云。在乌云和大海之间，海燕像黑色的闪电，高傲地飞翔。一会儿翅膀碰着波浪，一会儿箭一般地直冲向乌云，它叫喊着，就在这勇敢的叫喊声里，乌云听出了欢乐。（选自高尔基《海燕》）

嘿，有办法了！狐狸拿着一根线，一头拴住大老虎的牙，一头拴在大树上。然后他拿个鞭炮放在老虎耳朵边，一点火，呼——啪！"啊哟！"老虎吓得摔了个大跟头。最后一颗牙齿也掉下来了！（选自冰子《没有牙齿的大老虎》）

5. 舒缓型——语速较缓，语势跌宕，轻柔舒展，声音轻松明朗

现在正是枝繁叶茂的时节。这棵榕树好像在把它的全部生命力展示给我们看。那么多的绿叶，一簇堆在另一簇的上面，不留一点缝隙。翠绿的颜色明亮地在我们的眼前闪耀，似乎每一片树叶上都有一个新的生命在颤动，这美丽的南国的树！（选自巴金《鸟的天堂》）

春天来了，池塘里的冰融化了，青蛙妈妈产下的卵慢慢活动起来了，变成了一条条大脑袋、长尾巴的小蝌蚪；春天来了，小草从泥土里探出了绿色的小脑袋，光秃秃的树枝冒出了嫩绿的芽，柳树梳起了绿绿的、长长的小辫儿。燕子在天空中飞翔，蜜蜂、蝴蝶在花丛中跳舞，连冬眠的动物也醒来了，要看一看美丽的春天。春天来了，春风轻轻地吹着，春雨沙沙地下着，农民伯伯开始忙着春耕、播种了。春天来了，迎春花、桃花都开了，它们好像张开了小嘴，告诉大家："春天来了！"（选自故事《小蝌蚪找妈妈》）

6. 紧张型——语速较快，多扬少抑，多重少轻，声音短暂急促

老麻雀是猛扑下来救护幼雀的。它用身体掩护着自己的幼儿……但它整个小小的身体因恐怖而战栗着！它小小的声音也变得粗暴嘶哑。它在牺牲自己！（选自屠格涅夫《麻雀》）

"你不开门，我就把你的小草屋吹到。"狼真的吹起来了，"呼，呼，呼——"一会儿就把小草屋吹倒了。狼一口就把小猪老大吃掉了。（选自故事《三只小猪盖房子》）

项目五 朗读技能

想一想,试一试

请综合运用朗读技巧,有感情地朗读《祖国啊,我亲爱的祖国》。

想一想:(1)这首诗的写作背景及每节所表达的情感。

(2)如何运用朗读技巧,进行情感传递。

试一试:

祖国啊,我亲爱的祖国

舒婷

我是你河边上破旧的老水车,
数百年来纺着疲惫的歌;
我是你额上熏黑的矿灯,
照你在历史的隧洞里蜗行摸索;
我是干瘪的稻穗,是失修的路基;
是淤滩上的驳船
把纤绳深深
勒进你的肩膊,
——祖国啊!

我是贫困,
我是悲哀。
我是你祖祖辈辈
痛苦的希望啊,
是"飞天"袖间
千百年未落到地面的花朵;
——祖国啊!

我是你簇新的理想,
刚从神话的蛛网里挣脱;
我是你雪被下古莲的胚芽;
我是你挂着眼泪的笑涡;
我是新刷出的雪白的起跑线;
是绯红的黎明
正在喷薄;
——祖国啊!

我是你的十亿分之一,
是你九百六十万平方的总和;
你以伤痕累累的乳房
喂养了
迷惘的我、深思的我、沸腾的我;

读书笔记

教师语言技能

读书笔记

那就从我的血肉之躯上

去取得

你的富饶、你的荣光、你的自由；

祖国啊，

我亲爱的祖国！

考核评价

朗读的外部技能考核标准

考核内容		考核点及评分要求	分值	扣分	得分	备注
评估 （10分）	朗读者	1. 精神状态良好，情绪饱满	2			
		2. 着装得体	2			
	环境	干净、整洁、安全、温湿度适宜	3			
	物品	朗读材料准备齐全	3			
计划 （10分）	预期 目标	1. 朗读者对作品的停连、重音技巧运用得当	5			
		2. 朗读者对作品的语调、节奏技巧运用得当	5			
实施 （60分）	活动 准备	1. 检查教师的精神状态和着装	5			
		2. 环境和朗读材料准备	5			
	活动 过程	1. 朗读者普通话标准	10			
		2. 朗读者对作品的停连、重音技巧运用得当	15			
		3. 朗读者对作品的语调、节奏技巧运用得当	15			
	整理 记录	1. 整理朗读技巧	5			
		2. 朗读反思	5			
评价（20分）		1. 朗读者普通话标准	5			
		2. 朗读者对作品的停连、重音技巧运用得当	5			
		3. 朗读者对作品的语调、节奏技巧运用得当	5			
		4. 能从中受到美的感染	5			
总分			100			

同步练习

一、语段训练

（1）我爱妈妈的笑脸，您的微笑我常在梦里看见！

（2）这只小鸟翅膀受伤了，真可怜了，我们救救它吧！

（3）音响越来越大了。战鼓声、金锣声、呐喊声、叫号声、啼哭声、马蹄声、车轮声、机翼声，掺杂在一起，像千军万马混战了起来。

（4）花园里｜有三只美丽的蝴蝶。一只｜是红的，一只｜是黄的，还有一只｜是白的。它们三个｜是好朋友，天天在花园里一块儿跳舞、游戏，非常快乐。

（5）我看见过波澜壮阔的大海，欣赏过水平如镜的西湖，却从没看见过漓江这样的水。漓江的水真静啊，静得让你感觉不到它在流动；漓江的水真清啊，清得可以看见江底的沙石；漓江的水真绿啊，绿得仿佛那是一块无瑕的翡翠。船桨激起的微波，扩散出一道道水纹，才让你感觉到船在前进，岸在后移。

二、诗词训练

（1）《虞美人》（李煜）

春花秋月何时了，往事知多少！小楼昨夜又东风，故国不堪回首月明中。雕栏玉砌应犹在，只是朱颜改。问君能有几多愁？恰似一江春水向东流。

（2）《老师的眼睛》　　（佚名）

老师的眼睛，像夜晚的月亮，

我们是一颗颗星星，

在老师的微笑里，

闪烁闪烁。

老师的眼睛，像一望无际的海洋，

我们是一条条小鱼，

在老师的怀抱里，

快乐地游来游去。

老师的眼睛，像蓝色的天空，

我们是一朵朵白云，

在她的注视下，

自由地飘来飘去。

老师的眼睛，像一面镜子，

能照亮我们的心灵。

（3）《春天》（鲁兵）

春雷给柳树说话了，/说着说着，/小树呀，醒了。

春雨给柳树洗澡了，/洗着洗着，/小柳枝哟，软了。

春风给柳树梳头了，/梳着梳着，/小柳梢啊，绿了。

春燕给柳树捉迷藏了，/藏着藏着，/小柳絮儿，飞了。

春天陪柳树旅行去了，/走着走着，/泥土里的种子，动了……

三、综合训练

按照朗读的要求分析下面的文章并运用朗读的技能技巧进行表达。

（1）《彩色的中国》（佚名）

轻轻地打开地图，我第一眼看到了彩色的中国！

碧绿的是草原，金黄的是沙漠，

蓝蓝的是大海，弯弯的是江河。

在我们祖国的版图上，一片五颜六色，

就像盛开的鲜艳花朵。

我爱你——中国！

教师语言技能

读书笔记

当灿烂的太阳跳出了你东海的碧波,
你的帕米尔高原上依然是群星闪烁。
当你的北国还是银装素裹的世界,
你的南疆早已到处洋溢着盎然的春色。
我爱你——中国!
敦煌飞天的曼舞轻歌,
杭州西湖的浓妆艳抹,
桂林山水的清奇秀丽,
黄山云海的神秘莫测。
我爱你——中国!
(2)《春的消息》(金波)
风,摇绿了树的枝条,
水,漂白了鸭的羽毛,
盼望了整整一个冬天,
你看,春天已经来到!

让我们换上春装,
像小鸟换上新的羽毛,
飞过树林,飞上山岗,
到处有春天的欢笑。

看到第一只蝴蝶飞,
它牵引着我的双脚;
我高兴地捕捉它,
又爱怜地把它放掉。

看到第一朵雏菊开放,
我会禁不住欣喜地雀跃,
小花朵,你还认得我吗?
你看我又长高了多少?

来到去年叶落的枝头,
等待它吐出新的绿苞;
再去唤醒沉睡的溪流,
听它唱歌,和它一起奔跑。

走累了,我躺在田野上,

头顶有明丽的太阳照耀。

是谁搔痒了我的面颊?

啊,身边又钻出嫩绿的小草……

项目总结

朗读技巧是朗读者为了准确地理解和传达作品的思想内容与感情而对有声语言所进行的设计及处理,是一种具有创造性的语言活动。本项目从朗读的内部技能和朗读的外部技巧两个层面阐述朗读技巧的运用,侧重于朗读重音、停连、语速、语气和节奏等技巧的掌握,力争让每位学习者从朗读的"刻意雕琢"阶段走向朗读的"回归自然"阶段。

拓展阅读

未成曲调先有情

(1) 熟。用心去读,感觉熟悉作品一切内在和外在的东西。如《致橡树》运用比拟、否定、递进的方法。

(2) 懂。读懂理解作品,对作品感情的相知、相通。如《在诗歌的十字架上》感应训练、情绪记忆。

(3) 化。把作者的情化为自己的情。想象力、信念感。"我心中有一幅流动的画,情随画生,调随情移,文字在走,画面流动起来"这就是内心视像。

(4) 说。说人话,走人路。读东西,说是起点,也是终点。这是充满真情的境界。从开始到结束说的是质的飞跃。此"说"非彼"说"。

(5) 准。语言要准确,语音要准确,基调要准确,杂学旁收。

(6) 松。注意力集中,松而不懈。自然朴实是最高层次的美。

(7) 真。情要真。真听、真看、真感觉。

(8) 新。每次朗诵作品都要当作新的,老戏新唱,成戏生唱。

技能实训

(1) 根据表情达意的需要为下列句子填上恰当的语气。

1) 我准备明天到北京出差。(　　)

2) 你怎么还没有去上班呀?(　　)

3) 香港终于回到了祖国的怀抱!(　　)

4) 放下武器,把手举起来!(　　)

(2) 在班内开展一次朗读比赛,从朗读的内部技能和朗读的外部技巧两方面进行准备。

思考练习

朗读时如何做到"声音美"?

项目六

讲故事技能

▶项目概述

　　讲故事能力是幼师生必须掌握的一项实用技能，培养幼师生的讲故事能力，是师范生专业化的重要内容。通过本项目的理论和实践训练，学生能具备一定的口语表达和表演能力，比较系统地掌握儿童故事讲述技巧，为将来从事教育工作打好基础。

　　本项目重点学习讲故事"讲"的技能和"演"的技巧两项内容，共4学时。

▶学习目标

知识目标

1. 了解讲故事的定义、特点等基础知识。
2. 掌握讲故事的基本要求。

能力目标

熟练掌握"讲""演"故事的方法和技巧。

素质目标

具有童心，喜爱儿童故事，乐意与同伴分享故事，提升欣赏美、表现美的能力。

项目六 讲故事技能

项目导航

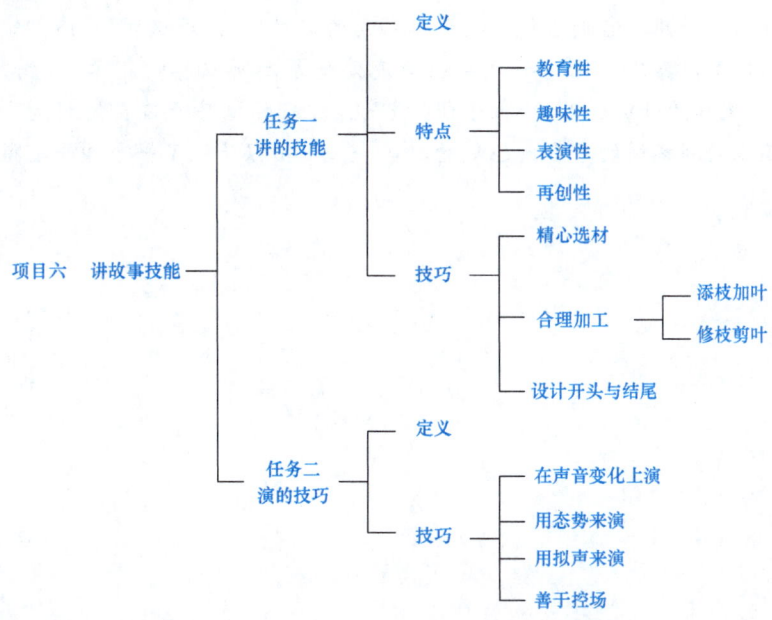

典型案例

讲述下面的童话故事，根据自己的理解说一说，讲故事的特点和要求。

小猴子盖新家

小猴子准备盖新家了。新家不仅要有新房子，还要有宽敞的院子。新家该怎样设计呢？

它听从大象爷爷的建议，给小黄狗打了一个电话，约好第二天上午九点去参观小黄狗的家。

小黄狗非常热情地接待了小猴子，还说出了自己的想法。小黄狗说："在院子里建一个运动场吧，可以跑步、打球、锻炼身体，有一个健康的身体干什么都行。"小猴子说："你这个主意不错，不过，我要好好想一想。"

第三天，小猴子来到小兔家，小兔的新房子周围种的全是鲜花。小兔说："种花最好，每天看到五颜六色的鲜花，嗅到扑鼻的花香，心情愉快，干什么都高兴，还能美化环境。"小猴子说："你这个主意不错，不过，别着急，让我考虑考虑。"

第四天，小猴子又来到长颈鹿的家，碰巧小鸭子也在。它看到长颈鹿家的周围全是草坪。长颈鹿说："还是草坪好，它可以吸收灰尘，净化空气，经常看绿色还能保护眼睛。"小猴子说："太棒了，眼睛非常重要！不过，嗯，让我再想想。"

小鸭子拉着小猴子的手说："你看我家房子周围全是水池。还是水池好，夏天热了可以游泳，冬天结冰后还可以滑冰，水池里可以养鱼、养虾，既能吃又可以观赏。"小猴子说："你说的我全记下来了，我想我会考虑的。"

 **教师语言技能**

读书笔记

　　小猴子拿不定主意了：别人的家都设计得那么好，我到底盖什么样的新家才好呢？小猴子想啊想啊，头想得都疼了。这时妈妈回来了，妈妈笑着说："别苦恼了，孩子，你仔细想一想，它们为什么要设计不同的家？"小猴子这才明白："噢，原来小鸭子会游泳，所以喜欢水池；小兔、长颈鹿爱吃草，所以喜欢花草。"妈妈笑着说："那么小猴子又喜欢什么呢？"小猴子想了想说："我要把房子盖在桃园边，这样既环境优美，还能闻到桃树的芳香，想吃的时候……"小猴子做了一个伸手摘桃的姿势。

任务一　讲的技能

任务情境

丽丽是一位刚参加工作的新老师，她发现自己给小朋友讲故事时，很多孩子一开始还表现出强烈的兴趣，认真地听她讲述。可听了一会儿，不少孩子就叽叽喳喳起来，甚至有小朋友直接就跑到玩具室去玩玩具了。丽丽想自己的普通话也很标准，故事也是根据幼儿特点选择孩子们喜欢的童话，为什么就不爱听呢？工作多年的王老师看了她的故事材料后说："难怪孩子们不爱听，你选的故事太长，有的词语太书面化，有的句子拗口，孩子们听起来难以理解……"丽丽恍然大悟，原来自己只想着如何讲得绘声绘色，却忽略了孩子们的知识水平和接受能力。

小结：幼儿喜欢听故事，但由于他们的年龄特点，注意力集中的时间短，给他们讲故事不能选择太长的，还要考虑到适合幼儿生理、心理需求和知识水平能力，故事讲述前要先结合幼儿的身心特点进行适当的加工改编。

任务描述

能认真选择幼儿喜欢的故事，并对故事进行合理加工，较好地设计故事开头和结尾，吸引幼儿的注意力。

任务实施

一、讲故事的定义

故事是一种有情节的适合口头讲述的叙事性作品。讲故事，就是把读到的、听到的或自己改编、创作的故事通过生动的有声语言和丰富的表情、动作讲述给听众的一种口语表达样式。

讲故事是深受孩子喜爱的教育形式。它寓教于乐，使儿童潜移默化地受到教育和启发，对于幼儿语言、思维、想象力和情感发展等，都有不可忽视的积极作用。

二、讲故事的特点

1. **教育性**

讲故事能将深奥抽象的人生道理变得浅显易懂，能将枯燥乏味的科学知识变得生动有趣。孩子们会饶有兴趣地注意着故事情节的开展，关心并同情故事中人物的遭遇和命运，常常在不知不觉中受到感染，得到教益，从故事中懂得什么是真善美，什么是假丑恶，从而培养爱憎分明的情感。有故事陪伴的孩子内心就不会孤独，他们会学习故事中人物的品行，并运用到自己的生活中。例如，针对幼儿吃饭时掉饭、撒饭的现象，《大公鸡和漏嘴巴》的故事告诉了孩子们要懂得爱惜粮食；针对幼儿自私、霸道的现象，可以用《萝卜回来了》《小碗》《小狐狸送被子》等故事告诉孩子们与他人分享的快乐；针对幼儿乱扔垃圾的现象，讲述《瓜瓜吃瓜》的故事，可以让孩子们知道乱扔垃圾会给他人和自己都带来麻烦。

微课：讲故事之讲的基本技巧

2. 趣味性

讲故事的趣味性主要体现在动人的情节中，例如《驴小弟变石头》中具有神奇魔力的小石子与驴小弟的命运；《爷爷一定有办法》中那条奇妙的毯子的神奇变化；《没有牙齿的大老虎》中狐狸给老虎拔牙的计划等。这些或激动人心，或美妙动人的情节会像磁石一样吸引着儿童，把他们载到缤纷奇妙的港湾。

3. 表演性

讲故事也是一种表演，面对听故事的人，当教师努力把装在头脑里的那个故事讲出来，立体地呈现给幼儿的时候，会运用各种语调来搭配故事内容，还要运用态势语增加表达效果。讲到高兴时会面带喜色，讲到悲伤时会紧蹙眉头，讲到气愤时会捶胸顿足，为了把故事中的人物形象、事件和环境逼真地呈现在孩子们面前，还会采用拟声手段模仿自然界的各种声音来渲染气氛，以引起孩子们的联想和想象，使他们如闻其声、如见其人、如临其境。不同的语音语调、丰富的神态表情、夸张的动作等不仅能吸引幼儿的注意力，同时，也给了儿童模仿的榜样。为将来绘声绘色地表达语言奠定了基础。

4. 再创性

教师讲述儿童故事，是对作品再现的生活及作家在作品中表现的审美认识，进行再创造和再评价的过程。讲故事的再创性是指教师根据幼儿的实际情况，在讲述故事之前，对其语言设计和价值倾向进行仔细认真的研读与审视，根据儿童发展需要与身心特点对作品进行再创造。对所选作品过长或有些词句过深的，可以进行适当的改编，把难懂的词句改为儿童能接受的语言。

三、讲故事的技巧

（一）精心选材

讲故事，从内容上来说，要选择那些思想观点正确、内容新鲜健康、符合儿童身心发展要求的作品。从艺术方面来讲，所选择的故事要具有儿童文学的美学特质，首尾完整，情节引人入胜。由于幼儿的理解能力尚不完善，情节不宜过于复杂，人物不宜过多，还要注意情节的完整性。如《巧克力饼屋》《小红帽》《猜猜我有多爱你》等故事，情节简单又有波折，线索清晰，内容连贯完整，人物性格鲜明，适宜对幼儿进行讲述。

（二）合理加工

选好故事的基本材料后，还要根据讲述时间和听众特点，对故事的原材料作必要的加工处理，对故事的加工可以从文本和语言两个方面进行。加工方法有添枝加叶、修枝剪叶、成人语言儿童化等。

1. 添枝加叶

图画故事以其独有的、图文合奏的魅力倍受幼儿教师和孩子们的喜爱。图画故事通常是图文并茂地讲述故事，许多精彩的场景只出现在图画中，而文字却没有体现，教师在讲述图画故事时，可采用添枝加叶的方法对故事进行加工。例如，深受孩子们喜爱的名作《母鸡萝丝去散步》。

母鸡萝丝去散步

佩特·哈群斯文/图

母鸡萝丝出门去散步/她走过院子/绕过池塘/越过干草堆/经过磨坊/穿过篱笆/钻过蜜蜂房/按时回到家吃晚饭

这个故事的文字讲述了一只母鸡的散步过程。单看故事的文字，翻译成中文只有44个汉字，全文连一个标点符号都没有。作为故事的文字，它的语言显得平白、不生动。如果只是讲述故事中的文字部分，会让幼儿味同嚼蜡，对故事失去兴趣。要想使故事从平面走向立体，就需要对画面内容进行充实。例如，狐狸想吃掉母鸡却一头扎进池塘的场景，在书中只有"绕过池塘"四个字，经过添枝加叶后可变成：狐狸又向母鸡扑去，"扑通"这一次它掉进了池塘里，池塘里的水冰凉冰凉的，水花溅得到处都是，连小青蛙都吓了一跳。"呱呱""是谁打断了我们的聊天？"而母鸡萝丝绕过了池塘不慌不忙地走了。

故事的原材料中对狐狸的描述没有文字，讲故事时就需要添加狐狸的形象，再加上拟声词的运用，人物对话的添加。这些对故事材料的添枝加叶，既丰富了故事内容，又把人物的表情和动作生动再现，使故事变得丰满有趣。

2. 修枝剪叶

有些故事内容很精彩，情节也很有趣味性，可是故事内容太长，不适合在特定的时间和场合下讲述，对于这些故事，我们可以进行修枝剪叶。讲述时保留故事的主要情节，删除故事的次要情节或将其一带而过，这样就可以压缩故事的内容，使故事更精练、简短、紧凑。

经典童话故事《丑小鸭》是非常受儿童喜爱的作品，但如果照着叶君健先生翻译的安徒生原著来讲的话，恐怕大多数幼儿会无法欣赏。故事的结尾原著是这样写的：

丑小鸭（片段）

"当太阳又开始温暖地照着的时候，他正躺在沼泽地的芦苇里。百灵鸟唱起歌来了，这是一个美丽的春天。忽然间他举起翅膀，翅膀拍起来比以前有力得多，马上就

读书笔记

把他托起来飞走了……

'我要飞向他们,飞向这些高贵的鸟儿!可是他们会把我弄死的,因为我是这样丑,居然敢接近他们。不过这没有什么关系!被他们杀死,要比被鸭子咬、被鸡群啄、被看管养鸡场的那个女佣踢和在冬天受苦好得多!'……但是他在这清澈的水上看到了什么呢?他看到了自己的倒影。但那不再是一只粗笨的、深灰色的、又丑又令人讨厌的鸭子,却是——一只天鹅!"

鞠萍姐姐在讲述这个故事时把结尾部分改成了这样简单的几句:

"冬天过去了,春天来到了。丑小鸭经历了种种的磨难和考验,他长得高大结实,竟然能够展翅飞翔了。他看到花园里有三只天鹅,想游过去,可是又担心他们会啄死他。忽然,他头一低,看到了自己的倒影。'啊,我再也不是丑小鸭了,而是一只美丽的天鹅!'"

原著多用描述性语言,从景物描写到心理描写,都是文笔出色、情感真挚的句子。但是对于幼儿来说这些语言远远超出幼儿的理解水平和知识储备。这时就需要教师根据作品内容进行修改,减少描述性的句子、删掉句子中大量的修饰语、把长句改为短句,以适应幼儿的语言接受能力。

(三)设计开头与结尾

在故事讲述的过程中增加"楔子",可以造成悬念,使儿童参与到听讲活动中,保持听讲的兴趣。在故事的结尾添加"楔子",则可以起到提示点题的作用,帮助孩子理解,激发儿童无限的想象力。

想一想,试一试

请用讲故事的基本技巧再次讲述《乌鸦喝水》(选自伊索寓言)。

想一想:《乌鸦喝水》是《伊索寓言》中的一个寓言故事,旨在告诉人们遇到困难应积极想办法、不放弃的道理。原文情节简单,语言简短,说明性文字较多,生动性不够。如果成人要给儿童讲述这个故事,就应该用添叶加叶,改编开头结尾等方法使故事生动起来。

试一试:有一年夏天,天气特别炎热,好多天都没下过一次雨了,炎热的太阳晒得地皮都发烫,小河和池塘的水都干了,人们只好从井里打水喝。

一只乌鸦口渴极了,到处找不到水喝,它想起人们常到井边打水,于是就向井边飞去。正好井边放着一个大瓦罐,里面还有半罐子水,乌鸦一看高兴极了。

它探着身子站在水罐的罐口,准备痛痛快快地喝水,可是那罐子太深了,里面的水又很浅,乌鸦伸长了脖子还是喝不着水。

这可怎么办呢?乌鸦想把水罐子推倒,可是那水罐太重了,凭乌鸦的力气根本就搬不动。罐子里面有水可就是喝不着,乌鸦又渴又气。它用爪子抓起一块石子对准水罐子扔了进去,它想用石子把罐子砸碎,谁知石子"扑通"一声刚好掉进了水罐里,水罐子一点也没破。

可是聪明的乌鸦却发现，石子掉进罐子里后，里面的水好像比刚才高了一点。这下子，乌鸦有办法了，它连忙用嘴捡起一块石子，用爪子抓起一块，把两块石块都投进了水罐子里，水又升高了一些，但还是够不着。

乌鸦没有泄气，它一次一次地把石子运来，投进水罐里，罐子里的水呢，也一寸一寸慢慢地向上升了，最后乌鸦终于可以喝到水了。

乌鸦站在那罐子的口上，痛痛快快地喝了个够。

讲故事讲的技能考核标准

考核内容		考核点及评分要求	分值	扣分	得分	备注
评估（10分）	朗读者	1. 精神状态良好，情绪饱满	2			
		2. 着装得体	2			
	环境	干净、整洁、安全、温湿度适宜	3			
	物品	讲故事材料准备齐全	3			
计划（10分）	预期目标	1. 能选择适合幼儿的故事	2			
		2. 能对故事进行合理加工	3			
		3. 能设计好开头和结尾	5			
实施（60分）	活动准备	1. 检查教师的精神状态和着装	5			
		2. 环境和讲故事材料准备	10			
	活动过程	1. 普通话标准	15			
		2. 选择适合幼儿的故事	15			
		3. 对故事进行合理加工	5			
		4. 设计好开头和结尾	5			
	整理记录	讲故事反思	5			
评价（20分）		1. 普通话标准	5			
		2. 故事选择合适	5			
		3. 对故事进行合理加工	5			
		4. 设计好开头和结尾	5			
总分			100			

读书笔记

教师语言技能

读书笔记

1. 运用添枝加叶的方法合理加工故事《老山羊和大灰狼》。

两山之间有一座小桥。老山羊和大灰狼各站在桥的两头,他俩都要过桥。大灰狼想一口吃掉老山羊,但又怕它跑掉,所以就让老山羊先过桥。老山羊早已识破大灰狼的诡计,坚决不上大灰狼的当。最后,还是老山羊用了一个聪明的办法,把大灰狼顶下了桥。

提示:重点添加老山羊与大灰狼的对话。

2. 请为故事《没有牙齿的大老虎》和《找不到眼镜》分别设计恰当的开头或结尾。

提示:

开头:嗨!宝贝们,月亮姐姐又来给你们讲故事啦!听说,有只大老虎的牙齿全掉光了,你们知道这是怎么回事吗?让我们一起听故事,找答案吧!

结尾:好了,宝贝们,故事讲完了。这下,你们可知道大老虎的牙齿为什么要被拔掉了吧!看来,我们以后可不能多吃糖,还要勤刷牙噢!

任务二　演的技巧

根据提示要求，声情并茂地讲述下面的幼儿故事。

河马治病①

小猪最爱哭，一哭起来｜就没完没了。

小羊、小狗、小兔都很关心小猪。他们替他请过很多很多医生，可是↗｜请来的医生都治不好小猪爱哭的毛病。↘

这天，小猪在雪地里摔了一跤，又哭开了。

（1）小羊、⌒小狗、⌒小兔跑上前去劝小猪，可是小猪理也不理，还是捂着眼睛不停地"呜｜呜｜呜"。

小羊、⌒小狗、⌒小兔真着急呀。↘

（2）这事｜让河马爷爷知道了。他说："好，让我给小猪｜治治病吧。"

（3）河马爷爷先在小羊、⌒小狗、⌒小兔耳边悄悄讲了几句话，然后来到小猪身旁。

（4）河马爷爷张开嘴巴，"哇哇哇"放声大哭了起来。

（4）河马爷爷的嘴巴那么大，整个山林｜都听到了他的哭声。

（5）小猪从来没听过这种哭声，吓得一把抓住河马爷爷问："河马爷爷，这是什么声音？↗怎么这么难听？"

河马爷爷说："这是我的哭声。"↘

（6）小猪说："哭声这么难听，那我以后再也不哭了。"

（7）河马爷爷和小羊、小狗、小兔听了小猪的话，都会心地笑了。

（1）两手握拳在眼前，一前一后转动，作哭状。

读书笔记

（2）河马爷爷的声音要苍老缓慢。

（3）单手放嘴边，身子转向一侧，作说悄悄话之态。

（4）哭声要渐强，嘴巴要张大。

（5）两手作抓住状，小猪的声音要低弱、颤抖，表现内心的紧张害怕。

（6）表情严肃认真。

（7）面带微笑，语调欣慰。

---

① http://www.doc88.com/p-052288863649.html.

189

教师语言技能

读书笔记

提示：

《河马治病》是一篇有趣的童话故事，可以帮助幼儿改掉爱哭的坏习惯。故事中的小猪看不到自己的缺点，当看到他人的缺点时才反省到自己的问题，所谓"见贤而思齐焉，见不贤而自省焉"就是这个道理。这则故事叙述语言较多，要注意平缓准确。个别词语体现出轻重、快慢、高低的变化即可。在声音造型上，河马爷爷的声音要苍老、缓慢、有力。

"·"重音号，表示重读；"。"轻音号，表示轻读；"↗"上滑号，表示音调上扬；"↘"下滑号，表示音调下降。"｜"停顿号，表示停顿；"～～"慢读号，表示慢速；"—"表示快速；"▲"重音轻读号，表示重音轻读。"△"顿音号，表示一字一顿。"⌒"连接号，只用于有标点符号的地方，表示缩短停顿时间，连起来读。

任务描述

掌握讲故事演的技巧，能从声音的造型、态势语的运用和拟声词的表现等方面声情并茂的讲演儿童故事。

任务实施

一、演的定义

讲和演是讲故事的主要手段。讲就是讲述，是讲故事的人直接叙述故事的情节和内容；演是指表演，是讲故事的人运用自己富有感情色彩的语言、动作、表情，把故事中的人物性格、思想感情形象地表达出来，把故事发生、发展的环境气氛渲染出来。

二、演的技巧

1. 在声音变化上演

在声音变化上演也就是给声音"造型"。声音的"造型"要求清晰准确、绘声绘色、略带夸张、富有趣味性。故事中的人物在年龄、性别、身份、性格等方面各不相同，讲述故事时要把他们区分开来。例如，小孩说话声音高而细，吐字靠前，语速较快；老人说话声音低而粗，吐字靠后，语速较缓；刚直豪爽的人，说话声音厚实，吐字饱满有力；善良柔弱的人，说话声音半虚半实、吐字轻缓等。幼儿故事口语中的声音造型区分度要鲜明，不妨略带夸张。但不必追求逼真，更不必拿腔捏调，贵在神似。另外，还可以使用一些特殊的声音，如用气强声虚的声音渲染狮子的凶狠，用语硬声重、声音拉长来体现大象的笨重，用尖细做作来体现狐狸的狡猾，用阴郁沉闷的怪声来表现巫婆的可怕等。有了这些声音的"造型"，一个个活生生、有个性、有魅力的声音形象就出现了，这些声音会把幼儿带入多彩的故事世界，享受故事带来的快乐。

2. 用态势来"演"

讲故事时，如果恰当地运用表情、动作、姿态，特别是眼神和手势，既能引起听众注意，又能引起听众联想。但需要注意的是，态势语的运用要得体，切不可故作姿态，过多的手势、过于夸张的表情动作会喧宾夺主，影响故事内容尤其是中心的表达。态势语要随着故事的发展而变化。如讲到小鸟就飞一飞，讲到小兔就跳一跳。生气时就噘噘嘴、跺跺脚，得意时就摇摇头、笑一笑。总之，动作表演要自然到位，和内容协调一致。应该在理解内容的基础上投入感情，将动作与表情、语调融为一体，协调运用。

3. 用拟声来演

讲故事时，可以绘声绘色地模仿自然界的风声、雨声、流水声，也可以模仿汽笛声、枪炮声、动物的鸣叫声，还可以模仿人的哭声、笑声和叹息声等。通过对声音惟妙惟肖的模仿，可以更好地渲染气氛，加强真实感，提高口语表达效果。把孩子们带入故事所描绘的境界中。

训练：根据提示要求，运用态势、拟声等的技巧，讲述下面的幼儿故事。

唱歌比赛[①]

有一天，小鸡、小鸭、小狗、小羊和小猫举行唱歌比赛，它们请小白兔做评判员。小鸡第一个唱，它轻轻地走上台："叽叽叽，叽叽叽。"小白兔说："小鸡唱得太轻了。"小鸭子接着唱歌，它摇摇摆摆地走上台，大声地唱："嘎嘎嘎，嘎嘎嘎。"小白兔说："小鸭唱得太响了。"小狗说："我来唱。"它急急忙忙地跑上台："汪汪汪，汪汪汪。"小白兔说："小狗唱得太快了。"小羊说："我来唱。"它慢吞吞地走上台，"咩——咩——。"小白兔说："小羊唱得太慢了。"最后轮到小猫唱，小猫不慌不忙地走到台中间："喵，喵，喵。"小白兔说："小猫唱得不快也不慢，声音不大也不小，好听极了，小猫应该得第一名。"

提示：

唱歌比赛中小动物们唱歌的语调、语速各不相同，小鸡的歌声是轻轻的，小鸭唱歌的声音大大的，小狗的歌声急急的，小羊唱歌慢慢的，小猫唱歌最好听，声音高低快慢正合适。讲述这个故事可以采用拟声的技巧，结合日常生活实践，再加上语调轻重快慢的变化，渲染情节，烘托人物形象。走上台的动作还要加上合适的态势语。通过表情、动作、拟声的综合运用给幼儿展现生动的人物形象，让幼儿在有趣的故事中学习知识。

4. 善于控场

控场指的是故事讲述者采用一定的办法对场面进行有效的控制。在讲故事的过程中，孩子们的情绪、注意力及场上的气氛、秩序常有变化，讲述者要借助控场技巧，有效地调动他们的情绪，集中他们的注意力，驾驭场上的气氛和秩序。例如，在开讲以前，教师要先组织幼儿安静地坐好，稳定他们的情绪，集中他们的注意力，采用问答、

[①] 程培杰. 幼儿园探究式活动课程·幼儿用书：语言交流（学前班下册）[M]. 大连：辽宁师范大学出版社，2007.

教师语言技能

猜谜语等方式调动孩子们参与的积极性。在故事开场的时候，讲述者要调动自己的情绪，使自己的声音、姿态、一举一动成为场上的"焦点"，在讲述的过程中，在必要的地方设置悬念，以激发兴趣。对故事中不断重复的语言，教师在讲述两遍之后就可以把角色交给幼儿，让儿童和教师一起讲述。在讲述过程中如发现个别幼儿不注意听讲，教师要善于根据具体情况灵活处理。有时可用注视或手势暗示他们，有时可在讲述时略微停顿或提高、降低声调，有时可叫不注意倾听的幼儿回答有关故事的简单问题，以引起注意，调动孩子们的情绪。一旦场上出现秩序混乱的现象，讲述者要镇定自若，可以采用较长时间停顿或变换节奏和语速等方式来转移孩子们的注意力，从而使场上的气氛得到改变。总之，教师绝不能采取停讲故事而训斥某些幼儿的方法，因为对个别幼儿的指责会影响其他幼儿听故事的兴趣和注意力的集中，会破坏故事的完整性。如果多数幼儿不注意听讲，就说明讲述本身有问题，这就需要从教师主观上去找原因。

想一想，试一试

按照下面故事中的提示，综合运用讲故事的技巧，进行讲故事练习。

想一想：

送给蛤蟆的礼物

（1）再过几天就是蛤蟆的生日了，青蛙想做一件衣服|作为生日礼物送给他。

这天下午，青蛙一看见蛤蟆就忍不住地说了出来："我要送给你一件衣服，不是买的，是我自己做的。"↗（2）蛤蟆听了非常高兴。

晚上，青蛙准备好剪刀、针和线，开始做衣服。（3）可是青蛙还从来没有做过衣服呢！刚剪了几下，青蛙就叫了起来："哎呀！坏了，⌒坏了，（4）剪坏了！唉，看来衣服是做不成了，只能做一件背心了。"↘（5）第二天，青蛙碰到蛤蟆的时候有点不好意思，说：

"嗯，做衣服太慢了，我想还是做件背心送给你吧！"（6）"呀，太好了！"蛤蟆高兴地叫了起来。

晚饭后，青蛙就做起了背心。（7）这次，青蛙就小心多了。可是，不知怎么的，又剪坏了。（8）现在背心也做不成了，只能做一顶帽子了。青蛙真生自己的气。"唉，算了，明天再做吧！"↘（9）青蛙气呼呼地上床睡觉去了。（10）

第二天，青蛙又碰见了蛤蟆，说："嗯，我觉得那块布更适合做一顶帽子！我就做顶帽子送给你

（1）叙述语气，语速适中。目光与听众交流。可伸一个食指示意。

（2）先摆手表示否定，再十分肯定地用手轻抚胸口，语气充满自信。

（3）伸出食指和中指，做剪刀状。两指一上一下做剪衣服状。

（4）先吃惊，后沮丧。语速稍快。

（5）两手一摊，掌心向上，无奈的表情。

（6）语速慢。表情带有歉疚。

（7）同（3）。

（8）右手指背击左掌心。

（9）叹气，摇头。似在懊恼。

（10）两掌相对，放在脸的一侧。

吧。"（11）"听起来真不错，我喜欢帽子！"蛤蟆高兴地说。（12）

这天晚上，青蛙在动手做帽子以前，对自己说："这次，你要是再剪坏了，你就是一个大笨蛋！"（13）唉，看来青蛙的运气真是糟透了，（14）因为他又剪坏了，这下连帽子也做不成了。"唉，我是世界上头号大笨蛋！"（15）青蛙自言自语地说。

第二天是蛤蟆的生日，当青蛙把一块手绢送给蛤蟆的时候，他难过得差点掉下了眼泪。（16）"哇，真漂亮！这是我收到的最好的、最特别的生日礼物了。谢谢你！"（17）看到蛤蟆这么高兴，青蛙一点也不觉得难过了。（18）

（11）同（6）。
（12）愉快的表情和语气。
（13）警告的语气，用一食指点自己的脑袋。
（14）轻轻叹气，摇头。同（5），同情的语调。
（15）语速快，语势强。表情自责，可用一手拍头。
（16）低头，以显示其懊恼。
（17）惊喜的表情和语气。两手掌心向上，似捧着手绢，两眼目光惊喜而又专注。
（18）表情、语速带着一种欣慰。

试一试：

提示：

这是一篇赞美友谊的童话故事，讲述时要掌握好叙述语言的赞美基调，人物语言角色鲜明，青蛙热情、坦诚，有时又沮丧、懊恼，要用饱满、天真的语调。蛤蟆和善、宽厚，体谅朋友，要用爽朗、真挚的语调来体现其性格特征。

讲故事演的技能考核标准

考核内容		考核点及评分要求	分值	扣分	得分	备注
评估 （10分）	朗读者	1. 精神状态良好，情绪饱满	2			
		2. 着装得体	2			
	环境	干净、整洁、安全、温湿度适宜	3			
	物品	讲故事材料准备齐全	3			
计划 （10分）	预期 目标	1. 声音造型清晰准确	2			
		2. 态势语运用恰当	3			
		3. 拟声词模仿逼真	5			
实施 （60分）	活动 准备	1. 检查教师的精神状态和着装	5			
		2. 环境和讲故事材料准备	10			
	活动 过程	1. 普通话标准	15			
		2. 声音造型清晰准确	15			
		3. 态势语运用恰当	5			
		4. 拟声词模仿逼真	5			
	整理 记录	讲故事反思	5			

教师语言技能

续表

考核内容	考核点及评分要求	分值	扣分	得分	备注
评价（20分）	1. 普通话标准	5			
	2. 声音造型清晰准确	5			
	3. 态势语运用恰当	5			
	4. 拟声词模仿逼真	5			
总分		100			

同步练习

给下面的故事设计恰当的态势语，然后练习讲述。

金色的房子

田野里有一座小房子。红的墙，绿的窗，金色的屋顶亮堂堂，一出来，照得一闪一闪的，漂亮极了。有个小姑娘，就住在这金色的房子里。每天早晨，她提着一只花篮，到草地上去采花。

一天，小姑娘又去采花了，一只小羊跑来对她说："小姑娘，您早，您那金色的房子真好！红的墙，绿的窗，金色的屋顶亮堂堂。"一只小鸟飞来对她说："小姑娘，您早，您那金色的房子真好！红的墙，绿的窗，金色的屋顶亮堂堂。"一只小狗跑来对她说："小姑娘，您早，您那金色的房子真好！红的墙，绿的窗，金色的屋顶亮堂堂。"一只小猴跑来对她说："小姑娘，您早，您那金色的房子真好！红的墙，绿的窗，金色的屋顶亮堂堂。"

小姑娘听到小羊、小鸟、小狗、小猴都说她的房子好，心里真高兴，就带小羊、小狗、小鸟、小猴一起唱歌，一起跳舞。快到中午了，小姑娘要回家了，小羊、小鸟、小狗、小猴一直送她到金色的房子跟前。小鸟说："小姑娘，让我进去玩玩吧。"小姑娘说："不行，你扑棱扑棱乱飞，会把我的房子弄脏的。"小狗说："小姑娘，让我进去玩玩吧。"小姑娘说："不行，你汪汪汪汪地乱叫，会闹得我睡不着觉的。"小猴和小羊说："小姑娘，让我们进去玩玩吧。"小姑娘说："那更不行，你们啪嗒啪嗒地乱跑，会把我家的地板踩坏的。"

小姑娘说完了话，就自个儿走进房子里去，"嘭——"的一声，关上了门。

小姑娘在家唱了一会儿歌，可是没人听她的；跳了一会儿舞，可是没人看她的。她觉得闷极了。她打开窗一看，小羊、小鸟、小狗、小猴在草地上玩得正热闹呢，小鸟飞着叫着，小狗跳着唱着，小猴骑在小羊的背上，像个猎人，多神气。

小姑娘悄悄地打开门，悄悄地走出来，悄悄地走近草地。小羊看见了，说："小姑娘，快来，快来！跟我们一起玩儿吧。"小鸟看见了，说："小姑娘，快来，快来！跟我们一起玩儿吧。"小狗和小猴也都欢迎她。小姑娘说："请你们到我家里去玩吧！"

小鸟问她："你不怕我弄脏你房子？"小姑娘摇摇头。小狗问她："你不怕我吵得你睡不着吗？"小姑娘摇摇头。小羊和小猴问她："你不怕我们踩坏你家的地板吗？"小姑娘又摇摇头。大伙高兴极了，一起跟着小姑娘到金色的小房子里去。他们一起唱歌："红的墙，绿的窗，金色的屋顶亮堂堂。"

提示：

这个生动的幼儿童话故事，告诉了小朋友们分享的快乐，表现了朋友们宽容友爱的美好生活。这则故事很适合加态势语和进行角色造型，小羊的绵软、颤抖；小鸟的轻快、活泼；小狗的瓮声瓮气；小猴的急促、跳跃；小姑娘的声音要注意前后变化，当她拒绝朋友们时要干脆、冷漠，当她邀请朋友们时要迟疑、不好意思。叙述语言要欢快活泼，结尾要和开头呼应，表现抒情和美好的感情。

▎项目总结

讲故事技能是幼儿教师必须具备的基本技能之一，更是一个师范生能否胜任人师工作的重要考核标准。本项目从讲故事讲的技能和演的技巧两个层面阐述讲故事技能的运用，其中，精心选择故事、合理加工故事、设计好故事的开头结尾是教会讲述者如何把握情节和内容，而讲故事声音的造型、态势语的表现、拟声词的运用和综合表现力则是讲述者把握人物形象、掌握思想感情和渲染环境氛围的有效手段。

▎拓展阅读

幼儿教师如何讲好故事

一、选好故事

3—4岁的孩子要选择篇幅小、角色不多、主题简单明了、好坏分明、幼儿易于接受、乐于模仿的故事，否则幼儿就听不进。3—4岁幼儿有两个显著的特点，一是喜欢拟人，把小猫、小狗甚至小瓶子、小凳子等都想象成"人"；二是"真假不分"，对虚幻与真实还缺乏分析。什么小猫和小狗对话呀，小凳子和小瓶子会走路呀，等等，幼儿把它们当作真人真事，听得津津有味，感到其乐无穷。

5—6岁的幼儿讲故事应选情节较曲折的故事，否则幼儿不会感兴趣，注意力不集中，但无论讲什么故事，都要注意故事的思想性、知识性和趣味性。对幼儿来说，童话、神话故事最有魅力，如《安徒生童话选》《格林童话》《叶圣陶童话选》等经典童话和中外优秀的图画书都是讲故事的好材料。

二、熟悉理解故事

认真阅读故事，熟悉和理解故事，要具体分析情节的开端、发展、高潮、结局，

教师语言技能

特别要抓住故事的高潮，还要分析人物（角色）的性格特征和作者倾注在故事主角身上的感情，通过情节和角色准确分析故事的主题思想。只有透彻地、正确地理解故事主题思想，使自己的感情和故事的角色产生共鸣，才能在讲故事时以真挚而强烈的情感去感染幼儿，激起幼儿感情上的共鸣。

分析角色时还要区别角色之间的细微差别。仔细揣摩各个角色不同的性格特征，表现不同的动作、表情、心理活动、语言特征等。对故事中的象声词（如风吹的声音、火车响的声音等）要尽量讲得接近形容的声音。这样在给幼儿讲故事时，才能做到绘声绘色，惟妙惟肖，删去不合适的内容，增加不足的部分，改去深奥的语句，用简单生动的话表达出来，使幼儿能听懂。

三、注重表演性

幼儿教师要把握故事的层次，并用语调的轻重缓急、高低抑扬等的变化把这种层次表现出来，才能使幼儿更深切的感受故事内容和艺术美。在讲故事过程中，要善于用提问来激发幼儿的思考，讲到关键处，用问题造成短时的悬念，即俗话说的"卖关子"，多问为什么，这样做能使幼儿高度集中注意力，积极思考和想象。有时也可让幼儿互相议论，有时只是停顿一下，达到以上的目的便可接着讲下去。在重点和难点时停顿一下，让幼儿注意和进行思考后再继续讲。

四、鼓励幼儿复述和创编故事

教师反复讲故事后，幼儿熟悉了故事发展情节和角色对话后，教师可引导幼儿复述故事，这能有效地促使幼儿形成良好的语言习惯，提高幼儿连贯性语言表达能力。让幼儿学习复述故事，教师要注意选择语言精练、篇幅短小、层次清楚、有情趣有意义的儿童文学作品，教师可以由点到面，让幼儿复述某一段话，再复述某一段落，最后复述全文，循序渐进；还可引导幼儿伴以动作、表情、语调变化，声情并茂地复述故事，逐步提高幼儿口语表达能力。

探索、想象和创编是幼儿最喜欢的表达方式，爱创造性的表达的幼儿，就会具有敏捷和清楚连贯的口语表达能力。教师应引导幼儿把那些储存在脑海中的词汇语句，迁移运用到新的故事情景中，发展幼儿思维，提高幼儿表达能力，开发幼儿语言潜能。

技能实训

（1）在班内开展一次讲故事比赛，从讲故事讲的技能和演的技巧两方面进行准备。

（2）每班推荐"故事大王"到幼儿园，轮流给幼儿讲故事，并请幼儿和幼儿园教师共同评价。

思考练习

讲故事时如何做到声情并茂？

 项目七

演讲技能

项目概述

演讲是在公众面前,以有声语言为主要手段,以肢体语言为辅助手段,针对某个问题鲜明、完整地发表自己的见解和主张,阐明事理,抒发感情,进行宣传鼓动的一种语言表达方式。

作为教师掌握演讲技能,运用演讲技巧对提高个人素质、树立职业形象都有着不可替代的作用。

本项目重点学习命题演讲技巧和即兴演讲技巧,共4学时。

学习目标

知识目标

1. 了解命题演讲和即兴演讲的定义、特点、作用等基本知识。
2. 了解教师应具备的演讲修养和能力。

能力目标

1. 掌握演讲稿的写作要求,会写演讲稿。
2. 熟练掌握命题演讲和即兴演讲的有声语言与态势语言表达技巧。

素质目标

1. 自觉传承红色精神,弘扬中华民族优秀文化。
2. 树立崇高的职业理想和正确的职业价值观,培养社会责任感。

教师语言技能

项目导航

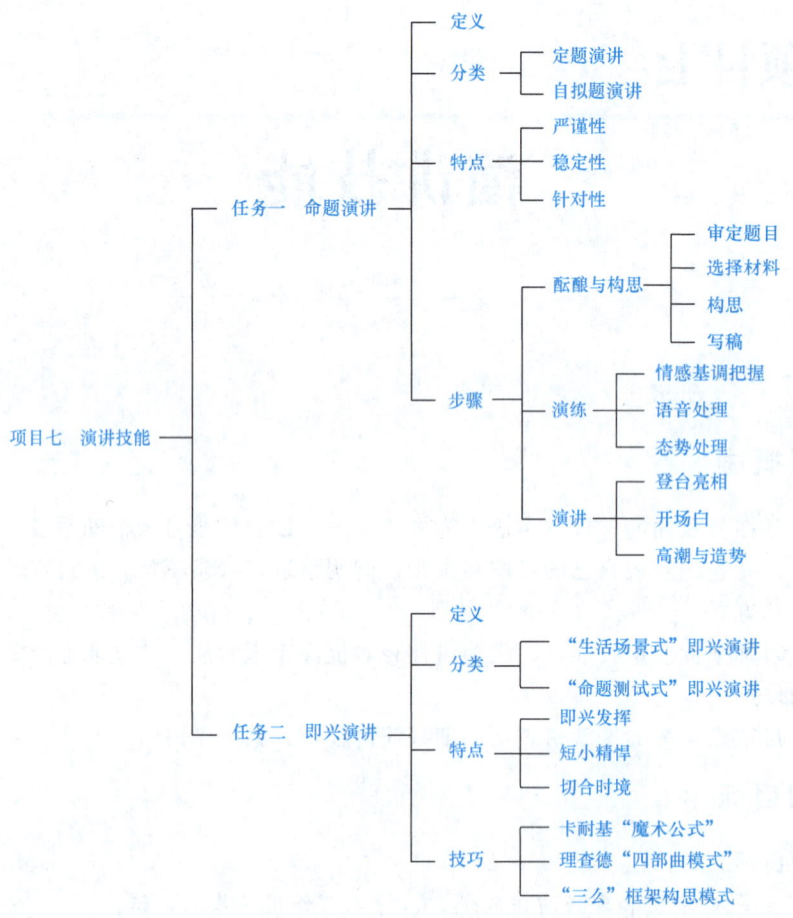

典型案例

"自古雄才多磨难，从来纨绔少伟男"，这是数千年来中国社会的认知。《超级演说家》第二季总冠军刘媛媛凭借《寒门贵子》的演讲成为观众期待的焦点。她的每次演讲都能用激情澎湃的方式让听众或哭或笑，酣畅淋漓。

寒门贵子

刘媛媛

前些日子，有一个在银行工作了十年的HR（人力资源管理师），他在网络上发了一篇帖子，叫作《寒门再难出贵子》。意思是说在当下，我们这个社会里面，寒门的小孩儿他想要出人头地，想要成功，比我们父辈的那一代更难了。

先拿我自己说，我们家就是出身寒门的，我们家都不算寒门，我们家都没有门。我现在想想我都不知道，当初我爸跟我妈那么普通的农村夫妇，他是怎么样把三个孩子，我跟我两个哥，从农村供出来上大学、上研究生。我一直都觉得自己特别幸运，我爸跟我妈都没怎么读过书，我妈连小学一年级都没上过，她居然觉得读书很重要，她吃再多的苦，也要让我们三个孩子上大学。

我一直也不会拿自己跟那些，如家庭富裕的小孩儿去做计较，说我们之间会有什么不同，或者有什么不平等，但是我们必须要承认这个世界是有一些不平等的，他们有很多优越的条件，我们都没有，他们有很多的捷径我们也没有，可是我们不能抱怨，每个人的人生都是不尽相同的，有些人出生就含着金钥匙，有些人出生连爸妈都没有。

人生和人生是没有可比性的，我们的人生是怎么样，完全取决于自己的感受，你一辈子都在感受抱怨，那你的一生就是抱怨的一生，你一辈子都在感受感动，那你的一生就是感动的一生，你一辈子都立志于改变这个社会，那你的一生就是一个斗士的一生。

英国有一部纪录片，叫作《人生七年》，片中访问了十二个来自不同阶层的七岁小孩儿，每七年再去重新访问这些小孩儿，到了影片的最后就发现，富人的孩子还是富人，穷人的孩子还是穷人，但是里面有一个叫尼克的贫穷的小孩儿，他到最后通过自己的奋斗变成了一名大学教授，可见命运的手掌里面是有漏网之鱼的。而且，现实生活中寒门子弟逆袭的例子更是数不胜数。

所以当我们遭受失败时，我们不能把所有的原因都归结到出生上去，更不能抱怨自己的父母为什么不如别人的父母，因为家境不好，并没有斩断一个人他成功的所有的可能。

当我在人生遇到很大的困难时，我就会在北京的大街上走一走，看着人来人往，而那时候我就想，刘媛媛，你在这个城市里面真的是一无所依，你有的只是你自己，你什么都没有，你现在能做的就是单枪匹马，在这个社会上杀出一条路来。

我们大部分人都不是出身豪门的，我们都要靠自己，所以你要相信，命运给你一个比别人低的起点，是想告诉你，让你用你的一生去奋斗出一个绝地反击的故事。

这个故事关于独立，关于梦想，关于勇气，关于坚忍，它不是一个水到渠成的童话，没有一点人间疾苦，这个事故是有志者事竟成，破釜沉舟，百二秦关终属楚；这个故事是苦心人天不负，卧薪尝胆，三千越甲可吞吴。

任务一 命题演讲

很多幼儿教师认为参加演讲比赛是一件费力不讨好的事情。从收集演讲素材到拟定演讲框架，从写演讲稿到最后定稿，从背稿子到最后参加比赛，这其中的每个环节都要为之付出很多很多的心血，到头来还未必取得一个好成绩。

怎样才能在演讲比赛中大方自信、脱颖而出呢？

掌握命题演讲稿的写法和演讲的流程。

一、命题演讲的定义

命题演讲是根据指定的题目或限定的主题，事先做了充分准备的演讲，一般写好了演讲稿并经过精心设计和反复演练的。演讲表现的是自我，即我的立场，我的态度，我的观点、主张、意见，我的情感、情绪。

二、命题演讲的分类

（1）定题演讲。即给定题目的演讲。
（2）自拟题目的演讲。即按给定的范围自拟题目演讲。

三、命题演讲的特点

（1）严谨性。命题演讲无论是主题的确定、材料的选择、演讲稿的设计，还是演讲过程都是周密安排的。

（2）稳定性。命题演讲的内容是事先确定的，演讲者一般照写好的演讲稿讲演，它所受时境的限制较少，内容因时境而变化的可能性也少一些。

（3）针对性。命题演讲的"题"是听众关心的热点问题。

四、命题演讲的步骤

命题演讲一般由酝酿与构思、演练、演讲三个阶段构成。

1. 酝酿与构思

登台演讲前，人人都要经历一个由酝酿到构思的过程。这一过程包括审定题目、选择材料、构思、写稿。

（1）审定题目，就是按照规定的题目演讲。例如，《党在我心中》必须歌颂中国共产党，而这种歌颂还必须与"我"联系起来，必须讲我的经历、我的见闻。审题要考虑两个方面因素：一是选择角度。角度要新颖、要适度。新，是对同台演讲者而言的，尽可能避免与别人的演讲相同或相近，尽可能给人耳目一新的感觉。二是确立主题。确立主题应特别注重把握两方面。一方面是主题要适时，就是适合社会的需求，具有时代感，还是适合听众当时当地的需求，同时，也需要考虑听众年龄、职业、文化程度的共享性；另一方面是主题要单一，演讲稍纵即逝，讲得太多、太杂，反而适得其反。

（2）选择材料，就是在具有一定数量的基础上，对材料进行优化组合。组合的依据是：一是能恰当地表现主题；二是能满足听众的预期需要；三是真实典型；四是具体新颖。

（3）构思，包括两个方面：一是构思演讲稿；二是精心设计演讲的现场实施。演讲稿的构思包括开场白、主体、高潮、结尾及各种演讲技巧的应用。

（4）写稿，就是执笔成文，是上述各个环节总的归宿。演讲稿必须精心写作，保持个人风格。

2. 演练

演练是命题演讲必经的一个阶段，主要是背诵和处理演讲稿。演讲稿除记录文字外，还应把暗含的如语调、节奏、停顿，甚至身姿、手势、表情等都揣摩在心，精心处理。这些处理大体上包括：一是情感基调把握，或平实，或激昂，或欢快，或悲壮，都要根据稿件内容，作出相应的处理；二是语音处理，由文字转化为语音，一定要经过处理，不然会出现念稿或背稿现象；三是态势处理，手势、身姿、表情，要随着演讲的过程，随着内容与情感的变化而不断改变。

3. 演讲

登台演讲是对演讲稿的全部实施。

（1）登台亮相。亮相，应该先站定，后抬头，向全场投去亲切的目光，并轻轻点头或鞠躬，端庄大方，亲切自然，给听众创造良好的第一印象。

（2）开场白。开场既要扣题，又要营造气氛。精妙的开场白，瞬间就能使全场屏息静气，同时又情趣盎然。例如，台湾"国学"名师沈谦教授去台中静宜大学演讲，题目是"中国古典式的爱情"。到达现场休息室，接待他的同学告诉他，两周前余光中教授在这里做过同题演讲。于是沈谦教授调整演讲思路后，他是这样开场的：

听说前两个礼拜，余光中教授也在这里讲跟我一样的题目，不过，他讲的是正题，而我今天讲的是副题。（笑声）

余光中教授是研究西洋文学的，他来讲中国古典式的爱情，绝对是个外行。不过，他的学问很好，一定讲得很内行。而我是学中国古典文学的，我来讲中国古典式的爱情，绝对是内行。不过我的学问差一点，也许讲出来会有些外行……而且，余光中是诗人，他往台上一站，大家都"醉"了，陶醉在诗人的风采里；我是教书匠，往台上一站，大家都"睡"了……（哄堂大笑）

教师语言技能

还好,我没有跟余光中先生一起登台演讲,否则在座的各位,一个个都要"醉生梦死"去了!(全场哈哈大笑)

诙谐中,机巧地把两场同题演讲做了衔接,尤其是营造了极为轻松热烈的现场气氛。

(3)高潮与造势。高潮的标志是场内爆发热烈的掌声。精彩的演讲,总能闪现思想的火花,掀起情感的波涛。演讲者想要与听众形成思想交汇,情感共鸣,理智互共振,必须要在高潮前进行造势,在高潮处做强化处理。造势,就是在高潮前造成一种气势、一种情势、一种态势。高潮是一个生变过程,即顺着听众由感性到理性、由感动到感悟、由期待到满足这样一个心理过程。

想一想,试一试

想一想:请以"青年人的使命担当"为话题写一篇演讲稿。

试一试:第一步:找准切入点,引发观众的共鸣。在实际的操作过程中遵循"化大为小,化别人为自己的。"最好能从自己说起,分享自己的经历,进而点题最后升华。

第二步:打好演讲框架。

(1)分点论述。在打腹稿做准备时,想好第一点、第二点、第三点,围绕主题每一点提出一个不同层次的论点并加以论证。

(2)对比法。这种方法多用于一些比较中立的话题,"责任与使命"这个主题,并没有一个对错的标准,我们可以通过正反两方面表明自己的观点。

(3)解读法。采用"是什么,为什么,怎么办"的框架有条理地进行论述,这个方法的优势在于能从一件事情的表面延伸到实质,可以体现演讲者的思辨能力。

第三步:做好结尾。

(1)结尾要完整,言简意赅。

(2)结尾再次点题,思想升华。

考核评价

命题演讲技能考核标准

考核内容		考核点及评分要求	分值	扣分	得分	备注
评估 (10分)	朗读者	1. 精神状态良好,情绪饱满	2			
		2. 着装得体	2			
	环境	干净、整洁、安全、温湿度适宜	3			
	物品	演讲稿准备齐全	3			

续表

考核内容		考核点及评分要求	分值	扣分	得分	备注
计划 (10分)	预期 目标	1. 演讲稿主题鲜明、逻辑性强	2			
		2. 反复演练，演讲稿烂熟于心	3			
		3. 登台演讲大方自信	5			
实施 (60分)	活动 准备	1. 检查演讲者的精神状态和着装	5			
		2. 环境和演讲稿准备	10			
	活动 过程	1. 普通话标准	15			
		2. 演讲稿主题鲜明、逻辑性强	15			
		3. 反复演练，演讲稿烂熟于心	5			
		4. 登台演讲大方自信	5			
	整理 记录	命题演讲反思	5			
评价（20分)		1. 普通话标准	5			
		2. 演讲稿主题鲜明、逻辑性强	5			
		3. 反复演练，演讲稿烂熟于心	5			
		4. 登台演讲大方自信	5			
总分			100			

请根据以下演讲题目拟定演讲稿，并在班上开展演讲比赛。

（1）大山里的向阳光；

（2）我的未来不是梦；

（3）假如我是校（园）长。

大山里的向阳花

尊敬的老师、亲爱的同学们：

大家好！

我是×××，来自四川省一个名字叫雪花的小山村。其实，在我们那儿叫某某花的村儿还有很多，如梨花村、桃花村、茶花村等。"花"逢四季，想想都让人觉得特

教师语言技能

别的美好。不过呢，在我们那山不仅多，而且还很高。和别的地方不一样的是我们这儿要很晚才能见到太阳，太阳一出来就已经挂在高高的山顶上了。所以，我们祖祖辈辈都有一个飞天的梦想——走出大山。

庚子新春，病毒突袭而至，疫情来势汹汹，人民的生命安全和身体健康面临严重威胁。从中央到地方，从医生到警察，从党员到群众，全国各族人民紧急地行动了起来。同时间赛跑、与病魔斗争，用了三个月左右的时间，我们取得了全国抗疫斗争史上第一次阶段性胜利。看着身边的村干部和党员们没日没夜地忙碌着，看着越来越多的青年人冲上一线。我也想出一份力。于是我打电话给村支书，问他需不需要志愿者，他想都没想就说：你个小丫头片子能干啥，在家待着就是最大的帮忙。

就在我备受打击的时候，邻居家的小孩儿举着手机带着哭腔的叫住我说：湫姐，我上不成网课，一节课四十五分钟我就只听得到十分钟，我该怎么办呢？我走过去抱了抱她说：要不我教你？你教我？一副疑问的样子。我说：哎，没问题放心吧。心想总算是可以出一份力了。

晚上的时候翻来覆去地睡不着，虽然我是师范生，但毕竟没经验啊，能教好他们吗？越想越有点儿惶恐。

家里的孩子也从刚开始的一两个到后来的十几个。看着来辅导的孩子越来越多，我肩上的担子似乎也越来越重了。辅导语文、辅导数学，当然除了这些还有音乐、体育和科学。大家可以看一下我手中的照片，这是我利用闲暇时间陪他们下棋玩游戏，慢慢走进他们的心里留下来的印记。这些孩子的父母大都因为疫情被隔离在外地。所以，我知道在这个特殊的时间里尤其要注意他们的卫生，我一个个拉出来洗头、剪发、剪指甲。还记得有一次给一个小男孩剪完头发，他突然拉着我的手说：姐姐你就像我妈妈一样，我好喜欢你呀。听到这句话，鼻子酸酸的，眼泪在眼眶里打转。后来驻村干部和村支书知道我在做这件事儿，还表扬我说：不愧是我们村上大学的娃子。

这几个月的经历让我明白了为什么会有那么多的年轻教师选择扎根西部，将青春奉献给大山。成为一名好教师是我一直以来的梦想。习近平总书记说：选择了教师这一职业就是选择了责任。要做一个有理想信念、有道德情操、有扎实学识、有仁爱之心的四有好老师。在我接下来的人生中也将会秉承这种信念，努力学习科学文化知识，夯实自己的文化底蕴，只为在将来能够扎根西部，为家乡的教育添砖加瓦，做一朵大山里的向阳花。

任务二 即兴演讲

在一个冬天，一位父亲需要一些柴火。他找到一棵"死树"，然后把它锯倒了。到了春天，令他惊愕的是，树干周围绽发出了新芽。他说："我认为他肯定死了，冬天里树叶都落光了。但现在我看到树根处依然保存着生命的活力。"因而，父亲叮嘱全家："不要在冬天砍倒一棵树，因为这会扼杀幼稚的生命，只要有一点生机，他就会绽出'新芽'，最终成为大树。"

任务：作为一名教师你该如何理解父亲的话？

在掌握即兴演讲使用技巧后，结合具体情境，能恰当运用即兴演讲技巧进行流畅表达。

知识学习

一、即兴演讲的定义

即兴演讲是在事先没有准备的情况下，临时针对某一问题或情境进行的即席演讲。它是一种不凭借文字材料所进行的口语交际活动。在当今社会应用广泛，是幼儿教师使用较多的一种演讲方式。

二、即兴演讲的分类

"即兴"指的是没有准备临时接受任务即时完成，包括即兴定题、即兴取材、即兴生情等过程。一般可分为"生活场景式"即兴演讲和"命题测试式"即兴演讲。"生活场景式"即兴演讲主要应用在日常生活中的宴会祝酒、婚丧嫁娶、欢送致辞、家长会上的即席发言、就职演说等活动中。"命题测试式"即兴演讲主要应用在职位竞选中的即兴演讲、教师招考面试中的即兴演讲等。

三、即兴演讲的特点

即兴演讲要求演讲者能够在演讲时紧扣主题、抓住重点、迅速组合、言简意赅。演讲者既要具有敏捷的思维和快速构思的能力，同时，还要能够运用流畅的语言表达自己的思想。由于对演讲者提出了很高的要求，所以被人们称为口语表达的最高形式。即兴演讲的特点是即兴发挥、短小精悍、切合时境。

教师语言技能

1. 即兴发挥

不像命题演讲事先拟好讲稿,也不像辩论演讲事先进行模拟训练。即兴演讲往往是演讲者当场打腹稿,即席讲道理、表看法、提意见等。

2. 短小精悍

即兴演讲贴近生活实际,短小精悍,简明扼要,亲切感人,时间上一般控制在1~5分钟之内,有的甚至只有一句简短的话语。

3. 切合时境

即兴演讲一般是对近期或眼前情况有感而发,因此话题内容选取角度较小,说明议论求准、求精、求新。

四、即兴演讲的技巧

在特定的语言环境中即兴演讲,现场的压力往往突破脑海产生灵感的火花,但这些火花般的"思维点"是支离破碎、稍纵即逝的。因此,要迅速开动脑筋,想清楚要说什么和怎么说。从被点名到走上讲台或从座位上起立站稳,通常都能"偷到"30秒左右的宝贵时间。有智慧的讲者都能充分利用这一点点黄金时间,根据已经确定的题旨,镇静而又迅速地对散乱的思维点进行连缀(并联、对比、递进)。或以一个模式框架进行快速构思,使自己的表达既符合人们的思维习惯,又能让自己有"路"可寻,有"径"可依。

1. 卡耐基"魔术公式"

其要点:援引例子—提出观点—警句收尾。演讲时,先把实例的细节告诉听众,说明具体意念。接着,以详细清晰的言辞说出论点,陈述缘由。最后向听众强调,如按所说的去做,会有什么好处。这个公式非常适合当今快节奏的生活方式。如演讲者想要听众为贫困儿童慷慨解囊,可以描述一个因缺乏经济援助的病例,为期望中的行动铺路后,再进行有目的的演讲。

2. 理查德"四部曲模式"

第一步,"喂,请注意!"呼唤起听众的兴趣;第二步,"为什么要费这个口舌",强调指出听演讲的重要性;第三步,"举例",用具体事例形象化地将论点印入听众的脑海;第四步,"怎么办",讲清听众该做什么。理查德认为,"为什么"和"举例"这两部分如同馅饼里的馅,味道全在这里面。但是这两部分要与引人注意的开头和结尾相呼应。

3. "三么"框架构思模式

在即兴演讲前短暂的准备时间里,快速思考三个最基本的问题:"是什么""为什么""做什么"。例如,教师谈幼儿厌学时,就要调动自己的知识积累和生活经验。

"孩子厌学现象已经越来越突出(举例),已成为教育界的一个毒瘤。孩子为什么会厌学?我认为原因有几点:第一,……第二,……第三,……那么作为一名教育工作者,我们能做些什么呢?我想首先……其次……再次……"

演讲主题的"三么"框架只是演讲前和演讲中的思维模式。而不是口语表达模式,表达时要选准"切入口",不露"三么"的痕迹。

项目七 演讲技能

想一想，试一试

2022年教师节座谈会上，幼儿园领导讲完话后想请今年新入职的教师谈谈感想，做个简短发言。

想一想：

（1）如何打好腹稿框架？

（2）如何进行流畅表达？

试一试：

尊敬的领导、老师：

大家好！

作为一名新老师，首先我要感谢领导、老师给我一个实现人生抱负的机会和展示自我风采的舞台，我为能成为大家庭的一员而感到高兴和自豪。我对未来的教育教学工作虽有忐忑和畏惧，但更多的是充满了期待和憧憬。我有信心战胜困难、追寻理想。

成为一名人民教师是我自小的理想，如今理想终于成为现实，更真切地感受到"教师"这两个字的神圣、崇高和责任重大。古人说："学不可一日无师。"可见教师地位的重要性。"学高为师，身正为范。"要求教师不仅需要广博的知识，树立终身学习的意识，不断提高自身专业水平，而且应具有高尚的品德和情操，彰显出一种强大的人格魅力。教师在我的心中不再只是一种单纯的职业，而将成为我今后人生为之不断付出、努力奋斗的事业。教师要做教育家，不做教书匠；要做研究型，不做念经型；要做专家型，不做转嫁型。教师应不断学习、批判反思，营造出严谨务实的研究氛围，提高自身的研究能力和教学实践能力。这将是我不懈奋斗的目标！

作为新教师，年轻、朝气、充满活力和热情是我们的优势。我们要在充分发挥自身优势的同时，努力弥补自身的不足，虚心向老教师请教，以诚心、细心和耐心的拜师态度，来实现自我的提高和完善；渴盼通过老教师的深厚涵养、丰富的学识、精湛的教艺，给我们更加厚实的滋养。

在今后的工作中，我一定不会辜负幼儿园领导和老师的殷切希望，将一腔热诚投入工作，将一片爱心奉献给幼儿。用我们的奋斗和追求为幼儿创造更美好的明天，争取早日成为一名合格教师，成为一名优秀教师！

即兴演讲技能考核标准

考核内容		考核点及评分要求	分值	扣分	得分	备注
评估 （10分）	朗读者	1. 精神状态良好，情绪饱满	3			
		2. 着装得体	2			
	环境	干净、整洁、安全、温湿度适宜	5			

教师语言技能

考核内容		考核点及评分要求	分值	扣分	得分	备注
计划 （10分）	预期目标	1. 即兴演讲内容主题鲜明、观点清晰、结构合理	3			
		2. 掌握即兴演讲表达技巧	2			
		3. 登台演讲大方自信	5			
实施 （60分）	活动准备	1. 检查演讲者的精神状态和着装	5			
		2. 环境和演讲稿准备	5			
	活动过程	1. 普通话标准	10			
		2. 即兴演讲内容主题鲜明、观点清晰、结构合理	15			
		3. 掌握即兴演讲表达技巧	15			
	整理记录	1. 即兴演讲大方自信	5			
		2. 即兴演讲反思	5			
评价（20分）		1. 普通话标准	5			
		2. 即兴演讲内容主题鲜明、观点清晰、结构合理	5			
		3. 掌握即兴演讲表达技巧	5			
		4. 即兴演讲大方自信	5			
总分			100			

同步练习

1. 一周的教育见习快结束了，同学们马上就要回到幼儿园继续学习了。某幼儿园教务主任决定召开一次见习总结大会，请每位同学作一个简短发言。

2. 班会课上，同学们对"青春"这个词展开了广泛的探讨，请你围绕"青春因奉献而美丽"这个观点进行一次即兴发言。

项目总结

朗读、讲故事和演讲是一名幼儿园教师必备的教师语言基本功。既能提升个人语言表达魅力，又能对幼儿产生潜移默化的感染力。本项目重点阐述了教师必备的朗读、讲故事和演讲等实用技巧，再结合大量案例，更加便于学习者将理论联系实际，内容丰富、实用性强。

拓展阅读

命题演讲《伸出你的手》

尊敬的评委、同学们：

你们好！

我们每个人都见过各种各样的手——孩子跌倒时求助的手，母亲喂奶时温柔的手,父亲干活时坚实的手。可是,您见过这样的手吗?生命垂危的病人那寄予了希望的手。面对这样的手,您会做些什么呢?——伸出你的手!

在北京的亚运村旁,有一个普通的院落,若要让我用颜色描绘它的样子,我只能选择——白色。因为那里是——临终关怀医院。这里是很多人一生的最后一站。死亡,是每个降生在世界上的灵魂注定要面对的。然而,谁又不希望在他看这世界的最后一眼时,身边有人紧紧握住他的手?

去年的寒假,我在北京度过。冬天的北京,在阴霾的笼罩下干冷着。一个偶然的机会,我知道了临终关怀医院。

在护士的陪伴下,我走进了一间病房。突然,一只手抓住了我的手,我呆住了。顺着自己的手看去,是一只苍老得像树皮一样但却依旧温柔的手,雪白的床上躺着瘦弱的身躯,老人把全身的力气集中在手上,为的是能紧紧握住另一只手。我有点不知所措,正在这时,却听见一声深深的呼唤"杜鹃!""杜鹃?我不是杜鹃。"我正准备脱口而出,却被护士的眼神挡了回去。于是,手,就这么紧紧地握着,直到晚上离开。

第二天,我又来到了医院,冲进病房,伸出我的手。而那张床——已经空了。这是我第一次明白了什么是死亡,也是我第一次用手握住一只生命垂危的病人那寄予了希望的手。老人的女儿叫杜鹃,远在美国,电报不知发了多少次,就是唤不回一颗有爱的心。神志模糊的老人把我错认成了杜鹃。而让我欣慰的是在老人生命的最后一刻,我伸出了手,给了她温暖、希望和爱。

这便是我第一次作为青年志愿者的经历。这便是我第一次感觉到"伸出你的手"的力量。

那天以后,整整一个寒假,每天早上我都会去那儿,向每一位要关怀的老人,伸出我的手。轻声为他们唱着他们当年最爱听的《柳堡的故事》:

"九九那个艳阳天,十八岁的哥哥,他坐在那小河边"

朋友们,我们每个人都见过各种各样的手——孩子跌倒时求助的手;母亲喂奶时温柔的手;父亲干活儿时坚实的手。然而有一双手,饱含着温暖、充满了力量。这双手表达着关怀,这双手传送着希望——它就是向需要关怀的人伸出的手。

朋友们,伸出你的手,伸出我的手,伸出他的手,让整个世界充满温暖、希望和爱!

技能实训

(1)请在班上开展一次儿童故事讲演活动,5~7人为一个小组,分配好故事角色,准备好道具,进行讲演。

(2)见习结束后,请在班上做一次见习心得交流发言。

思考练习

(1)讲故事时如何正确使用肢体语言?

(2)结合自身经验,相互交流当众演讲不紧张的办法。

参考文献

[1] 李进成．不怕学生搅局——教师的教育机智修炼之道［M］．北京：中国轻工业出版社，2014．

[2] 屠荣生，唐思群．师幼沟通的艺术［M］．3版．北京：教育科学出版社，2023．

[3] 孙建锋．教育中的对话艺术［M］．上海：华东师范大学出版社，2018

[4] ［美］尼克·克里．说服：像讲故事一样讲道理［M］．陈佳，译．南京：江苏凤凰文艺出版社，2017．

[5] 郝璇．幼儿道德教育中表扬运用的问题反思与路径优化研究［D］．聊城：聊城大学，2022．

[6] 高文馨．教师情绪最小化语言对幼儿焦虑情绪影响研究［D］．哈尔滨：哈尔滨师范大学，2022．

[7] ［苏］苏霍姆林斯基．苏霍姆林斯基教育箴言［M］．朱永新，译．北京：教育科学出版社，2016．

[8] 何红漫，王微丽．幼儿园项目式园本教研活动设计与实例：支架教师的专业成长［M］．北京：中国轻工业出版社，2022．

[9] 晏红．幼儿教师与家长沟通之道［M］．北京：中国轻工业出版社，2018．

[10] ［美］大卫·约翰逊．交往的艺术［M］．凌春秀，译．北京：人民邮电出版社，2017．

[11] 胡剑红，李玲飞．做会沟通的幼儿教师［M］．北京：中国轻工业出版社，2020．

[12] 董卿．朗读者［M］．北京：人民文学出版社，2017．

[13] 王宇红．朗读技巧［M］．北京：中国广播电视出版社，2002．

[14] 王丽娜．幼儿教师讲故事技巧［M］．上海：复旦大学出版社，2019．

[15] 藏宝飞．演讲与口才22堂自我训练课［M］．北京：中国国际广播出版社，2018．

[16] 郑清元．这书能让你高效演说［M］．北京：人民邮电出版社，2018．

[17] 卓萍，程娟．普通话与幼儿教师口语［M］．2版．北京：高等教育出版社，2019．

[18] 胡煜．微格教学助力幼儿教师导入技能发展浅谈［J］．新智慧，2021（27）：64－66．

[19] ［英］麦克·格尔森．如何在课堂上提问：好问题胜过好答案［M］．北京：中国青年出版社，2019．

[20] 夏艺珊．幼儿园一日生活组织与指导［M］．北京：中国轻工业出版社，2017．